銀座周邊車站與週末步行者天國實施區域圖

新橋
步行

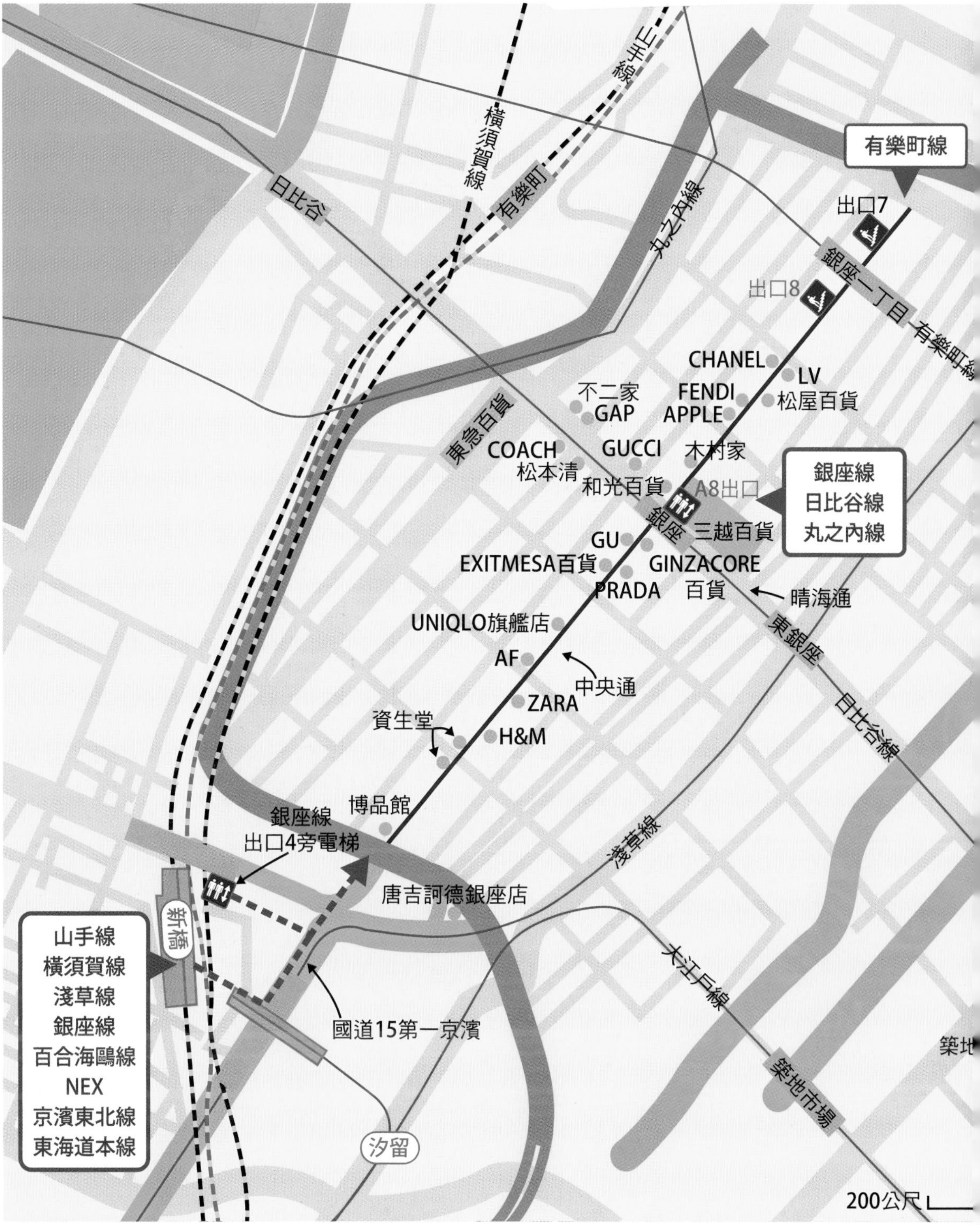

有樂町線
出口7
出口8
銀座一丁目
有樂町線
日比谷
橫須賀線
有樂町
山手線
丸之內線
CHANEL
LV
FENDI
松屋百貨
APPLE
不二家
GAP
東急百貨
COACH
松本清
GUCCI
木村家
和光百貨
A8出口
銀座
三越百貨
銀座線
日比谷線
丸之內線
GU
EXITMESA百貨
GINZACORE
PRADA
百貨
晴海通
東銀座
UNIQLO旗艦店
AF
中央通
ZARA
日比谷線
資生堂
H&M
博品館
銀座線
出口4旁電梯
淺草線
唐吉訶德銀座店
新橋
大江戶線
山手線
橫須賀線
淺草線
銀座線
百合海鷗線
NEX
京濱東北線
東海道本線
國道15第一京濱
築地
築地市場
汐留
200公尺

站步行路線
天國實施範圍

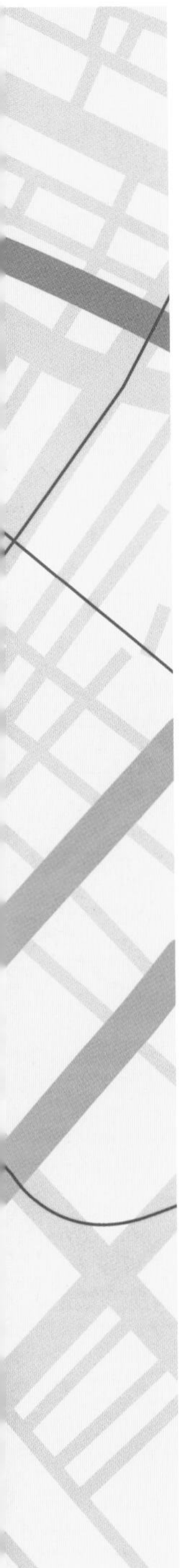

新宿三丁目逛街地圖、週日步行者天國範圍

★ 黃色螢光：周日步行者天國範圍

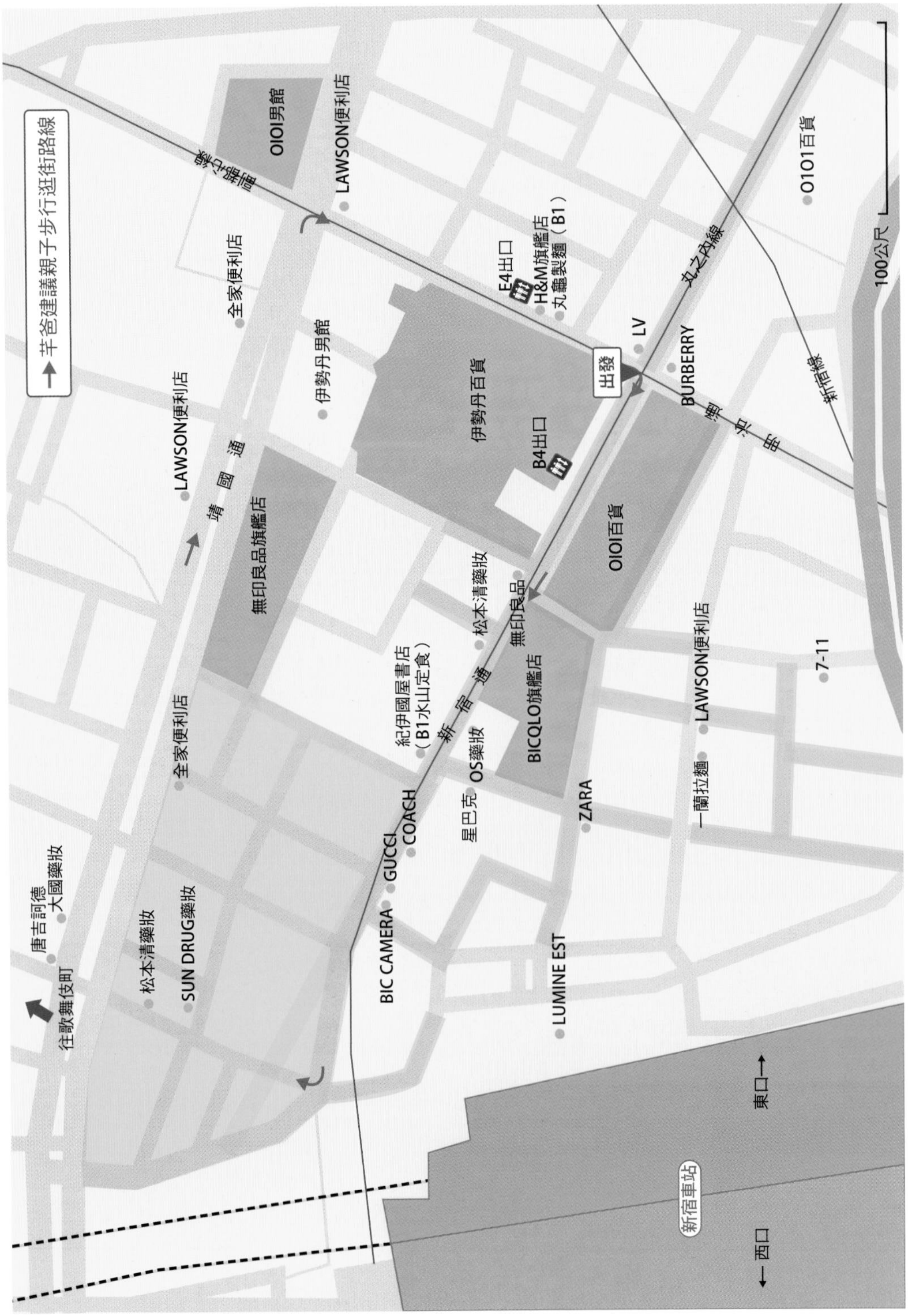

→ 芊爸建議親子步行逛街路線
OIOI男館
LAWSON便利店
全家便利店
伊勢丹男館
LAWSON便利店
靖國通
無印良品旗艦店
E4出口
H&M旗艦店
丸龜製麵（B1）
LV
出發
BURBERRY
伊勢丹百貨
B4出口
OIOI百貨
丸之內線
OIOI百貨
新宿線
100公尺
松本清藥妝
無印良品
紀伊國屋書店
（B1水山定食）
新宿通
BICQLO旗艦店
LAWSON便利店
7-11
全家便利店
OS藥妝
星巴克
COACH
GUCCI
ZARA
一蘭拉麵
唐吉訶德
大國藥妝
往歌舞伎町
松本清藥妝
SUN DRUG藥妝
BIC CAMERA
LUMINE EST
東口→
新宿車站
← 西口

作者——芊爸（芊芊親子聚會粉絲團）

超人氣親子團達人教戰！場場秒殺、破百場的親子旅遊經驗曝光！

第一次東京親子自由行好好玩

超人氣親子團達人帶路！
跟著芊爸帶孩子暢玩東京！

芊爸親子團團員推薦

跟著芊爸暢玩東京，讓大人輕鬆、小孩開心的親子旅行！

如果出國玩可以懶懶地不做功課，但是又有像自助旅行般的尋寶驚奇、有風土民情的深度體驗該有多好？如果出國旅遊，孩子們不會孤孤單單，有其他小朋友同行，可以一起郊遊嬉戲、一起分享歡樂該有多好？如果出國旅遊，可以不必背著沉重的相機，卻有專業攝影師隨行，可以幫忙照出一張張的全家福，記錄成長也記錄回憶，該有多好？自從跟著芊爸出國玩，這些願望居然都一一實現，然後就上癮了！

想起初次帶小朋友出國，畢竟人生地不熟，又要帶著嬰兒推車走來走去，實在不方便，於是就參加某旅行社的團體旅遊，想說到當地有遊覽車接送，有導遊領隊服務，是比較安心方便的。但是出國到當地之後，就發覺同團的人都不同年紀，其實很怕孩子突然吵鬧影響到大家，而且上遊覽車之後，導遊也只是簡單的介紹旅遊資訊，就開始推銷紀念品，根本不可能講一些小朋友能聽得懂的有趣故事。到了景點之後，拍個全家福也要常常麻煩別人，旅遊行程安排又緊湊，小朋友其實沒有什麼時間好好玩，時間一到就必須趕快上車，而小朋友一上車我就希望他們馬上安安靜靜，不要吵到別人。這樣的出國旅遊，孩子其實一點都不快樂呀！

這幾年我陸續參加芊爸各式各樣大大小小的 PG，活動豐富又精采，最令人期待的就是芊爸會把活動的過程跟照片，寫在部落格上，一張張的照片，小朋友變成主角，爸爸媽媽也跟著一起開心！突然有一天，芊爸跟我說：「要不要一起帶小朋友出國自助旅行啊？」這就像是天籟之音，傳進我的腦海裡，開啟了我參加芊爸親子旅遊團的契機。

芊爸的親子旅遊團，就像是把遊覽車換成地鐵、電車、新幹線；導遊換成芊爸講故事、玩益智遊戲、看地圖帶路；團員每個都是小朋友，一起溜滑梯，一起 DIY 玩遊戲。

2015 年澳洲黃金海岸

2016 年日本輕井澤

（後面是芊爸在買便當呢！）

2016 年新加坡環球影城

最重要的是，回國後芊爸會寫在部落格，典藏一點一滴的回憶，這怎麼能不上癮呢？

但是芊爸的親子旅遊團可是場場爆滿、被秒殺的，若是您沒有跟到芊爸的團怎麼辦？沒關係！這本《第一次東京親子自由行好好玩》就能讓您同步享受到芊爸的用心，按照書中的內容，STEP BY STEP 暢遊東京，該玩的、該逛的、該吃的都一網打盡，大人輕鬆、小朋友也玩得開心，到東京親子自由行帶這一本書就夠了，行李箱空間就留給滿滿的紀念品，相機記憶卡就留給滿滿的回憶吧！

推薦人／

芊爸親子團團員 **吳政哲** 醫師（台中品威牙醫診所院長）

◎芊爸親子團經歷

- 2013 年日本東京迪士尼
- 2014 年澎湖
- 2014 年日本沖繩
- 2015 年澳洲三城
- 2016 年新加坡
- 2016 年輕井澤滑雪

作者序

親子旅行就像一把鑰匙，讓家長陪著孩子打開每個冒險篇章！

我喜歡旅遊，也喜歡帶孩子旅遊，旅遊帶給孩子無限寬廣的視野與不同於日常生活的體驗，對於現階段正在不斷成長的他們，旅行就像是一把鑰匙，由家長陪著小孩共同打開每個目的地不同的冒險篇章。孩子們將能藉由旅行的過程吸收各種知識，也看到不同面向的新知，這是在自家環境所無法營造的，這些正能量的累積將會無比巨大，這也是我熱愛親子旅遊的最大原因。

第一次帶芊芊出國時，我們也曾手忙腳亂，排了太多景點，到最後走馬看花、小孩累到睡著，而且走的點太多讓大人也很累。但一次次的旅遊經驗慢慢累積，芊爸漸漸調適出帶孩子出國該有的心理建設：「每天行程越少越好」、「以孩子喜歡的去排」、「以小孩的觀點去想行程內容」、「交通路線要簡單不複雜」、「飯店離地鐵站越近越好」、「最好飯店鄰近超商或購物中心」。

其實只要規劃得宜，帶小孩出國也可以讓孩子在玩樂中學習，我特別喜歡孩子有伴的旅行，那種在旅遊中建立的冒險革命情感，著實讓身為爸爸媽媽的我們感動。每每翻開回憶相簿，親子旅行的點點滴滴又在腦海中浮現，這些都是鼓舞我不斷帶孩子旅行的動力。

在這些年間，我認識很多爸媽，知道有許多人想帶孩子們出國，但心動卻不敢行動，光想到帶小孩出去玩是不是會很累、不知道怎麼打包行李、買機票、訂飯店、規劃遊玩的景點和交通、語言不通、英語不好、不想花太多腦筋上網做功課、長輩說小孩沒有記憶那麼小帶出去做什麼……，找了太多理由「說服」自己不要帶小孩出國。但芊爸綜合親身帶著自己孩子和一大群小孩旅遊的經驗，有更多理由「鼓勵」您帶孩子來一趟真正屬於孩子的親子旅行！

東京之所以成為芊爸帶孩子旅行的首選，就是因為班機多、好訂票、飯店選擇多、飛行時間不長、交通便利及很適合入門玩家帶孩子旅遊。種種的原因讓我對東京深深著迷，光在 2016 年就帶著 3 個女兒造訪東京兩次，一次玩「東京、樂園和橫濱」，另一次玩「輕井澤、滑雪和賞東京櫻花」。

這本書把一般父母只敢在腦海裡想像的東西變成真實，用輕鬆、多元且豐富的變化性，讓孩子喜歡上旅行，旅遊所帶給爸媽和孩子們的好處，絕對是辛苦背後所能獲得最大的收穫了。本書一開始，芊爸將會以「親子自由行疑問大破解」做開頭，解答家長帶孩子出遊的疑惑，並以東京真好玩重點精華篇，分享東京最棒的親子景點。接著藉由本書更多的篇幅，介紹東京親子自由行可以組合出的多種玩法，讓大家知道帶孩子玩東京一點也不難！

本書作者 **芊爸**

目錄 CONTENTS

Q&A 芊爸來解惑！親子自由行疑問破解

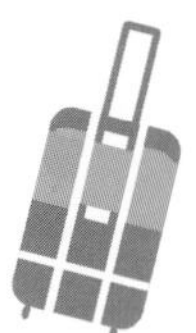

帶孩子出去玩，一定很累吧？

答　芊爸不是超人，而且我們還是帶 3 個女兒出門，當然跟大家一樣也會累。因此我會安排「適度、合宜」的行程，不要因為沒去過太貪心，這裡要去那裡也想去，玩到飽的心態到頭來只會淪為走馬看花。芊爸有多次親子旅遊的經驗，建議**親子自由行每天的景點最多就排 3 個，就算 1 個也無妨，玩得盡興比到處趕場來得好**。

好的親子旅遊，不是在比誰花比較少錢、誰去的地方多、誰走的路多，建議親子自由行把「自由行」這 3 個字先排除。因為說到自由行，往往大部分的人都停留在「我一定要花最少錢，甚至不吃飯也可以」、「時間花得多、轉車轉得多沒關係，只要省錢就好」、「住宿飯店便宜，空間小、地點差、離電車站走路久也沒差」，這些想法套用在結婚前沒有帶小孩是 OK 的，但有了孩子務必要調整心態！

帶孩子出國，「妥協」是絕對必要的，時間就是金錢，減少轉乘的次數將多更多玩樂的時間，而每天的計畫也可以彈性調整，累了搭一下計程車沒關係。景點千萬不要排到滿滿滿，因為未來還有機會再來，量少質精最重要，有充足的睡眠與休息時間才有體力玩，孩子要的是能真正吸引他們的東西，把握這些原則，親子旅遊就可以更輕鬆！

3 歲之前沒記憶，沒必要浪費錢出國？

答 破除 3 歲前沒有記憶的迷思吧！ 3 歲以前的孩子語言能力不佳，嬰兒時期的 BABY 更是只會用肢體表達情緒，但不代表他們是沒有記憶的，只是他們的記憶藏在大腦的某個地方，或許哪個當下，他們突然的肢體動作，就是在提醒家長想起或記起了某件事呢！

以我家的 3 個女兒 3 歲前來說，雖然不怎麼會口語表達，但只要我拿鑰匙準備出門時，她在客廳聽到了，就會立刻放下手邊的玩具飛奔到門口穿鞋子。誰說小小孩沒有記憶的？他們表達自我的能力，可是比我們想像的還要厲害呢！我曾經看過一篇網路文章，分享孩童時期記憶的問題，其中一段話讓我印象深刻，「3 歲前的孩子做事跟著自我的感覺走」，這說明了孩子還是記得某些事的，這就有點像我們平常不知道如何下決定時，會依自己的直覺（潛意識）去做同樣的道理。

我認為，當外在的環境改變時，孩子是會有所察覺並記憶的，帶孩子旅行就是如此。家長們不妨利用這樣好的機會，將其化作一個個好的正向刺激及能量，孩子一定會有所成長，所以不要再說帶小小孩出國是浪費錢，這樣反而錯失了孩子的成長，再多金錢也無法重新製造同樣的回憶。

我不會講日文，英文講得也不好怎麼辦？

放心，菜英文一樣能出國！有些人不是怕帶孩子出國，而是卻步於英文不好，不敢在國外和人交談。其實跟外國人講話沒有想像中的可怕，芊爸的個性絕對不是那種活潑外向的人，像我這樣不善於講話的人，都敢帶小孩出國了（我承認我很會寫，但講話會結巴）。因此大家真的不必怕，放心吧！第一次帶孩子出國自由行，各位總不可能選擇奇怪或是名字聽都沒聽過的國家吧，一般人都像我一樣，帶孩子到香港、日本、新加坡這幾個進步的國家玩，這些地方英文很菜也可以去的。

但是在日本，不會日文，英文他們也聽不懂怎麼辦？那就用寫的，幸好重要景點或是電車站的漢字，大部分日本人都懂。在東京的旅行中，找不到路時，我也會跟日本人在那邊比手畫腳，這樣也是能溝通的啦！況且現在手機上網和 APP 很便利，直接把想要找的東西，或是想說的話用中文打字，就可以即時翻譯成日文，不會講的話也可以直接秀手機翻譯給日本人看，很簡單吧？

總之，想帶孩子出國一定要有自信，不要把英文不好當藉口。我建議**把行程中要去的景點、樂園、賣場，搭車的車站、交通工具中英文名稱寫出來**（這大概只需半小時的功夫）。到了國外，如果真的遇上需要外國人幫忙的時候也不必緊張，拿出這些資料尋求幫助即可。

東京地鐵路線那麼複雜，我看不懂怎麼辦？

答 其實一點也不複雜，只要去蕪存菁，把沒有搭到的路線排除掉就好！初到東京，光看那綿密到不行的鐵路網一定馬上頭昏，我也一樣。但多次的旅遊後，發現有兩條線路我很喜歡，一條是可由北而南從北邊的池袋、新宿、澀谷、武藏小杉、橫濱一直連到中華街的黃金電車路線；另一條則是有大窗戶可飽覽東京灣風光的陸上電車玩法。其實太多電車路線不用怕，只要挑出其中最適合帶小孩搭乘的路線即可。

如果您是第一次到東京，可先參考芊爸本書推薦的電車路線照著走，玩出心得後再嘗試東京的其他電車線路。當然也可以東京為目的地，每次規劃不同路線的電車之旅，這次沒搭到的路線先拋在腦後，這樣這次會用到的路線也只剩下幾條而已，讓搭車複雜度大幅降低。其實在日本，搭電車也是種休閒享受（上下班尖峰時間除外），日本人甚至還有很多電車主題的節目呢！

出國一趟、又帶小孩，一定很花錢吧？

答 說真的，在台灣住飯店已經有越來越貴的趨勢，常常帶小孩三天兩夜的旅遊，加上油錢、用餐費用就數萬元，玩幾次下來的經費差不多就可以出國了。現在上網搜尋便宜飯店很容易，透過網路買便宜機票也不難，只要花點時間，帶小孩出國可以花得很實惠，用小錢就能完成帶孩子出國的夢想。

近年來航空業競爭激烈，很多家廉價航空出現，這對於我們想出國卻不想大失血的人來說是一大福音。另外，2 歲以下的小朋友，出國時買到的機票為嬰兒票（沒有座位），當然這樣的票很便宜，通常是 2000 ～ 5000 元台幣，而 2 ～ 12 歲的小孩，也有兒童票可以買，一般航空公司的兒童票價錢，還會比大人的票價便宜個幾千元台幣。

NOTE

搭乘一般航空公司，若帶小小孩可說是處處受到禮遇，除了嬰兒車可以推到登機門前才收（廉航也可以），還能享有頭等及商務艙或 VIP 會員才有的提前登機，免去了排隊的等待時間，而且上飛機後還可以拿到玩具呢！此外，大部分機場都設有優先通關口，帶小小孩的人會被引領到這些關口通關，這點實在非常棒，因為有時候入關或抵達時，碰上一大批也要趕航班或是同時抵達的旅客，光排隊就排很久了。

日本房間和床都很小怎麼睡？

答 帶小朋友住國外飯店，最擔心住到房間小、床也小的飯店，要是遇到只有一張床，或是兩張很小的單人床，那肯定是痛苦的開始。因此選飯店前一定要做功課！我習慣上網先查一下，想住飯店的評價和其他人住過的心得，只要花點時間，依照自己適合的預算選定飯店，就能避免踩到地雷。

◎選飯店兩大重點

1 **房間不大但床要夠寬：**日本都會區寸土寸金，大部分飯店雙人房都是提供兩張單人床，但當然有例外，還是有不少飯店房間內擺放的是兩張「Semi-Double」，也就是俗稱的小型雙人床。這種床比一般 75 ～ 90 公分寬的床更大，大多是 110 ～ 120 公分寬，只比 Queen Size 的床窄一點，所以叫小雙人床，小孩不佔床位的情況下，能提供兩張小型雙人床的飯店會是我的優先選擇。

2 **飯店離地鐵車站越近越好：**離車站近代表走的路減少，自由行走一整天後總不希望搭完電車還要走一大段路才能休息吧？規劃行程時，我一定會上 Google Map 查詢飯店的位置，並查詢離飯店最近的車站。建議帶小孩出國時，一定要選擇距離車站 500 公尺內，或是步行 10 分鐘內可到達的飯店，尤其帶年紀越小的孩子出門，就一定要這麼做。飯店不一定要在精華地段或是多貴，就算位於沒那麼熱鬧的地方也行，只要距離地鐵近就好，因為自由行每天走的路比平常還要多，能少走幾步路最好，而且位於車站附近的飯店，生活機能通常較好，便利店、美食街或購物中心也多。

自由行每天一定會走到鐵腿？

看您怎麼安排行程！不可避免的，自由行除了大眾運輸外，能有的交通工具就是「雙腳」了，因為喜歡的景點，總不可能每個都剛剛好開在電車站旁邊。若要逛比較大的範圍，一天下來累積的走路數相當驚人，這也難怪許多人自由行的感想，都是腳已經走到不是自己的腳了……。

因此**在自由行飯店的選擇上，我一定會盡量選擇離地鐵站近的，且若是同樣預算下，不同地鐵站、距離相同的兩間飯店，我會選擇位於主要鐵路線路上的飯店（不選擇位於支線上的飯店）**。如此一來，可減少還要再轉支線額外花的時間，例如：東急東橫線可北往新宿池袋、南通橫濱，這條東京南北主要線路沿線的車站，其附近的飯店就會是我的首選！

整體來說，親子自由行我不會把每天行程塞到滿、喘不過氣，因為我自認不是超人，因此「不要太貪心否則會有反效果」。建議**每天最多排 3 個景點最剛好，或是在同區域內選定幾個景點輕鬆移動**，抑或是更悠閒的排一個景點慢慢玩。這樣將能有效減少走路數，步調減緩讓孩子有喘息的空間，也有更多真正「自由」的時間，這才是「親子自由行」的箇中要義所在。

爸爸媽媽想逛街的話，小孩就變成拖油瓶？

來日本想逛街絕對無可厚非，因為這裡有太多東西可以買了，但買東西的時候小孩在旁邊無聊，他們沒事做的時候就特別盧、特別容易纏著大人不放，這時該怎麼辦？

其實東京郊區有所謂的**親子親善百貨，雖不在市區內但是交通超方便到達，這裡空間大、夠明亮、小孩有足夠活動範圍，甚至有兒童室內樂園**，這樣的逛街品質是不是比較好呢？爸爸媽媽可以輪流顧小孩，小孩也有地方發洩精力不無聊。

另外，東京在幾個逛街重點區域有實施「週末步行者天國」，在這些地方假日午後會實施交通管制，道路全部讓給行人行走，這樣的環境超適合小孩子的！小孩在這裡行走不只安全，大人也不必提心吊膽怕孩子亂跑到馬路中間，我們家的 3 個女孩更是樂的把馬路當作表演舞台了呢！

Q 規劃親子自由行，我沒有時間上網做功課怎麼辦？

芊爸在自己的部落格，長期分享我每次旅遊規劃的懶人包，基本上我每次出國的計畫都是以帶孩子的角度去思考研究出來的親子旅行。特別是東京帶孩子去了不少次，從大女兒芊芊開始，到現在都已經有 3 個女兒了，我還是對東京親子旅行樂此不疲。

芊爸規劃出來的親子旅遊行程、交通路線、住宿飯店，都會不藏私的全部在這本書中公開！有很多內容都是我在部落格尚未撰寫分享文的，這些都是第一手的消息和旅遊心得，而且您也不難發現，芊爸的照片是不是拍的都很棒呢？因為每一張照片，我都是用機皇等級的相機來拍攝的，這也難怪很多人看我的照片，都會有如臨現場的感覺呢！看完這本書後，您不一定還要上網找資料，其實您可以「照本宣科」，按照我推薦的景點和路線去遊玩就行了！

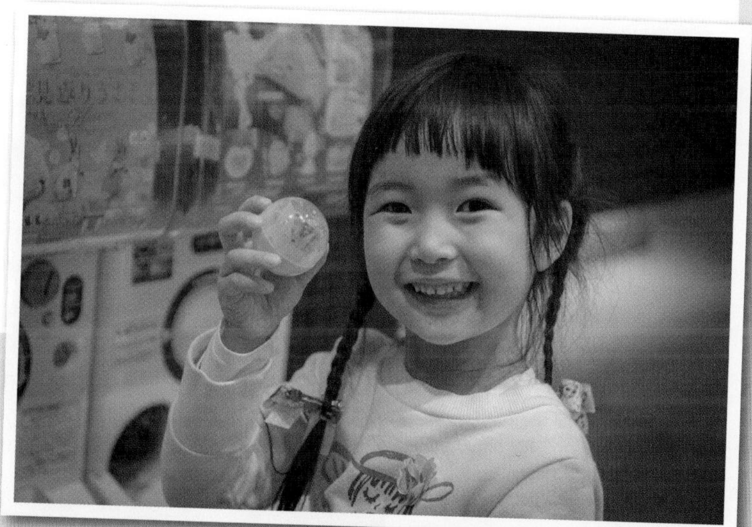

出國時我不想花太多腦筋！

答 只要各位把握上面幾點原則，包括飯店地點的選擇、善用手機翻譯軟體、避開複雜的交通路線（學芊爸簡單一條電車路線玩透透）、不要太貪心排太多景點、把會去到的點，出發前先花個 30 分鐘手寫起來就可以了！這樣的行前準備真的不難，也不會佔用太多時間，但卻能讓第一次的東京親子旅遊更順暢，也有效減少大部分需要動腦的時間。基本上只要一張紙、一台可上網手機（當然歡迎帶著芊爸的書），就能帶著孩子玩東京！

POINT1：減少不必要的想法和堅持！

帶小孩出國想法越精簡越好，例如不要特別幫誰買東西，因為可能為了這個東西還得多花腦力想要去哪可以買得到，甚至看到東西時還要擔心有沒有買貴了。時間都不夠了還得浪費腦細胞在這些上面嗎？請把腦力用在行程上。

POINT2：降低孩子的用餐標準吧！

「出國時小孩一定要吃的跟在家一樣均衡、一定不能吃零食」，為了如此的堅持，我們可能每餐都要特地找適合的餐廳用餐、或是處處盯著孩子不要亂吃，何必為難自己呢？難得出國一趟，芊爸希望爸爸媽媽們可以適度的「降低標準」，因為自由行的步調跟在家裡不一樣，孩子會累、作息也不相同，如果有能讓他們打起精神，而且大人不必對小孩大小聲的東西，就讓他們吃吧，只要不是不好的食物就行。我們的原則回到台灣再堅持就好，難道出國還要花時間對孩子生氣、跟自己過不去嗎？這些時間，我寧願花在行程上。

除了迪士尼之外，哪裡還適合帶小孩去玩？

答 第一次帶小孩出國的新手自由行爸媽，「東京」一定是您最佳選擇！因為光是迪士尼就可玩好幾天了，而百合海鷗線、松本零士水上巴士、晴空塔 Combo 的陸海空玩法，再加上台場超大鋼彈、富士電視台、樂高室內樂園、上野動物園、麵包超人博物館、日清拉麵博物館，還有佔地廣大的新宿御苑每年都有不同花季……實在有太多能帶孩子旅遊的景點了，本書都會一一介紹分享，東京真的好好玩！

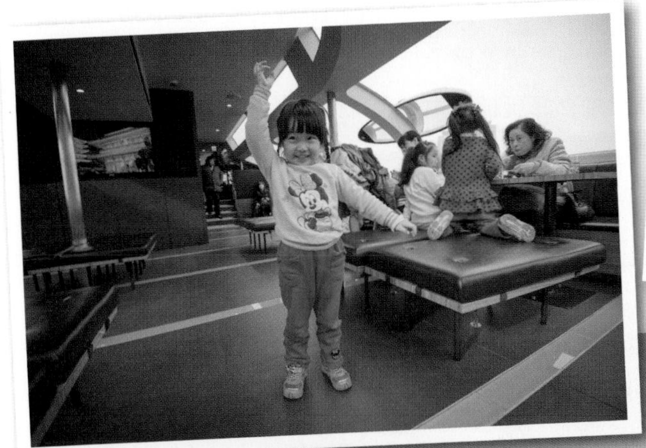

東京真好玩！跟著芊爸暢玩東京

「東京」距離台灣飛行 3 個小時左右就可到達，近年來由於直飛東京的航班大增，平均每天有 40 班以上的飛機從台北、桃園和高雄直飛東京，加上前兩年日幣匯率都在相對低點，使得日本成為國人出國旅遊的首選，而東京更因為其方便的住宿、四通八達的交通網、許多可帶孩子去的景點以及豐富的購物選擇，讓很多想帶著孩子來一趟親子旅遊的家庭躍躍欲試，東京到底有多適合帶著孩子去玩呢？本篇東京真好玩精華篇，全部分享給大家！

◎東京都範圍圖

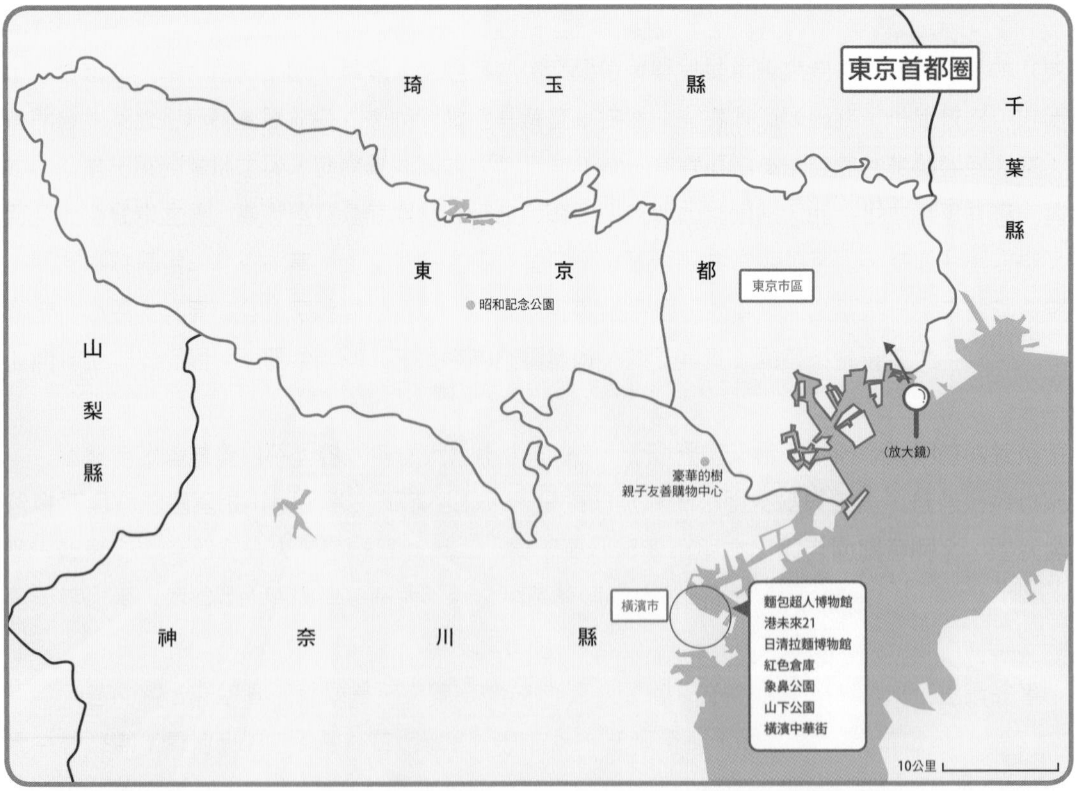

東京首都圈

琦玉縣

千葉縣

東京都

東京市區

昭和記念公園

山梨縣

（放大鏡）

豪華的樹
親子友善購物中心

橫濱市

麵包超人博物館
港未來21
日清拉麵博物館
紅色倉庫
象鼻公園
山下公園
橫濱中華街

神奈川縣

10公里

◎東京親子景點圖

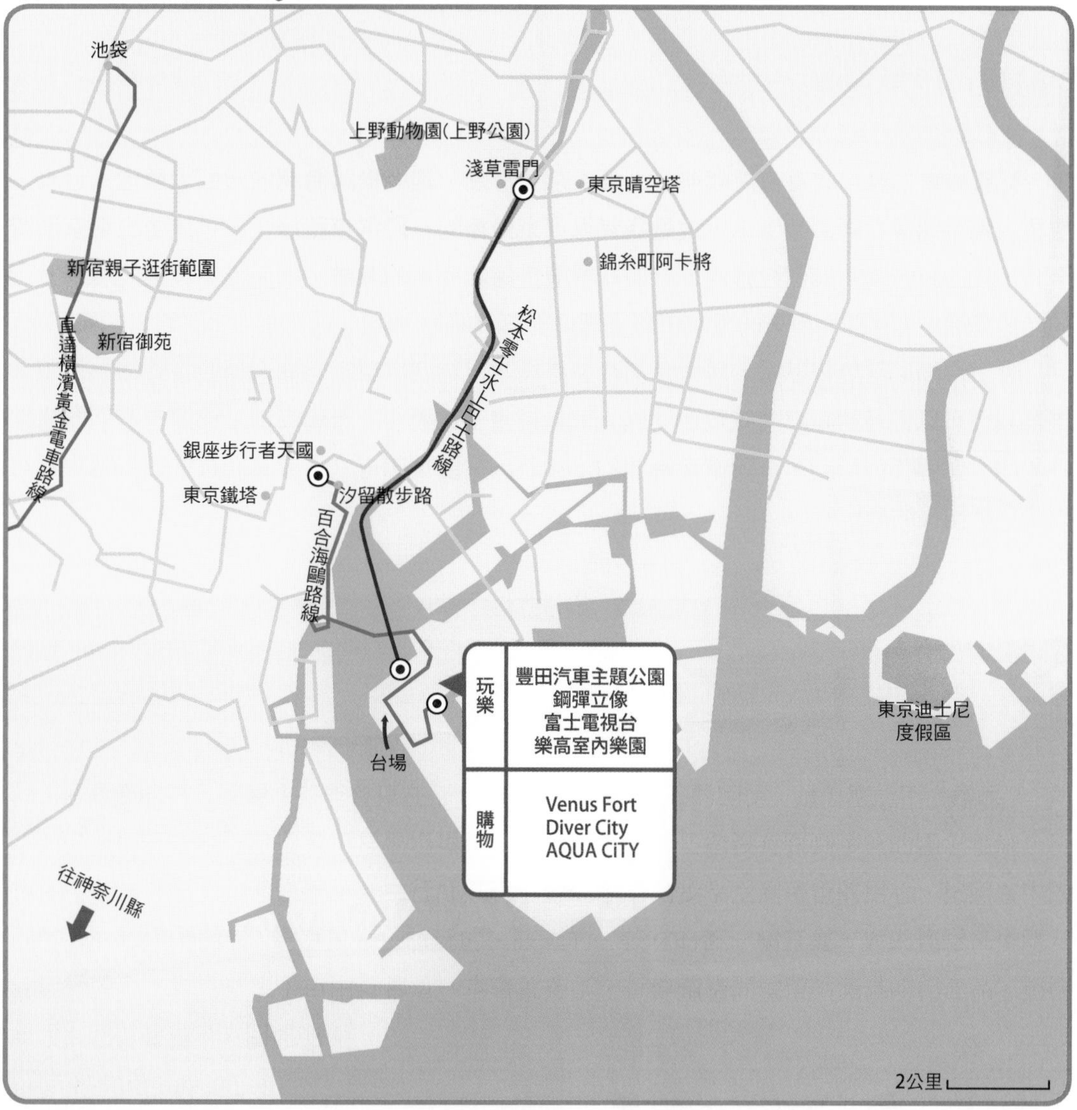

池袋

上野動物園(上野公園)

淺草雷門

東京晴空塔

錦糸町阿卡將

新宿親子逛街範圍

新宿御苑

直達橫濱黃金電車路線

松本零士水上巴士路線

銀座步行者天國

東京鐵塔

汐留散步路

百合海鷗路線

台場

玩樂	豐田汽車主題公園 鋼彈立像 富士電視台 樂高室內樂園
購物	Venus Fort Diver City AQUA CiTY

東京迪士尼度假區

往神奈川縣

2公里

一日遊推薦，陸海空三玩法超滿足

陸 百合海鷗號

本書 P115

從新橋車站發車的百合海鷗號，沿著東京灣行駛，經過橫跨海灣的彩虹大橋進入台場，環繞台場半圈後在青海站下車，這是我覺得東京最棒的一段電車路線了，可以看到東京港灣全貌，經過彩虹橋時有個大轉彎，有如在樂園搭探險列車的刺激，進入橋下後還能看到並行的其他車輛和對向迎面而來的電車，孩子們絕對驚喜連連。

到了台場還別急著下車，通常我都會多搭幾站，待列車環繞半圈台場後在青海站才下，因為我們可以輕鬆的在車上飽覽台場風光，包括富士電視台、台場海濱公園還有小朋友最期待的超大鋼彈都能看到，這段電車時間約半小時，只要規劃得宜，就算和孩子們搭電車都可以是一趟愉快的旅程。

01 進入彩虹大橋，電車和道路並行，可看到和我們並行的車子和對面開來的電車，一般樂園火車頂多 5 分鐘，百合海鷗號則是 30 分鐘不間斷的歡樂，完全就是放大版的東京樂園小火車之旅。

02 搭乘百合海鷗號，我寧願多等一班也要讓孩子們在車頭上車，因為無人駕駛的海鷗號有超大的窗戶，美景盡收眼底。

03 台場彩虹大橋，非常壯觀！

海 松本零士宇宙船

本書 P144

松本零士宇宙船是東京觀光汽船的特別版，由銀河鐵道 999 的作者親自設計，往來於淺草和台場之間的海上路線，遊客可選擇在淺草或在台場上船。芊爸規劃的親子一日路線，從新橋搭車過來台場，正好在下午可以接上台場往淺草開的宇宙船，陪孩子來一趟開心的海上之旅。

松本零士宇宙船目前有 Himiko 和 Hotaluna 兩艘，後者比較大，並且有上層甲板設計，天氣許可時可供遊客上去。航行在隅田川上，會通過橫跨兩岸的橋一共十多座，陪著孩子一起數經過的橋樑也是種有趣的遊玩方式，航程大約 1 小時，可悠閒的經由水路觀看兩邊東京市區的風貌。

04 Hotaluna 號，像極了即將開往宇宙冒險的飛船。
05 船內的空間很大，有數個餐桌，可帶食物在船上用餐。
06 孩子們和船上的漫畫看板合照（宇宙探險開始！）。
07 開船後孩子們七嘴八舌的討論著窗外看到的一切，看到這背影，帶孩子的辛苦瞬間遺忘。

空 晴空塔觀景台

本書 P150

這條陸海空的玩法，芊爸規劃成親子輕鬆遊東京的一日路線，抵達淺草後只要步行到不遠的淺草車站二樓，搭乘東武晴空塔線，一站就到晴空塔囉！這裡是東京最高的地標，一天下來三種方式和孩子親近東京，小孩絕對喜歡！

01 時間許可的話，到淺草後可先逛逛雷門仲見世通和觀音寺再往晴空塔。
02 東武晴空塔車站出來，別忘了先買東京限定的豹紋香蕉蛋糕。

晴空塔有兩個觀景台，一個在 350 公尺，一個在 450 公尺，後者需要從 350 公尺的觀景台再搭電梯上去，登上晴空塔，有如化身有翅膀的鳥兒，從最高處盡情俯瞰東京的美景，我最推薦算好時間在黃昏的時候上來，因為可以同時看到日和夜兩種不同的景色。天氣好的話可一路看到橫濱和迪士尼樂園，陸海空 Combo 的玩法，是我覺得帶著孩子玩東京又棒又輕鬆的方式！

03 東京晴空塔近看超級震撼，登上觀景台將可眺望東京 360 度風貌。
04 黃昏時淺草隅田川一帶風景。
05 夜晚可看到東京鐵塔，跟孩子一起發現東京鐵塔的瞬間超驚喜！

孩子們的歡樂天堂！東京迪士尼

東京迪士尼樂園

本書 P164

來東京怎能錯過迪士尼樂園？這裡絕對是孩子們歡樂的天堂，有超多的卡通明星、有無數孩子愛玩的遊樂設施、有不同口味的爆米花（爸爸我的最愛 XD），還有每個時段不同的表演和遊行可以觀賞，不同季節或是假期前來，往往還有限定的演出，在迪士尼一整天的時光總是充滿和孩子間的歡笑。

無論任何年紀的小孩都適合來東京迪士尼，甚至連我長這麼大了還是喜歡來這裡，被園內的歡樂氣氛鼓舞，和女兒一起排隊並期待和公主拍照呢！除此之外，拜冰雪奇緣電影大紅之賜，現在到迪士尼，特定的時段孩子們還可以和艾莎、安娜、阿克、雪寶等明星一起在城堡中央跳舞（冬季限定！），我也超想加入的呀！

06 東京迪士尼樂園城堡，和三個女兒一起尋找公主。
07 一群小小艾莎期待和公主共舞，小朋友們的夢想即將實現。
08 午後的遊行，孩子們開心和舞者擊掌，超興奮的。
09 芊芊好喜歡的城堡旋轉木馬，搭一百次也不會累。

東京迪士尼海洋

本書 P175

到東京迪士尼一天可能不夠，至少要兩天，因為這邊有兩個園區，另一座是以水為主題的迪士尼海洋，到這裡的目的之一肯定是看樂園看不到的達菲了，想要購買達菲系列商品，也只有海洋園內才買得到；達菲迷甚至可以在園內規劃的數個達菲熊拍照點，拍下樂園所沒有的達菲回憶。

迪士尼海洋有個專門為小小孩規劃的區域－美人魚礁湖，其中跳躍水母、河豚氣球競賽、旋轉海藻杯，是我們家芊芊、亭亭、小瑪好愛的設施，全部在室內，因此冬天有暖氣夏天有冷氣，絕對是最舒適玩樂的首選。另外，美人魚礁湖劇場非常推薦，20 分鐘的表演專業好看，絕對值回票價！

01

02

03

04

01 哇！特殊節日造訪迪士尼，還會有特別裝扮的演出（圖為萬聖節特別演出）。

02 園內數個達菲熊拍照點，吸引達菲迷拍照。

03 限定版的大達菲娃娃好可愛，達菲已經是我家三個女孩書包上的必備裝飾品了。

04 最適合小小孩的美人魚礁湖室內小樂園，冬天有暖氣、夏天有冷氣，在這裡玩超輕鬆！

迪士尼餐廳秀

本書 P171、P178

親子前往迪士尼，要以孩子喜歡的且最能吸引孩子注意力的項目為優先，其中邊用餐邊看秀是我覺得最輕鬆玩迪士尼的方式了，樂園內的玻里尼西亞草譚餐廳和鑽石馬蹄餐廳（需預約），以及海洋內的鱈魚岬錦標美食速食餐廳（現場排隊點餐），皆有提供邊吃飯邊看秀的舞台表演。

迪士尼等級的演出相當專業，幾乎是看一場賺一場，如果我們在外面要看到迪士尼的舞台劇表演，最便宜的門票每張也要千元起跳，所以我覺得來迪士尼看秀看表演才是 CP 值最高的選項，不但孩子超專注的觀賞，大人也可趁機喘口氣補充熱量，繼續接下來帶孩子的戰鬥。

05 看秀看得好認真的芊芊，眼神閃閃發亮 :)

06 鑽石馬蹄餐廳秀，米奇就在面前唱歌跳舞，我們大口吃著食物邊看秀，好幸福！

07 迪士尼海洋邊吃東西邊看達菲秀，阿嬤都忍不住拿手機出來狂拍。

08 中場時間，芊芊開心的拿著贈送的旗子揮舞。

迪士尼劇場表演

本書 P171、178

劇場表演方面，迪士尼海洋的動感大樂團和川頓王的音樂會我個人相當喜歡（只是無法拍照），近半小時的演出讓人目不轉睛，完全沈浸在演出的氣氛中；而迪士尼樂園「超級跳跳跳」，絕對是孩子近距離和明星接觸的好機會，因為這個表演只允許小朋友到舞台前面和卡通明星們一同跳跳跳唷！

01 「超級跳跳跳」露天劇場演出，小朋友可到舞台前方參與。
02 小孩限定！好羨慕孩子們可以和米妮近距離接觸呀～

小資旅遊首選！賞櫻兼看動物

上野動物園

本書 P102

上野動物園位在東京市區的東北方，是一座具有 130 年歷史的動物園，這裡絕對是最適合「小資旅遊」的好選擇，因為門票才 ¥600，而且憑護照可以再打八折，12 歲以下小孩完全免費，入園前帶足飲料和食物，可以在裡面待上一整天，輕鬆不急促的步調孩子們更能享受旅行。

NOTE

動物園所在的上野恩賜公園，是每年東京櫻花季賞櫻的熱門地點，春天時可安排看動物＋賞櫻之旅。

帶孩子來上野動物園，千萬不要錯過大熊貓、大象和北極熊，這些都是動物園的人氣明星動物，可順便搭一下連結東西園的單軌電車（¥200），到達西園可看到犀牛、紅鶴和長頸鹿等動物，還有兒童動物園。

03 超近距離看大象，以往在書上看到的動物就真實出現在眼前，旅行是孩子們最好的教材。
04 上野動物園大門，四個孩子手牽手，我們要去看動物啦！
05 兒童動物園都是溫馴的可愛動物，可摸摸也可餵食。
06 人氣動物明星北極熊。

帶孩子逛街趣！週末步行者天國

銀座／新宿東口步行者天國

本書 P190、220

帶著小孩又想好好逛街怎麼辦？那一定要來步行者天國了！這是在每個週末中午或是午後實施的交通管制，管制期間區域內所有機動車輛不可開在道路上，所有道路路權還給行人，因此帶著孩子可大大方方地走上馬路，完全不必擔心孩子橫衝直撞危險，甚至可在上面跳舞。

爸爸媽媽帶著孩子又想要逛街，基本上難度很大，尤其我們有三個小孩更能感受，沒有能打發時間的東西，孩子一下就很無聊，但有了步行者天國，媽媽逛街時不再是爸爸們的惡夢時間了，因為只要孩子無聊，就帶到戶外發洩吧！我們家三個小女孩甚至在新宿的大馬路上跳舞，自得其樂在自己的小小世界中呢！有了步行者天國，媽媽可以好好買東西、爸爸可以輕鬆顧小孩，小朋友多了又大又安全的舞台盡情活動伸展，實在是太棒了！

01 銀座步行者天國實施中，馬路上完全看不到車輛，帶小孩逛街非常安全。
02 在血拼熱門地點的銀座和新宿東口每個週六或周日都有實施，連露天座椅都擺上馬路了，這個時段行人最大。
03 大馬路完全變成小朋友們的舞池，盡情跳舞，媽咪趕快把握時間血拚。
04 完全沒有車輛干擾，帶孩子逛街輕鬆又安全。

親子遊賞櫻勝地！享受櫻吹雪美景

新宿御苑

本書 P206

2016 年四月春假期間，我帶著孩子前來日本櫻花季朝聖，果然沒有白來，日本的櫻花季實在是太美麗了，那櫻花盛開的場面著實讓人震撼，我們選的日子除了櫻花滿開外，還看到遍地的櫻花花瓣，傳說中的櫻吹雪就在眼前真實上演，相機完全停不下來的一直拍照。

親子賞櫻我特別推薦到新宿御苑，因為這裡有收門票（¥200 而已），因此相對比起其他賞櫻勝地的人潮較少，而且御苑佔地廣大，有多個大草坪，我們早早從車站先買好中午野餐的食物席地而坐，和眾多日本人一起享受「看櫻花品美食」的愉快氛圍，孩子們也有大大的草地可以追逐嬉戲。

05　新宿御苑櫻花季滿開的櫻花盛況。
06　大草地配上櫻花美景，大人小孩都快樂。
07　懂日語的芊芊外婆，和日本爺爺奶奶在櫻花樹下閒話家常。
08　櫻吹雪配上櫻花森林，春天一定要到日本賞櫻！

05

06

07

08

縮小版東京親子樂園！邊走邊玩好滿足

台場（富士電視台、室內樂園、購物中心）本書 P122

台場算是個縮小版的東京親子樂園，在這裡有漫畫迷必來的富士電視台、有樂高迷最喜歡的樂高室內樂園、有機器人迷最愛的 1：1 鋼彈立像、也有數個購物中心。帶著孩子來台場，基本上我們是一邊走一邊玩，處處是驚奇，尤其是孩子有伴相陪，無論是富士電視台或樂高樂園都超好玩呀！

如果時間夠，建議直接安排一整天在台場，上半天到富士電視台，中午到 Diver City 用餐順便欣賞 1：1 鋼彈，下午進入樂高室內樂園，傍晚之後可繼續逛街再離開。2012 年我們第一次帶芊芊來台場，更是意猶未盡來了二天，這裡真的是親子玩樂的好去處。

01

02

03

04

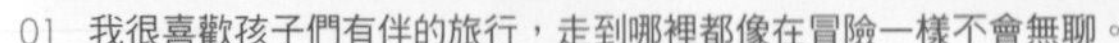

01 我很喜歡孩子們有伴的旅行，走到哪裡都像在冒險一樣不會無聊。
02 富士電視台購票後，上頂樓可眺望東京灣全貌。
03 台場樂高室內樂園，是專為孩子們規劃的積木世界。
04 Diver City 購物商場外矗立的 1：1 鋼彈立像，高達 18 公尺。

汐留散步路，悠閒看宮崎駿、吃美食

汐留（日本電視台、空中行人步道）

本書 P184

四年前第一次帶小孩到東京我們選擇住在汐留，發覺這邊是東京難得步調較輕鬆的地方，避開重重商業大樓，和孩子以輕鬆的腳步散步在汐留，日本電視台前的宮崎駿大時鐘、往新橋方向的空中行人步道、Caretta 汐留的美食街都有我們的足跡。

由於汐留有和一般道路區隔開來的空中步道，帶孩子行走相對安全許多，活動範圍也比較大，從這邊散步到銀座不算遠，可同時安排購物行程，肚子餓了就到 Caretta 汐留廣場的美食街找吃的，甚至可走過天橋到對街的唐吉訶德逛逛，藥妝、美食、逛街、看宮崎駿全都滿足。

05 我最愛的孩子背影照，拍攝於 Caretta 汐留廣場。
06 日本電視台前由宮崎駿設計的大時鐘，配上芊芊甜美的笑容。
07 汐留到新橋的空中人行步道，可讓家長安心的陪著孩子漫步。
08 肚子餓了就到 Caretta 汐留廣場，食物選擇很多，住這邊生活機能相當好，很適合親子家庭。

一線就到免轉乘，輕鬆暢玩橫濱

東京到橫濱黃金電車路線

本書 P217

東京四通八達的交通網路，對於我們是方便的，不要害怕不會搭車轉車，跟著芊爸的方式都很簡單！帶小孩搭電車我會盡量避免轉車，一次到達最好，從新宿三丁目車站搭乘的東京地下鐵副都心線，北接也是很熱鬧的池袋，南到澀谷後完全不必換乘，直接變成東急東橫線可一直通往橫濱。到橫濱車站後，還是不必換乘，直通運轉成港未來線一直開到中華街，這條電車路線是東京地鐵的黃金線路，連接北到南好多親子景點，我都叫這條路線是「親子親善電車路線」。

▼ 東京直達橫濱麵包超人博物館，超快速，這裡好多爸爸我小時候看卡通的回憶喔！

01 港未來→東急東橫→副都心線，皆由同一列車運行，橫濱、武藏小杉、澀谷、新宿、池袋一台列車就能串連，帶孩子搭乘非常省時方便。

02 橫濱日清拉麵博物館也是這條親子親善列車路線的停靠站（圖為雞湯拉麵 DIY，需預約）。

芊爸經驗談

跟著芊爸帶孩子暢玩東京吧！

東京有這麼多、這麼多吸引我帶著孩子前來理由，心動不如馬上行動，跟著芊爸的玩法玩東京吧！雖然不可避免的還是會累，但更能以輕鬆、簡單、愉快的腳步和孩子探索東京，多元的玩法也讓孩子自然而然喜歡東京。藉由不同的交通工具、方便的電車直通線路、陸海空不同的遊樂方式，相信東京親子之旅會是親子間一輩子難忘的回憶。

孩子的成長只有一次，不要再等了！再等下去孩子一下就長大了，也不必再羨慕別人帶孩子出國自己卻猶豫不敢往前了，**藉由這本工具書，您將能不必另外花時間和腦力上網研究行程，並且能用最精簡的電車路線、最省荷包的遊玩方法、最多元的東京玩法、最吸引孩子的行程內容，來一趟精彩萬分的東京親子遊，帶回一張張能珍藏永久值得細細回味的照片！**

PART 1

帶孩子出門的事前規劃

準備出發囉！

不會日文也能帶孩子去東京嗎？
孩子 3 歲前沒記憶，沒必要浪費錢出國？
東京地鐵路線複雜，
看不懂怎麼辦？自由行沒時間上網做功課？
這些疑問，芊爸通通都聽到了！
本篇教您做好出發前親子的心理建設、
親子旅遊行程規劃技巧、遇到突發狀況的解決方式、
訂機票及飯店祕訣、搞懂東京乘車方式、親子遊必備小物……
達人傳授親子團旅遊祕技，讓小孩玩得開心、大人輕鬆！

VA AIR
ANA

做好心理建設，踏出親子行的第一步

親子自由行不再是以往瀟瀟灑灑一個人的背包客旅行，也不是情侶間牽手的兩人之旅，而是大手拉小手的旅程，過程中必須一起解決問題、面對突發狀況，大人和大人間以及大人和小孩間的心理調適和轉換格外重要。除了做好各種「硬體上」的準備後，還要有心理上「軟體」的配合，時時刻刻包容體諒對方或孩子、家人間要互相合作有默契、願意在行程中彼此分享，這些都是達成美好的親子旅程必要元素喔！

出發前，夫妻及親子間的心理建設

親子旅遊可獲得無價回憶

從老大芊芊 6 個月大開始，我就帶著孩子一次又一次的旅遊，直到現在我都有 3 個女兒了，也考到了旅遊相關證照從事旅遊業。其實帶 3 個小女孩出國蠻累的，但我每年還是會帶孩子出國，更是樂此不疲，因為很值得！

▲ 第一次帶芊芊自由行，雖然她還是個小嬰兒，但走過每一處都是像這樣眼睛睜的大大的，努力觀察周遭的一切事物，這都是帶孩子旅遊的最大欣慰。

旅行的過程本身就充滿探險氣氛，對於每天時時刻刻不一樣的新知識，這些無形之中能幫助孩子拓展視野，更帶來正面的刺激能量，孩子的想像力藉由不同的文化、建築、顏色、交通工具、遊樂設施等……慢慢增加。我最喜歡在旅行中，休息的時候聽孩子們分享旅途中的所見所聞，以及她們把這樣的愉快經驗用自己的可愛方式和語言表達出來。

我很喜歡拍照，從老大出生開始就換了單眼相機，每次在結束每個旅行後，帶著疲累的身軀回家，將記憶卡的檔案傳到電腦後，欣賞著旅途中幫家人拍攝的照片，那種滿足與感動文字難以表達。我喜歡一張張調整照片，也就代表我能夠從頭一張張開始回憶，每一個孩子的笑容、孩子的背影、親子走過的路、牽著手第一次的體驗，這些都不斷激勵著我，要再帶孩子看更多不同的人事物，因此疲勞感瞬間消失，**「旅行」是我和孩子攜手的成長回憶，雖然會累但絕對值得！**

行前建立夫妻共識，讓親子旅行更順利

旅途中的疲勞及事前缺少溝通，往往是造成旅途有缺憾或是吵架的原因，因此無論這趟旅遊是由爸爸或是媽媽主導規劃，都應該讓另一半知道內容以及想法。夫妻在出發前的溝通和預想出發後的狀況、事情分擔很重要，尤其是**對於孩子的照顧一定要有共識，不要把所有事情都丟給其中一人，因為夫妻是一體的**，爸爸多體諒媽媽並主動分擔需要體力的事情，也讓媽媽有機會自己去逛逛街買買東西，會讓另一半的心情更好！另外，媽媽每天需要打理孩子較細微的日常生活瑣事，勞心的程度不少於男人，也能讓爸爸可以專心在行程中的交通、路線安排等等事項。

建議夫妻在出國前能彼此聊聊，取得平衡點非常重要，這能讓出國變得不再是一個人的事，而是家人間最重要的功課。行前建立好夫妻共識，將讓親子旅行過程更加順利，有狀況時也可互相協助解決，當然，不太可能第一次玩就能考慮到所有事情，就連我們也是從一次次的親子旅遊中慢慢學習，累積經驗。

▲ 夫妻有共識、旅程中互相包容，創造出的是獨一無二屬於家人與親子間的美好回憶。

孩子是旅程的一員，讓他有參與感

孩子也是旅程的一員，當然有權利知道要去哪裡玩，配合孩子不同的年紀，我們分享旅程規劃的方式不同，例如在他們**年紀比較小的時候，我會利用網路上別人拍的照片，來讓他們知道要去的地方長什麼樣子**，或是到這些景點的官網，一起瀏覽網頁裡面的照片。

但當孩子年紀漸大，我會用家裡現有的教材或書本配合網路，讓孩子認識我們所要去的地方有什麼特別的人事物。若**小孩年紀比較大了，也可讓他們參與行程的規劃，親子共同討論安排出的旅程，孩子們所得到的成就感更大了！**

▲ 利用家裡現有的書本教材，可以幫助孩子瞭解目的地的季節和氣候，孩子透過視覺的學習，來提高興趣以及對於旅行的期待。

我們也可藉著目的地的地理、歷史，以簡單的故事方式，讓孩子更能瞭解要去旅行的地方，有了這些行前和孩子們的分享，他們將會對旅行更有期待，甚至在到達景點之後，一眼就能找到或發現哪些地標曾經在出發前就看過呢！透過讓孩子們的參與，親子旅遊不再是爸爸媽媽兩個人的作業，且加深了孩子們對於旅程景點的印象。

輕鬆帶孩子出門！親子旅遊規劃技巧

因為我有多次帶孩子出國旅行的經驗，這幾年在安排國外的親子旅遊時，便慢慢學會了「切勿貪心」的道理，雖然很多地方都是第一次帶孩子去、很多點可以去，而且花了一次機票和住宿費用跑來，總想來個「走透透」嘛！別人推薦好玩的點都想要排進去，可是東京那麼大，除非一次玩個半個月一個月，不然短時間的旅行要塞進一大堆景點，大人小孩肯定都吃不消，帶孩子出來玩的美意全失。

帶孩子旅行的主角是小朋友們，我會希望孩子能玩得開心，如果行程緊湊到每個地點停留的時間短，變成走馬看花、趕趕趕的行程就不好了。建議大家對於行程的安排切勿太過理想化，因為自由行充滿許多變數，天氣、人潮、日本假期、交通、小孩臨時狀況都會影響，太緊繃的行程越容易累，越會因為想要趕下一個點，而影響旅遊品質。

Point ❶ 行程不要太滿，要保有彈性

帶小孩玩步調一定比較慢，請多以孩子與家人的角度思考去規劃行程，當然芊爸也不是要各位完全沒有計劃就帶小孩出國玩，而是保有旅程的「彈性」，例如原本打算去4個點，我可能在正式行程中安排去 2 ～ 3 個，剩下的 1 ～ 2 個則當備案，如果真正走完行程後，時間還夠、小孩還不累，就繼續備案景點。如果走完正式行程沒時間了，那就取消備案景點，**沒玩到的地方不是可惜，而是留給下次再次帶孩子造訪的機會！**

右邊列出的時間，是在旅遊日本時，相對來說景點人潮會較多的時候。若有安排迪士尼樂園等地方，建議避開週末假日，避免假期＋週末人潮加乘效果；假日可走郊區或是購物等行程，降低人潮的影響。

日本人潮較多的重要假期

- **聖誕節後到 1 月 4 號左右**：新年假期和大部分學校的寒假。
- **日本的黃金週**：4 月底至 5 月初。
- **盂蘭盆節**：8 月中旬，日本傳統旅遊旺季。

Point ❷ 時間允許的話，拉長旅遊天數悠閒玩

若是真的對於旅遊有豐富的計畫，很想帶孩子去比較多的景點，假期也夠的前提下，那就拉長旅遊天數吧！像是第一次帶芊芊到東京，我們就玩了 9 天 8 夜，2016 年去了 2 次則分別玩了 9 天 8 夜、7 天 6 夜。天數夠，能跑的地方自然增加，無形中增加了景點停留的時間，這樣不只孩子們更能充分玩到，大人也不會累過頭，玩得更加盡興。

Point ❸ 行程悠閒與緊密交錯安排，才不會累過頭

例如今天要去迪士尼玩，或是連續兩天要去迪士尼園區，有可能一早出發一直玩到樂園放完煙火才會搭車回飯店，回房間後都已經很晚了，這天肯定很累。所以在行程規劃上，我會在後一天安排簡單一點的，例如早上晚一點出發，以交通便利的景點為主，然後下午逛個親子百貨，大人有時間互相交換顧小孩逛賣場，賣場內也有孩子打發時間的地方，盡可能早點結束行程回飯店休息。2016 年帶孩子的東京親子之旅，我就是這樣安排的，孩子心情有所轉換，不會累過頭。

Point 4 出國前鍛鍊體力，適應旅遊的步調

有一點我覺得特別重要，那就是「體力」！旅遊不比在家，親子旅遊一定會累，加上自由行需要大量的走路，因此家長更要有充足的體力。通常我會在出發前增加運動的時間，也會帶著孩子一起散步，無形中讓他們習慣走路，適應旅遊的步調。

01 東京的阿卡將有兒童專屬小遊戲區，爸爸媽媽可輪流顧小孩逛賣場。
02 出國前建議培養孩子運動的習慣，增強小朋友出國期間的體力與適應力。

遇到突發狀況怎麼辦？事先演練很重要

很多人會問我，小孩子帶出國生病了怎麼辦？萬一有什麼臨時狀況又該如何處理？發生突發狀況怎麼辦？這時就有賴在台灣的預演了，出發前多多留意平時帶孩子出門會碰到的事，例如平常帶孩子在國內旅遊時所遇到的問題是什麼？這都會是很好的演練，考驗並學習該如何臨機應變。

每個孩子都是不同的個體，會有什麼樣的狀況也只有家長了解，遇到了就去解決吧！如果各位能在狀況發生的時候有把握應變，那就不用擔心太多，東京親子自由行也會像帶孩子在國內旅行一樣有辦法處理的。

相信大家最擔心的突發狀況，就是小孩的安全問題，整理一下可能會遇到的狀況及我的處理方式。

狀況 1 小孩跟丟或走失

這肯定是讓人頭皮發麻緊張無比的事了，我在小孩很小的時候就開始帶她們出國了，就算下推車讓孩子自由奔跑，我們依然會緊盯小孩，或爸爸媽媽交互看著。行進中一定讓小孩坐推車或是抱著、牽著；當孩子比較大了，我們會教她們**若是找不到爸爸媽媽，一定不可以到處跑、試著要找大人，而是要「待在原地」，因為大人會尋著走過的路線回頭找**。我們家最小的女兒目前 3 歲多，就連她都知道走丟了不能亂跑要在原地等，因此孩子的安全觀絕對是可以從小教育的。

芊爸經驗談

讓孩子隨身攜帶飯店名片！

出遊時我會在孩子身上留個簡單的小卡，可放在背包裡或是口袋中，寫上爸爸媽媽姓名、電話和地址等訊息，抵達飯店後我會跟櫃台要幾張名片，讓孩子隨身帶著。這些都是緊急狀況時的好幫手，甚至自己的重要行李或是皮夾內，都可以放個飯店名片，我就曾遇過團員東西掉了，但幸好飯店房卡有放在裡面，撿到的好心人搭著計程車送還的溫馨故事。

▲ 隨身攜帶飯店房卡和名片，增加遺失找回來的機率。

狀況 2 在馬路上行走時

請隨時牽好孩子，小孩的注意力常會被路上的其他東西吸引，有危險時大人可以適時拉著孩子的手，減低受傷發生的機率。我同時會讓小孩走在馬路內側，遠離車子的那一邊，在東京行走時其實蠻安全的，大部分車輛都會讓行人優先，但還是要隨時留意小朋友的安全。

狀況 3 搭乘電車時

最怕遇到就是上下班尖峰時間，東京人幾乎是用塞的上電車，這時我們會用「前後夾小孩」的方式讓孩子被包在大人之間，以防止人一多，其他人沒注意孩子的小小身軀而造成危險，或是被其他人給擠到分開。

建議避免在上下班或是人潮最多的車站搭車，寧可選搭下一班人數較少的列車、停站比較多的普通車，也不要硬擠電車。另外，上下車時有可能列車和月台有較大的間隙，請牽著孩子走，推推車也要稍微小心放慢速度。

狀況 4 搭乘手扶梯或電梯時

我習慣讓小孩走在我的前方，因為有任何狀況發生時我看得到並且可以應變，如果孩子走在後面，發生危險很難在第一時間反應而受傷。

狀況 5 人潮很多時

切記一定要牽著孩子或抱著他、讓孩子坐推車上，以免因人潮太多，大人小孩走散。再者，假若人多的情形是短暫的，例如下飛機、下電車後，我會稍微停一下讓人群先走，這樣可以走得比較安全。

狀況 6 孩子想親身參與活動時

在國外什麼事都很新鮮，孩子每件事都想要自己來，在他們做之前，我會先簡單判斷危不危險，再讓他們去做。我很鼓勵讓孩子參與活動過程，畢竟這是屬於他們的旅行，包括買票、付錢、拿收據、拿票掃瞄進場、投販賣機、嗶 Suica 卡搭電車、按電梯，只要是安全無虞，我們大可放心讓他們做。

▲ 孩子親身參與旅行過程，會更喜歡旅遊且有更美好的回憶。

狀況 7 擔心生病可事先備藥

身在國外生病了，不比在台灣拿健保卡就可掛號看病方便，而且國外看醫生拿藥很貴又花時間，所以每次帶孩子出國旅行，我都會**自費請醫生開點常備藥**，包括咳嗽、流鼻水、肚子痛、腹瀉、頭痛、發燒藥等等。藥的量大約**準備 1/3 的天數就可以了**，這樣在國外孩子生病了，我們就可以從容的處理。

另外，也要**隨身攜帶外傷藥品，遇到小受傷時就能立刻處理**，最好是能防水透氣的 OK 蹦、棉花棒、優碘等消毒用品。

狀況 8 投保保險

一般參與團體旅遊或是旅行社代辦的自由行，旅行社依法投保的是**責任保險，保險範圍主要在意外傷亡和意外醫療及其衍生處理的賠償**，「海外突發疾病」、「緊急救援費用」、「行程延遲取消」等非意外造成的損失可能不在責任保險的範圍內，所以我一定會再**加保附加疾病醫療和重大意外專機協助運送的「旅行平安險」和「旅遊不便險」，這樣的保障才夠完整**，在國外面臨的狀況都可安心的處理，以 500 萬保額的旅平險、旅遊不便險，7 天不到千元，非常便宜。

建議隨身帶著保險單和保險公司的緊急聯絡電話，也讓在台灣的家人有這次的行程規劃、保險公司聯絡電話，這樣在國外發生緊急狀況的時候，便能獲得妥善的照顧和安排。

◎ 旅平險與不便險特色

險種	特色
旅行平安險（旅平險）	主要是增加突發疾病醫療的理賠，疾病住院、疾病醫療等，及海外突發疾病。
旅遊不便險（不便險）	主要在理賠班機延誤、取消、行李遺失時的補償。

認識東京！
親子遊首選城市

● ● ● ● ● ●

瞭解東京的地理及氣候

東京因為有獨特的地理位置以及四季分明，所以不管是哪個季節造訪東京都有不同的味道，我喜歡在春天到御苑看櫻花、夏天帶孩子玩迪士尼、秋天到昭和記念公園看銀杏、冬天利用新幹線或電車到東京近郊。帶孩子遊東京的玩法豐富又多變，隨季節可有不同的組合，當然也有四季都適合的景點，值得您和孩子走訪！

東京地理

東京是日本的首都，在台灣東北邊飛行時間約 3 小時左右的地方，東京都幾乎位在日本的正中間，關東平原上且面向東京灣，大小約 2188 平方公里，大約跟新北市差不多大，實際上廣義的東京首都圈包含的範圍更大：北達埼玉縣，著名的野球西武獅隊就在埼玉縣；南到神奈川縣，包含超好玩的橫濱市；東接千葉縣，成田機場和迪士尼都在這。整個東京市 23 區人口有 915 萬人，而東京都人口有 1362 萬人，若加計周圍三縣（崎玉、神奈川、千葉）組成的東京首都圈，面積則有 13572 平方公里，人口達到 3500 萬人。

東京氣候

東京的緯度比台灣高，屬於溫帶季風氣候、四季分明，夏天有炎熱的大太陽，冬天冷的時候也可能會下雪。整體來說，春季大部分的日子為晴天或多雲，偶爾為陰陣雨，6 月梅雨季節時會有較長的降雨，暑假夏季期間受太平洋高壓影響炎熱，夏秋兩季間歇有颱風侵襲，這兩季主要受颱風和鋒面影響而有降雨。接著秋末冬天開始，低壓變強而有強風伴隨陣雨；冬天時，則因東京西邊有山脈阻隔產生背風面，反而降雨較少，雖會下雪但天數不多。

氣溫方面，春季和秋季的東京溫度則約在 10 ～ 20 度，天氣溫和適合旅遊，夏季高溫 30 度以上跟台灣有得比，冬天溫度則約在 0 ～ 10 度左右比台灣冷一些，但這個季節乾燥且不像台灣有強烈的東北季風，體感溫度甚至可以比台灣高。

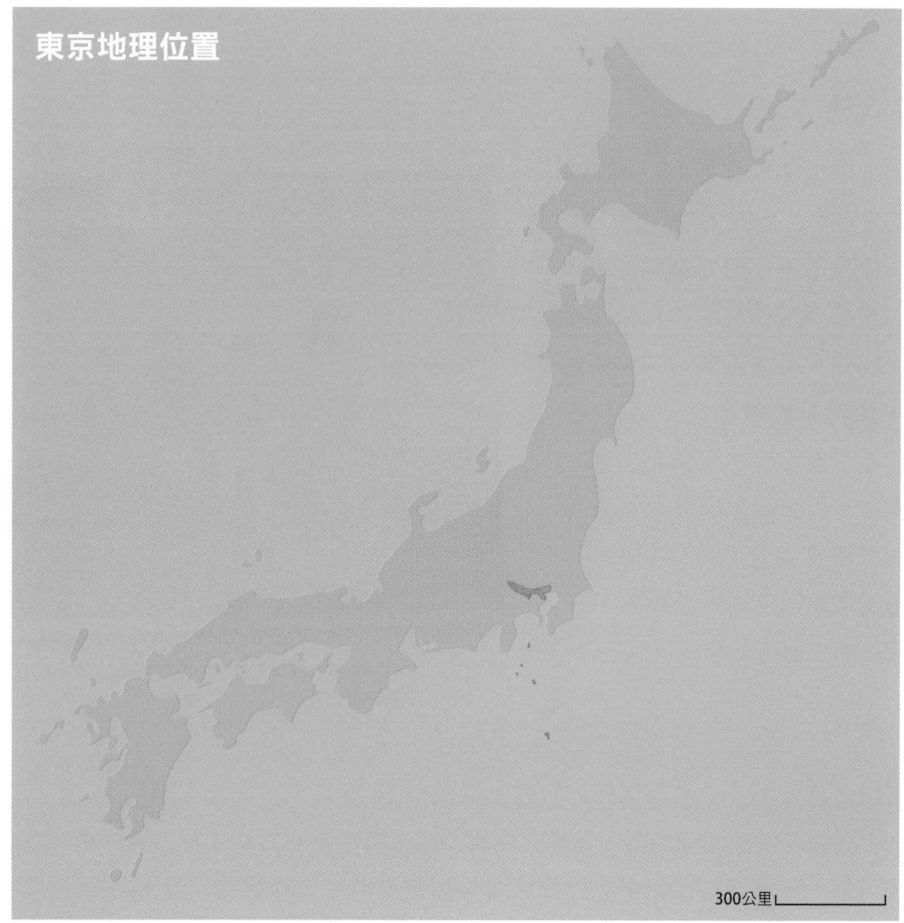

東京春夏秋冬穿衣術

東京緯度比台灣高，屬於溫帶季風氣候，一年四季分明，所以每季穿著各異，因此不同季節出國準備的衣服會不一樣。但是每天的天氣仍有可能不同，我習慣在出發前幾天，看一下東京的氣候預測，再來微調準備的衣物，涼一點可搭薄外套、熱一點無袖露肩加帽子都很適合，尤其春秋兩季，有出太陽和沒出太陽、早晨和正中午的氣溫，都是差異非常大的，要格外注意孩子的衣服夠不夠。

除了夏天外，春天秋天的東京早晚氣溫差異大，而冬天的東京則是室內外溫度變化大，孩子可能因為有活動而感到熱，所以衣服請以「好穿、好脫的洋蔥式穿搭」去穿，如此一旦溫差極速變化時，可以很迅速的替孩子換穿或是添加衣服。衣物不一定要很厚才會保暖，像是羽絨外套又輕又好攜帶不佔空間，就算脫下來也不會造成負擔，出外旅遊衣服準備同時要考慮到移動的便利性，避免過重的衣物而行動困難喔！

春天穿衣術

氣候微涼溫和，清晨太陽還沒露臉時，氣溫有可能低到 10 度以下，可穿長袖（依孩子不同體質調整厚薄）搭配背心或是羽絨外套，外套建議袖口有魔鬼氈的，可在起風的時候將袖口貼緊，風就不會跑進去。另外，3 月去日本還是有點冷，可備著毛帽、口罩和圍巾；白天太陽出來後氣溫回升，可視情況穿脫背心或外套，4 月底 5 月份到東京則平均氣溫較高，一般來說薄長袖長褲搭外套就可以了。

▲ 4 月初東京的標準穿著，中午氣溫約 15 度左右，讓孩子穿長袖長褲配上背心。

夏天穿衣術

氣候跟台灣差不多，也有很熱的時候，低溫有 20 度以上，高溫可來到 35 度，這個季節造訪東京，衣服以短袖短褲為主，早晚有可能微涼。特別是 6 月和 9 月，薄外套一定要準備，不只早晚可用到，逛樂園或賣場室內冷氣太強都穿得到，尤其是孩子夏天易出汗，冷熱差異大的時候要把汗擦乾才不會生病。暑假是最熱的季節，防曬一定要做足，並且搭配帽子遮陽，怕熱的孩子可準備扇子或是 USB 電扇。

▲ 東京夏天的天氣和台灣一樣熱，穿著要以清涼透氣為原則喔！

▲ 也可穿無袖背心，女生頭髮比較長，可綁包包頭較不會熱，防曬一定要擦！

秋天穿衣術

9月中旬後一直到11月是日本的秋天，由盛夏的酷熱轉變為微涼偏冷，但平均氣溫比春天稍高一點，9～10月初造訪東京，氣溫可能還沒降的那麼快，衣物可以薄長袖、長褲搭外套準備，當然還是要參考出發前的天氣預報。

近年天氣普遍較溫暖，這2個月份甚至可能熱到25度以上，短袖短褲還是要備著，而10月底、11月份到東京，天氣跟春天差不多，建議穿長袖長褲（厚薄視孩子體質而定）搭厚外套，天氣冷可準備毛帽和圍巾。

▲ 秋天東京的天氣和春天差不多，出太陽可在15度以上，穿衣要以長袖長褲為主，並視氣溫添加外套。

冬天穿衣術

12月之後氣溫下降的比較快，最冷的時候可能在0度以下，尤其1月份有下雪的機會，衣服褲子以能保暖透氣的材質去準備，外搭可穿羽絨厚外套。冬天的日本室內或是電車車廂都會開暖氣，溫差很大，所以進入室內後大外套就可以脫下來。若是整天要在戶外活動，氣溫普遍比較低，特別是1～2月初，保暖手套、圍巾、毛帽都要帶著，甚至可穿兩件褲子保暖。除此之外，因這裡氣候較乾燥，建議保溼護唇膏隨時隨地補擦，以免皮膚乾裂。

▲ 冬天早晚都冷，氣溫10度以下，室外穿厚長袖長褲配羽絨外套，手套口罩圍巾都是必備物品，建議以洋蔥式穿搭，這樣就算到室內也很好穿脫。

東京物價與治安

東京物價

日本各地物價因地點不同而有差異，但以東京來說，這裡的物價約台灣的 2 ～ 3 倍左右，我指的是以一般我們帶孩子最方便的用餐方式，如餐廳、美食街、便利店，而非指在日本長期生活，已經對生活範圍內較便宜的飲食方式有所掌握，或是得刻意選擇便宜的用餐而不是方便為前提。

若在市區用餐，費用大約是台灣 2 倍左右，景點如樂園內則大約要抓個 2.5 ～ 3 倍，各位帶孩子每餐所需的花費大概可以用這樣去預估。另外，孩子年紀大小也會有影響，孩子小有可能和父母一起用餐就可以了，孩子比較大了，說不定自己就能吃一份餐點。再者，除了吃飯，還有可能有其他小額吃的花費，例如：買果汁飲料、買冰、買小零嘴等等，在準備吃的預算時，要多算個約 2 成左右的金額。

在日本旅遊，飯店、餐廳、計程車等場合都不用再另外給小費，因服務費通常都已包含在收費當中了，所以日本人並沒有另外收小費的習慣（跟團旅遊還是要給小費，因這是大部分導遊和領隊的直接收入）。

東京治安

日本治安普遍都還不錯，但出遊前還是謹慎小心，建議把握底下幾個原則。

◎ 5 大出遊安全原則

1. 女生盡量不要單獨夜歸，請結伴或使用大眾運輸返回居住地。另外千萬不要讓孩子單獨離開，例如晚上叫小孩到飯店附近超商買東西，或讓小孩自己去玩樂園的遊樂設施。
2. 附近有歌舞酒的場所，夜深盡量不要在此逗留，以免遇上酒醉者或是其他麻煩（如黑道）。
3. 錢不露白，皮夾內不要一次放上帶來的全部現鈔，以免被盯上，拿取大額錢財時盡量不要讓其他人看見或是到角落數好再拿出來。
4. 以禮待人，出外最安全的方式就是隨時保持禮貌，與人碰撞不管對錯先說抱歉，詢問時先打聲招呼待人聽到有回應時再問。面對不合理的事情先找自己人商量再說，不要氣沖沖和人吵架。
5. 冷門的景點或是帶孩子較難去到的景點，就不要勉強去，以免有任何無法掌握的危險事情發生。

準備出發！親子遊行前準備

簡單方便！孩子護照這樣辦

自己拍出孩子無價紀念照

護照照片，其實不管是自己在家拍（可獲得紀念性和成就感）或是去相館給人拍大頭照都可以，反正先幫孩子辦一本護照出來，之後就更有動力出國啦！根據外交部規定，小孩在 14 歲以下，統一都是拿到 5 年年限的護照，就代表辦了護照後 5 年內一定要用到，這樣有沒有一點點動力了？只要把護照辦出來，離帶孩子出國的夢就不遠了！

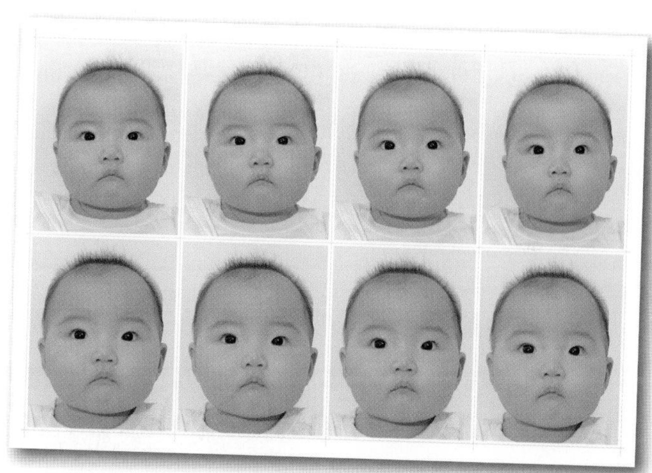

右圖這張是女兒芊芊嬰兒時期，我幫她拍的護照用照片，3 個女兒的護照大頭照，我都是自己拍，底下也分享我拍護照、洗照片的小訣竅，洗照片費用只要 5 元喔！

芊爸經驗談

只花 5 元！洗出 8 小張證件照

上網下載「Photocap」這個免費軟體，它有提供自動編排成 4x6 照片、8 小張的小工具，只要按照軟體內建格式，調整頭的大小，就能自己輕鬆完成大頭照。拿到便利商店洗，一張只要 5 元，裁一裁變成 8 小張證件照，是不是快速又省錢呢？

好簡單！孩子護照這樣辦

幫孩子辦護照一點也不難，不一定都要找旅行社代辦，因為就算代辦還得要孩子本人到戶籍地的戶政事務所先辦理「人別確認」，因此我建議親自去辦，花的工其實是一樣的，直接帶孩子去外交部領事局辦，快速又方便。

另外，自己去辦也不用擔心不會填表格，因為外交部各地辦事處都有專人協助喔！辦好後，護照會在隔天算起的四個工作天寄出，小孩的護照只需900元，大人10年護照為1300元，郵資另計。若是辦護照有急件需求，則每提前一個工作天加收300元／本，其他詳細事項可至外交部官方網站查詢。

★外交部領事局網站：www.boca.gov.tw/mp.asp

◎辦護照準備資料

- ✓ 證件大頭照2張。
- ✓ 戶口名簿正本或3個月內的謄本（替未滿14歲孩子辦理時攜帶）。
- ✓ 孩子首次辦理，必須由法定代理人陪同。

芊爸經驗談

小孩要上課，白天沒辦法去辦怎麼辦？

北中南東的外交部領事局、各地辦公室，在「每週三」都有延長辦件時間到晚上8點，對於孩子上課或家長上班不方便去的家庭，可利用延長時間去辦理。另外，東部的辦公室雖然在花蓮，但每月15日（遇假日順延至次一上班日）都有在台東縣民服務中心，提供行動辦照的服務，時間是中午12點到下午5點。

聰明買機票！自由行購票攻略

買機票可以透過許多方式，例如旅行社代買、航空公司各地辦事處購買、自己上網訂票，那既然這本書是教親子自由行，當然一定要了解自己上網訂票的方法喔！

近年來赴日旅遊人數大增，飛行的航空公司也變很多，加上廉價航空已被國人漸漸接受，因此機票的選擇性相對變得很多。我們可以很輕鬆的進到航空公司的網頁，點選出發地、目的地、時間，只要按照步驟就可完成一般航空公司的訂票。

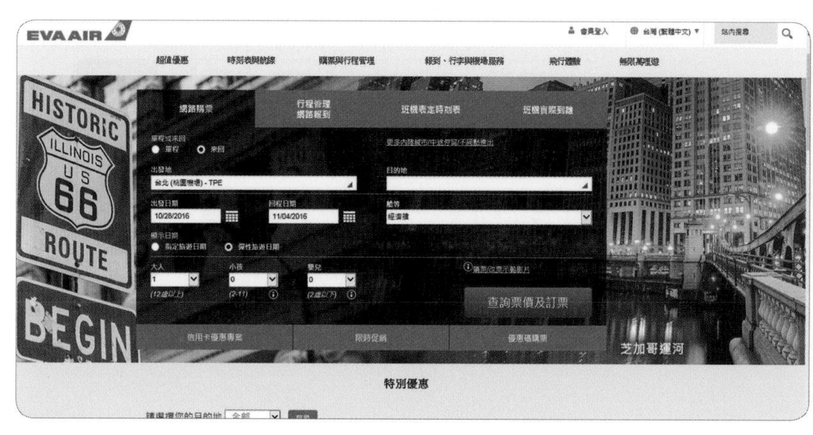

▲ 長榮航空的訂購機票頁面。

聰明選擇廉價航空

有些人對於廉航抱以異樣眼光，但其實廉航的座位也有跟一般航空一樣大的喔！例如「酷航」就是。它是新加坡航空的子公司，營運初期用的就是新航改塗裝的大型雙走道客機波音 777，而在 2015 年 6 月，酷航一次買了 10 架波音最新的 787 型客機，這是目前世界上飛得最快速的商用客機，所以全機隊機齡都很新，比起其他現行的低成本航空大多使用小飛機，酷航的飛機全部是雙走道的大飛機，而且座位配置 3-3-3，左右中間都 3 個座位，這跟長榮同型的 777 客機經濟艙座位配置完全一樣！

芊爸在旅遊業任職，因此常有許多親子旅遊計劃，同時有很多親子家庭一同出遊，深知一般航空拿不到票的心酸和無奈。對比之下，廉價航空票價通常較便宜、且可買較多機票，光是這二點，就會讓我沒有理由不選擇它啦！

芊爸實際搭乘過多次，覺得前後左右間距都差不多，我身高 187 公分，腳完全不會卡住前面的椅子，甚至還能夠伸展或打直呢！除此之外，廉價航空的票價，通常比一般航空便宜許多，而且能一次買到較多的機票（一般航空公司要買多張機票，通常無法直接透過網路購票，因此親朋好友想一起出國，總是無法即時得知是否能買到票）。

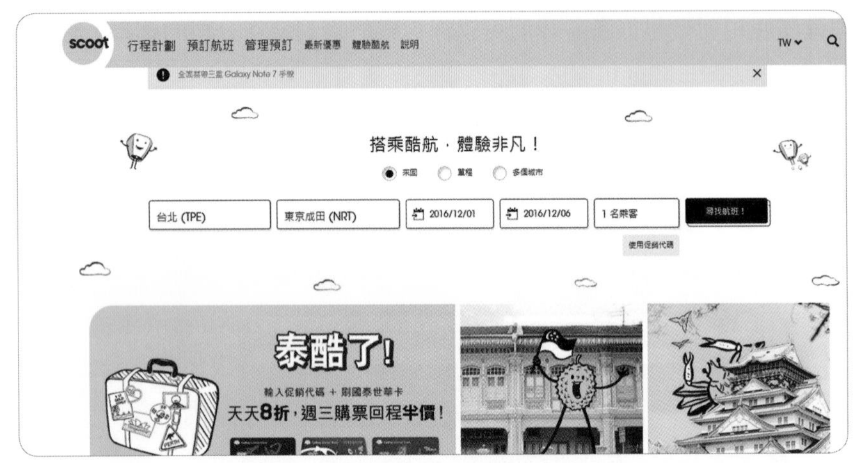

▲ 廉價航空－酷航，訂購機票頁面。

廉價航空訂票方式

廉價航空的訂票會稍微複雜一些，因廉航其實是把一般航空的一系列配套服務和餐點分拆出來賣，所以按照步驟一步步完成即可，請務必要檢查去回日期、性別、英文姓名和出生年月日有沒有 Key 錯，這點非常重要（不管買的是一般航空還是廉價航空都要特別注意）。廉價航空訂票方式大同小異，底下我簡單分享「酷航」訂票方式。

★酷航官方網站：http://www.flyscoot.com/zhtw/

★ STEP BY STEP

1

首先進入官網，點選出發目的地和時間以及人數，並點選尋找航班！

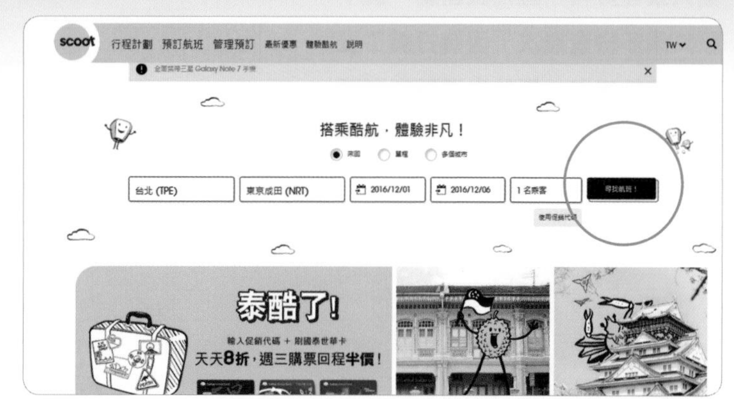

2

確認好去回時間、價錢，再將去回時間都點選後，再繼續下一個步驟。

3

此時會跳出一個視窗，詢問是否加買拖運行李以及機上餐，一起買會比之後再單買便宜一些，點選需要的選項後再繼續下一個步驟。

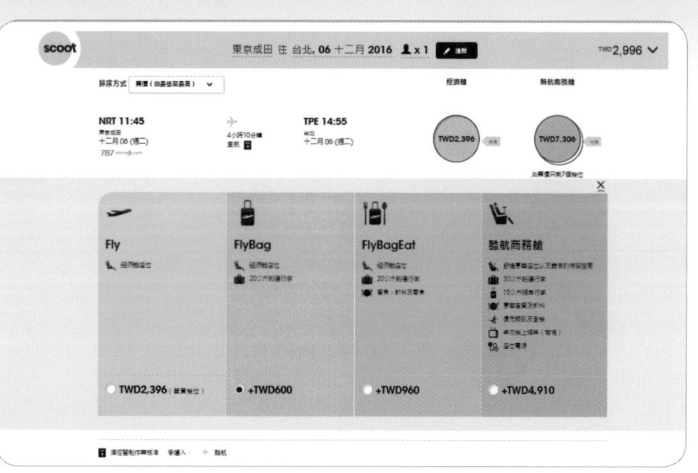

輸入乘客資料，這裡很重要，請不厭其煩多檢查幾次，因為打錯了要更改的話很貴。另外也要確認需要的行李重量，若要增加，也可個別乘客增加（需另付費）。

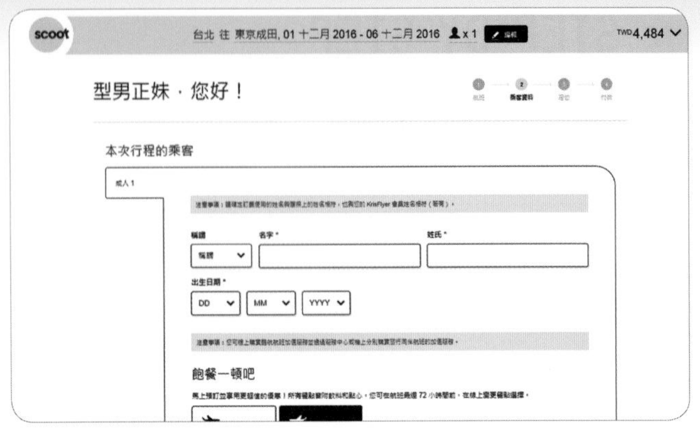

第 3 步驟若有訂餐，可選擇機上要吃什麼，但豪華餐要額外加價喔！

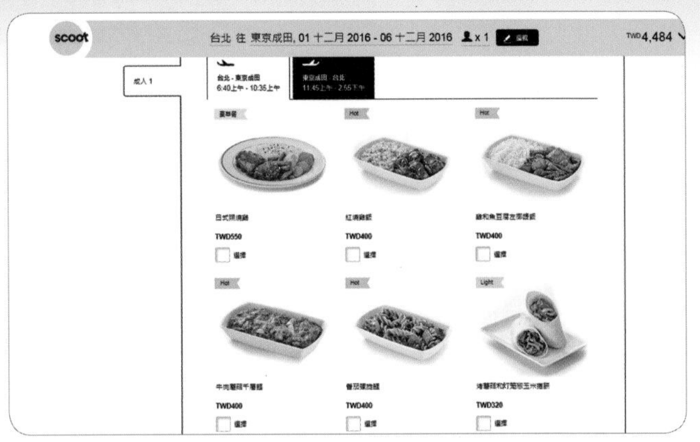

有自行投保旅平險、不便險的話，這個就不用理它了。

7

若希望家人坐一起，請千萬要加價選位。另外，飛東京選位還有小祕訣，這裡賣個關子，芊爸後面會告訴您。

8

接下來會進入機上體驗的畫面，一般這裡都不會加買，所以什麼都不用選。

9

接著填上聯絡資料。

10

接著是填信用卡資料，然後就可完成機票購買和付款。

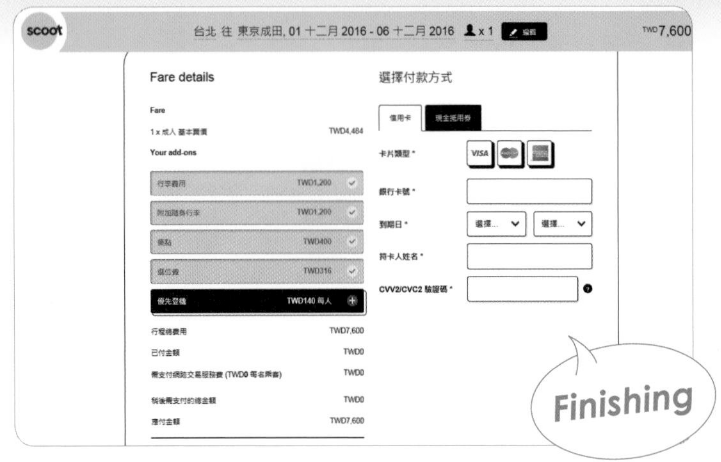

達人教戰！訂機票祕技大公開

祕技 1 善用機票比價網，找便宜機票

★ Skyscanner 機票比價網：https://www.skyscanner.com.tw/

Skyscanner 是一個能比較機票價錢的網站，進入網站後並輸入日期、出發及目的地還有人數，就可找出由便宜到貴的機票，最多可搜尋 8 大 8 小，但人數越多機票越不容易找到，所以**我會和大旅行社的訂票搜尋系統（如雄獅和可樂）交叉比較，然後再多瀏覽幾個廉航搜尋票價**。如此利用 3 個系統一起比較票價，就能很輕易找到便宜的機票囉！

▲ Skyscanner 機票比價網的頁面。

祕技 ❷ 選位有訣竅，選對位置看富士山

當飛機飛到東京上空的時候，若是天氣晴朗，就能看到富士山喔！記得 2012 年搭長榮 Kitty 機飛東京時，機長在富士山出現的時候，還特別用全機廣播呢！芊爸也偷偷分享選位看富士山的祕技：**台灣飛過去時要坐左邊窗戶，東京飛回來時要坐右邊窗戶**，這樣就有機會在天空中看見富士山，這會是很難得的經驗唷！

▲ 在天空中看見富士山，是很難得的經驗唷！

芊爸經驗談

一般航空的機票如何選位？

有些人會想問，一般航空訂票當下無法選位怎麼辦？其實訂票後您會收到電子機票收據，上面會顯示 PNR（Passenger Name Record），只要返回原訂票航空公司網站，就可以在預選座位的網頁中輸入 PNR 和姓名，便能於飛機起飛前 24 小時（部分特殊航班為 72 小時）提前選位了！但是參加團體旅遊的團體機位座位，是由航空公司劃定，故無法選位。

祕技 ❸ 檢示自己的信用卡，查詢航空訂票優惠

平時有空或是計畫出遊之前，我會不厭其煩的 Google 一下手邊信用卡，查詢可能有的航空訂票優惠，有時甚至能享有免費停車、機場接送、使用貴賓室等服務喔！

▲ 有空時多研究一下，自己的信用卡有哪些航空訂票優惠喔！

祕技 4 多逛廉航官網或粉絲頁，領取優惠折扣碼

平常我會多逛廉航的粉絲頁、官網，因為所有最新的優惠資訊都會秀在上面，例如限時促銷的機票折扣碼，或是特定信用卡折扣碼，輸入代碼立刻能打折。

▲ 廉航的官網、粉絲頁，常常會有優惠的訊息。

祕技 5 搭廉航要精算預估，節省行李費

一般 2 個大人帶 1 個滿 2 歲的小孩出國，行李重量可以帶到 20 公斤 × 3，總共 60 公斤（推車免費，因此不計算在行李重量內）。但不一定來回都這麼厲害，可以帶到 60 公斤的行李，所以我會稍微估一下，例如夏天衣物較輕，去程我可能只買 40 公斤的行李；回程或許會在日本血拼，就買個 60 公斤的行李重。

這樣精算預估，便能省下去程 20 公斤的行李費用（約 500 元台幣），不無小補喔！若是冬天出國，因為衣物較厚重，所以有可能超重，這也要特別注意，廉航的好處就是能自由調配來回行李重量，冬天時加買一點重量就好。

▲ 夏天、冬天精算預估行李重量，就能省行李費用，不無小補！

祕技 6 一般航空購票後，別忘了兒童餐與嬰兒睡籃

這個小祕技只限購買一般航空的機票喔！當訂完票後，可以在出發前打給航空公司客服，提出兒童餐、嬰兒籃的需求。但是因為飛機機型大小不一，而且嬰兒籃只能放在最前座，加上飛機上的座位有限，若同班飛機嬰兒人數多時不一定能要到。

至於機上餐，其實可以透過航空公司網頁預選，找到網路選餐的頁面後，輸入 PNR 和姓名就能選擇，兒童可選兒童餐（也可吃大人餐點），若不喜歡吃飛機餐，也有提供水果餐或生菜沙拉餐。

▲ 嬰兒籃只能放在最前座，所以不一定會有喔！

中華航空 CHINA AIRLINES 訂位購票 旅程準備 深入探索 預辦登機 航班動態 華夏會員

預選餐點 瀏覽菜單 瀏覽特別餐

網路選餐

請輸入您的訂位資料

請輸入您的訂位資料(字母間請勿加空白或特殊符號)

訂位代號: 姓(英文): 名(英文):

登入

▲ 透過航空公司的網頁，就能預選餐點。

嬰兒在一般航空裡所提供的餐點，基本上是提供嬰兒水果泥或副食品罐頭，若要換成兒童餐就不能在網路預選，一定要透過航空公司客服來詢問喔（供給量有限，不一定能換）！

行李準備篇！重量限制及托運方式

以經濟艙來說，攜帶上機的手提行李，每人一件長寬高總和不超過 115 公分和 7 公斤（加筆電 10 公斤）為限，一般航空與廉價航空相同，滿 2 歲小孩一樣享有。托運行李除了單件長寬高總和不超過 158 公分外，重量部分也會因廉價航空、一般航空而有所不同。

廉價航空視購買重量，家人一同辦理重量可合併計算，件數不限；而一般航空則依不同航空公司略有差異，例如華航 2016.07.15 開始，調整美加以外國際航線（含日本線）托運行李至每人 30 公斤，件數不限；而長榮維持每人 20 公斤；日航則是採計件制度，每人兩件不超過 23 公斤，2 歲以上小孩一般航空托運行李額度跟大人一樣，而 2 歲以下不佔位嬰兒則有托運 10 公斤的優惠。

許多國家基於保護行李搬運人員避免受傷，過重的行李會被要求分裝，以我的個人經驗來說，**單一行李最好不要大於 25 公斤，不然就算額度夠也有可能被要求減輕重量！**即使額度很夠，但出國帶行李仍舊建議「量力而為」，帶著孩子自由行一切以好移動去準備，不必要的東西留台灣，減輕自己的負擔；在國外血拼也是一樣，除非可宅配機場，否則買夠用就好，也要注意每人可攜帶回國的免稅額度。

托運行李的小祕訣

祕訣 1 戰利品或是有帶小孩玩具怕壓，可請報到櫃檯的地勤人員貼上易碎品（或 Fragile）貼紙，行李運送人員會較小心搬運。

祕訣 2 推車在台灣或是東京的機場，是可以推到登機口前面的，但「還是要貼行李條」，若想推著推車走，務必於托運行李時告知推到機艙口，讓地勤人員貼好行李條就可以了。

祕訣 3 托運行李前可用手機將行李外觀拍照，這是避免遺失時的處理方式，有照片就能幫助增加找到的機率和處理的效率。

祕訣 4 現代人出國機率增加很多，行李箱「撞箱率」自然升高，特別是德國 R 開頭的知名品牌，幾乎人手一箱。所以我會在行李箱貼上專用的造型貼紙，甚至準備可塗顏色的行李箱貼，讓女兒們塗上喜歡的顏色。這麼可愛的行李箱絕對獨一無二，抵達目的地領行李時也很容易識別，不會拿錯。

打包行李的小技巧

這是一張很經典的照片，2014 年在日本旅遊結束，最後一天晚上拍的，原本行李箱只能放我們和孩子折好的衣褲及隨身帶來的物品，但芊媽發揮巧思**將所有衣物捲起收納，小孩小件的衣服可 2 ～ 3 件捲在一起，捲的過程得稍微出點力捲緊，排除多餘的空氣。大件的衣服，一樣出力捲緊，然後一批批塞行李箱，盡量把縫隙填滿**。

因為衣物是捲緊的，所以卡緊的衣物互相有作用力就不會散開，如此一來，衣物空間縮小了 1/3 到一半，多出來的空間就能把購物買的戰利品放入大行李內，不必大包小包提著走了！

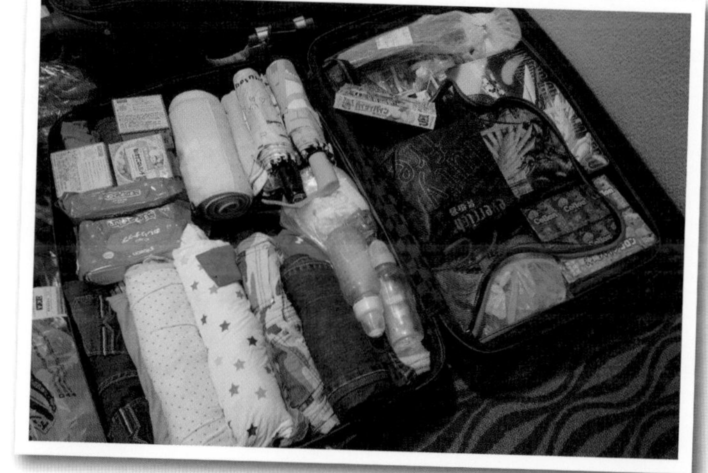

▶ 將衣物用捲的方式收納，空間縮小了 1/3 到一半呢！

親子遊行李檢查表

★個人隨身物品

- [ ] 日幣、台幣和信用卡。
- [ ] 筆電、相機、電池、閃燈、充電器和記憶卡（多備幾個較保險）。
- [ ] 手機、上網機或上網卡、充電器。
- [ ] 便條紙和筆。
- [ ] 護照（半年以上效期），大頭照二張、護照影本（避免遺失可補發用，請和護照分開放）。
- [ ] 輕便雨傘。
- [ ] 大人小孩常備藥品。
- [ ] 旅平險保單及緊急聯絡電話。
- [ ] 旅遊資訊、旅遊書、行前準備資料。
- [ ] 塑膠袋、夾鏈袋、耐熱袋（打包吃不完的食物）。
- [ ] 轉換插座、變壓器（日本插座和台灣一樣，電壓和我們差不多，但去其他國家要記得這一點）。
- [ ] 預先購買的旅遊票券、電子票、住宿資料、機票資料。
- [ ] 簡單的免洗餐具（以免臨時找不到餐具）。
- [ ] ____________________
- [ ] ____________________
- [ ] ____________________
- [ ] ____________________
- [ ] ____________________
- [ ] ____________________

★衣褲及清潔用品

- [ ] 大人小孩適量的衣、褲、內衣褲、外套、襪子、拖鞋。
- [ ] 個人保養清潔用品。
- [ ] 防曬乳液、遮陽帽、USB 電扇（夏天），太陽眼鏡（夏天或到雪地）。
- [ ] ____________________
- [ ] ____________________
- [ ] ____________________
- [ ] ____________________

★孩子安撫物品及必需品

- [ ] 孩子的安撫娃娃或玩具。
- [ ] 給孩子打發時間的小玩具、書本、貼紙等等（以輕便為主）。
- [ ] 奶瓶、奶粉、濕紙巾、尿布（比正常用量多 1/3 左右）、保溫瓶、副食品、食物剪、圍兜兜、幼兒餐具、奶嘴（有嬰幼兒同行的話）。

____

____

____

____

____

____

____

____

親子遊必備小物！讓孩子不無聊

旅遊期間難免會遇到搭飛機搭車較久、排隊等待、用餐時刻、回飯店後大人想休息等狀況，這時如有準備給孩子們打發時間，抑或是配合當下景點主題的小玩意，就能有效吸引孩子的注意力。**玩具類要以體積小好攜帶為原則，而書本類則以重量輕、頁數少的來考量**，有了這些準備，孩子們就不會無聊，甚至若能攜帶配合主題的物品，更能讓孩子加深印象呢！

◎親子遊必備小物

1 **貼紙書、小紙牌：**搭飛機時很好用，孩子們自己會拿貼紙開始講故事、角色扮演；有動物圖案或是中英文的小紙牌，也很適合幼兒園或國小低年級的小朋友，度過漫長坐飛機時間。

2 **主題小書：**例如交通工具書能在所有場合配合使用，和孩子一起發現旅行途中所見到、搭到的交通工具；而魚類動物書，在逛動物園水族館時，也是很好的輔助工具。

3 **安撫娃娃：**小小孩年紀小，能有個抱著的娃娃，將能適度增加他的滿足感，減低旅行過程帶給小小孩的疲勞感，並能適時轉移他們的注意力。

4 **小玩具：**回飯店後不一定都要開著電視，把平常家裡玩的、不佔空間、不會太重的小玩具帶著，回房後讓孩子玩，大人就有空閒時間整理行李及準備隔天要用到的東西。

5 **獎勵貼紙：**可以攜帶各種貼紙，鼓勵孩子們在旅遊期間的表現，孩子其實有一點小激勵就會很開心，我自己小時候也超愛老師發的小蘋果貼紙，為了貼紙我會盡力表現。同樣的道理，孩子們真的很願意為了拿到貼紙努力參與，甚至我會用配合景點的相關問答送小貼紙，更能加深孩子們對於景點的認識與旅遊的熱情。

6 **其他玩具：**我習慣出國前去逛逛玩具賣場，挑選數種不同的小玩具，例如小 LED 燈、螢光棒，夜晚拿出來時孩子肯定超愛的！除此之外，竹蜻蜓、小飛盤，去公園時也是必備的物品。

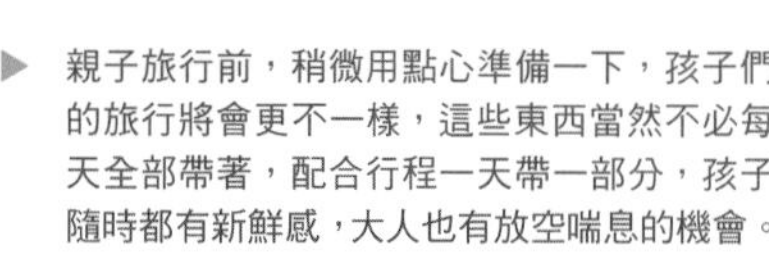

▶ 親子旅行前，稍微用點心準備一下，孩子們的旅行將會更不一樣，這些東西當然不必每天全部帶著，配合行程一天帶一部分，孩子隨時都有新鮮感，大人也有放空喘息的機會。

「推車」的重要性

「推車」在我們帶孩子的親子旅行中，佔有很重要的地位，不只是孩子累了有地方可休息，還是掛每天大人小孩所需物品、血拼戰利品的好地方。帶一個小小孩出門，光是奶瓶、奶粉、濕紙巾、尿布、備用衣服、大人小孩外套、小零嘴、熱水瓶、安撫玩具、小毛巾、圍兜兜、兒童餐具、副食品……等等，這就要一個大媽媽包才裝得下，各位總不希望這些東西得提一整天吧？

每天在各景點旅遊下來，或是到逛街的地方，往往會買不少戰利品，特別是日本這麼吸引人「敗家」的地方，一不小心就買了一大堆東西，這些東西除非有免費運送機場或飯店的服務，不然還是要手提的，如果早上就買了，不就要提一整天到晚上回飯店才能放下來？

所以這時候有**一台耐重的推車就很重要，就算孩子不坐在上面，椅子的地方也可放很多不想提的東西**。孩子若坐在上面，則可把這些東西吊在手把上，如此將能節省自己很多力氣，不用一整天提著一大堆東西，能讓親子自由行更輕鬆！

1. 除非是媽媽一個人帶孩子旅行，不然選擇「耐重的推車」比「輕便的推車」，實用度更好喔！
2. 媽媽若是一人帶著孩子旅行，還是要衡量自己的能力，不要買到連自己都搬不動了，失去帶孩子出國的真正意義。
3. 日本有些車站沒有電梯，所以推車需要用搬的，扣除這個缺點，我覺得帶推車的利還是大於弊！

▲ 就算現在孩子比較大了，我出國還是會帶推車。

▲ 日本有這麼多吸引人「敗家」的地方，因此攜帶一台可載人載貨的推車很重要！

住在東京！親子遊訂飯店祕技

隨著科技的進步，現在要訂國外飯店越來越容易了，因為除了旅行社網站外，還有許多訂房網，例如 Agoda、Booking、Hotels.com、Expedia、TripAdvisor，甚至可透過日本的樂天、Jalan、一休、e 路東瀛訂房，或是直接上飯店的官網訂。

但光看這麼多方式，您一定眼花撩亂想直接放棄了吧？所以我建議親子自由行的新手爸媽們，可以先選其中 2 ～ 3 個網站瀏覽，稍微看一下就會有一點心得，而且不一定得要到最低價才行，因為時間就是金錢，花那麼多時間比來比去不如拿去陪孩子，我的觀念是只要「相對低價」就行了！

以上網站我最常用的是 Agoda、Hotels.com，除了這兩個外，您也可以挑一個喜歡的日本訂房網，再加上可樂或雄獅旅行社的訂房頁面交叉比較，這些差不多就夠了，然後就可以開始搜尋比價了。其實訂房網的設計大同小異，都是輸入地點（或飯店名）、時間、人數、房間數等等，就可替您找出飯店，差只差在網頁外觀長得不一樣，底下我以 Agoda 當作訂房祕技篇的範本教學。

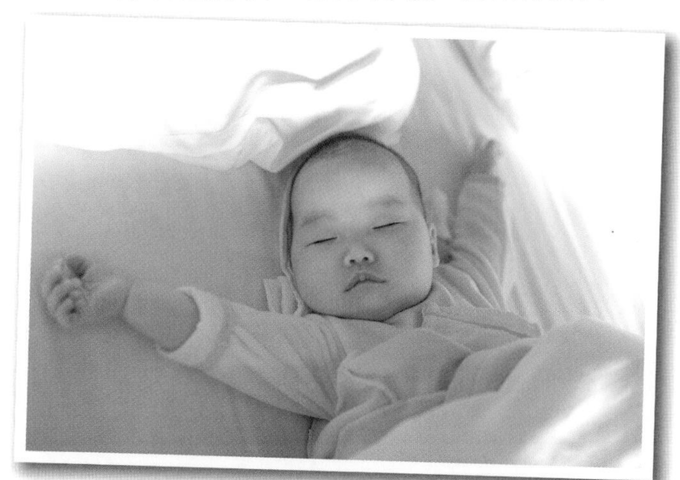

祕技 1 先 Google 東京推薦親子飯店，縮小搜尋範圍

看一下旅遊前輩們在網路上分享的文章，常常可以對住哪裡、哪間飯店有點頭緒，我也是透過這樣的方式縮小範圍，鎖定適合帶小孩入住的地點和飯店。如果行程中有哪個停留比較久的景點，或附近有較多會帶孩子去的地方，交通方便的情況下，我會以這個地點的飯店為優先選擇。

例如 2012 年首次帶芊芊到東京，我便選擇住在汐留，因為想去築地市場（電車 1 站到）、想去銀座逛街（走路 20 分到）、想去台場（海鷗線就在飯店門口）、想去上野動物園（飯店直通都營大江戶線車站可直達上野）、想去迪士尼（換乘有樂町線比去東京車站轉車還快）。

▲ 打開 Google 網頁，輸入關鍵字「東京親子飯店」。

祕技❷ 再利用 Google 地圖，選擇最靠近地鐵站的飯店

在 Google 地圖中打入從祕技 1 挑選出的飯店名稱，可以很快的定位出飯店位置，從地圖上看出附近的地鐵線路有哪些、距離有多遠等等。例如我們在汐留住宿的 Villa Fontaine Shiodome，飯店旁有百合海鷗線和都營大江戶線，到哪都很方便。

▲ 在 Google Map 輸入飯店名稱，就能快速定位出飯店位置。

祕技❸ 從這些飯店中，用訂房網挑出符合預算的

進入訂房網網頁（以 Agoda 為例），打入飯店名和欲住宿的日期，我會同時比較 2 ～ 3 間飯店，並用喜歡的 2 ～ 3 個訂房網，配合大旅行社訂房頁面做比較。除了比較價錢外我還會比較房間大小，另外別忘了要挑「禁菸房」，從中選擇出最符合預算的飯店。

祕技❹ 到飯店官網做最後比價，睡床尺寸也有差

有的時候官網會有出清房或特價房，說不定會有更驚喜的價錢，多這一步到官網查價的動作，不會花多少功夫的。接著點選客房說明，大部分飯店都會標出睡床尺寸，日本大都市寸土寸金，大多數的飯店床都很小，如果爸爸媽媽帶小孩去住兩張單人床的雙人房，通常就是提供標準單人床，床寬只有 75 ～ 90 公分，兩大帶兩小的情況，爸爸要跟孩子擠一張這麼小的床真的很不舒服。

所以我帶孩子選的飯店，除非有能提供四張單人床或兩張雙人床的親子四人房，不然最重要的一定是睡床尺寸。其實仔細找，還是有不少飯店提供兩張「Semi-Double」，日本人稱小型雙人床，睡床寬都在 110 ～ 120 公分左右，我們住過的 Villa Fontaine Shiodome 和橫濱格蘭洲際酒店都是提供 120 公分寬的兩張小型雙人床，一大一小可以睡得更舒服。

▲ Villa Fontaine Shiodome 雙床雙人房提供兩張 120 公分寬的床，交通動線方便，二大二小的家庭初次旅遊東京超適合住這裡。

祕技❺ 善用信用卡提供的訂房折扣

和訂機票一樣，訂房前先查詢一下手邊有的信用卡，是否針對訂房網提供的訂房折扣。就我所知，信用卡所提供的折扣通常都是稅前 7% 或更多，住的天數越多省越多，但是要使用信用卡提供的折扣，要從信用卡公司的網頁直接連到各訂房網站才有效喔！

祕技❻ 手機 APP 軟體訂房，也能有折扣

以 Hotels.com 來說，不定時有 APP 的折扣碼，時限內提供訂房的額外優惠價，網路上蠻多人有在整理更新各大網站的折扣碼，這些資訊對省錢非常有幫助。

▲ 折扣前與折扣後差很大！

祕技⑦ 不要頻繁換飯店

為了要更靠近下個景點而換飯店，這是許多人換飯店的理由，但換飯店很花時間和體力呢！我們要帶著孩子、要推大行李、要搭車、要牽小孩或推推車、換房前一晚就要把行李打包好……，而換飯店那一天早上過去，還不一定能提前進房。其實這樣算一算，省下的時間並沒有比較多，只要把握芊爸前面的訂房原則，您選到的飯店應該就是「靠近地鐵、交通方便、轉乘便利」的，所以就不用頻繁換飯店了，這樣只會讓自己和孩子更累而已！

並非所有飯店都允許2個大人帶小孩入住，各家飯店政策不同，有的飯店只允許2歲以下嬰兒不佔床方式入住，超過的要收費；有些飯店允許6歲以下不佔床免費，但超過要加床收費；也有些飯店允許12歲以下孩子不佔床免費。這些在訂房之前都要查清楚，不然入住時很有可能被加收錢，還有，日本是個很重視誠實信用的國家，請勿抱著僥倖心理違反飯店政策入住。

祕技⑧ 芊爸推薦的親子遊兩大飯店

東京 Villa Fontaine Shiodome

我在綜合比較過後，第一次帶孩子到東京9天，我選擇只住 Villa Fontaine Shiodome，因為交通方便、樓下有超商、飯店門口有百合海鷗線、飯店地下街和都營地下鐵大江戶線相連、房間有兩張120公分寬的床、房間夠大帶小孩住得舒服，而且這間飯店7歲以下孩子可不佔床免費入住，非常適合帶著小小孩住。

◀ 飯店出來手扶梯搭上去右轉有超商，門口有百合海鷗車站；手扶梯往下搭可到都營大江戶線車站，住這裡回飯店幾乎不用多走路！

▲ Villa Fontaine Shiodome 最棒的是提供房客免費早餐，而且不需額外付費！

橫濱格蘭洲際飯店

本書的親子旅遊景點裡，我也會介紹到橫濱景點，橫濱是位在東京南方約 40 公里的大城市，近幾年來由於東京地鐵路線大力整併，把多條線路合併起來，讓橫濱到東京的時間縮短許多。住在橫濱想到東京旅遊已經不是難事，從澀谷到橫濱的東急東橫線，往北可連通副都心線，一路北上到池袋甚至更北邊；而往南連接港未來線，直通到最南的橫濱中華街車站，住在橫濱港未來區，甚至能不必轉車直達新宿呢！

帶著孩子自由行的家長，相當建議以橫濱為出發點，住在我推薦的這間「格蘭洲際飯店」。因為距離不是問題，方便性卻大幅提升，以和東京同樣的預算來說，住在橫濱的飯店可以住得更好，還能一網打盡橫濱必玩的景點，例如：麵包超人博物館、日清拉麵博物館、紅色倉庫等等地方。

橫濱的格蘭洲際飯店，這是一間五星級飯店，座落在橫濱港，可看到海港和城市景觀，房間很大且每間都有大窗戶可看風景、房間內有兩張 120 公分寬的床、飯店附近有超大購物中心吃喝玩樂方便、離地鐵站走路 10 分鐘內、黃金地鐵線路一條線一路玩到東京。這間飯店雖然預算稍微高一些但很值得，而且 12 歲以下孩子可不佔床免費入住，帶已經升小學的小朋友出遊，很推薦住這間。

◀ 房間將近 40 平方米，孩子活動空間多很多，又有大窗戶，窗外風景極佳，這裡的地鐵直達新宿，住這邊離東京一點也不遠。

◎橫濱格蘭洲際飯店特色

1. 房間有 38 平方米非常大，每間房間都有大片窗戶，飽覽橫濱之美。
2. 房間大小與隔一條街的橫濱灣東急飯店差不多，但價錢便宜 1/3，面海第一排景色更好！
3. N'EX 直達橫濱車站，轉乘一次可到飯店。
4. 港未來延伸東急東橫線路，不必換車直達武藏小杉、澀谷、新宿、池袋。
5. 紅色倉庫、日清拉麵博物館、麵包超人博物館都在走路可到的地方。
6. 百貨公司、購物中心聚集，橫濱中華街搭車 5 分鐘即到達。
7. 臨橫濱港，一次飽覽港口和市區美景。
8. 以住東京同樣的預算，住在橫濱可住到更大、更好的房間。
9. 棒球迷的最愛，橫濱海灣星球場在港未來沿線。
10. 幕府時期鎖國第一個開港城市，歷史文化人文薈萃的地方。

01　飯店周邊有 3 大購物中心，食衣住行都能滿足，非常推薦親子旅行住在橫濱格蘭洲際飯店。

02　橫濱格蘭洲際飯店每間房間都有很大的窗戶，孩子喜歡在窗邊看著外面橫濱市區和港口的美景，面市區的房間都可看見大摩天輪喔！

親子自由行好簡單！入境與換匯攻略

● ● ● ● ● ●

入出境方式及注意事項

第一次到機場或很少出國的人，抵達機場後不要害怕，機場會有很多大螢幕，螢幕上會有即將出發的航班資訊（航班號、起飛時間、目的地），根據電子機票收據，抵達各航站大樓後，即可按螢幕指示找到報到櫃檯（Counter）領取登機證（Boarding Pass）。

台北有 2 個航站樓(一航廈國際線專用)、高雄有 2 個航站樓（國內與國際航廈）、桃園有 2 個航廈；東京成田機場有 3 個航廈，東京羽田機場有 3 個航廈（台灣飛過去會在國際線航廈）。目前**大部分機場都有實施加強安檢，國際線航班通常需要在起飛時間前 3 小時抵達報到。**

1. 拿到機票出關後以及抵達要領取行李時，也會有大螢幕顯示航班資料，依照上面的號碼找出登機的登機門（Gate）及到行李轉盤（Baggage Claim）領取托運行李。
2. 在國外機場沒中文時，只要記得這幾個簡單的英文單字即可找到要去的地方，另外這兩個單字也要記一下：出境／出發（Departure）和入境／到着（Arrival）。

入出境注意事項

托運行李長寬高總和通常不可超過 158 公分，刀、剪、尖銳物品都要放大行李托運，超過 100c.c 的液體（膏狀、膠狀、乳液都算）也要托運，我的經驗是不太確定的東西盡量托運，不然就是詢問報到櫃檯的地勤人員。

◎出境注意事項

1. 手提行李每人一件總重不超過 7 公斤、加筆電不超過 10 公斤。
2. 行動電源、充電電池、鋰電池一定要隨身帶。
3. 自拍棒或腳架，摺疊後超過 25 公分則不可隨身攜帶。
4. 液體類不超過 100c.c，統一用夾鏈袋裝好。
5. 行李長寬高總和通常不可超過 115 公分，否則航空公司人員有權要求托運。
6. 請隨身攜帶筆，填寫日本入境卡用。
7. 入境日本時，攜帶 ¥100 萬以上現鈔或等值外幣需要申報。

◎台灣入境注意事項

1. 外幣現鈔不可帶超過美金價值 1 萬元，台幣現鈔 10 萬元。
2. 新鮮水果、肉類需檢疫是不可帶入境的，果乾、魚乾（含醺鮭魚）可以帶，肉乾則不行。
3. 酒類 18 歲以上每人為 1 公升。
4. 每人攜帶國外購買物品免稅額度為 2 萬元，超過需報稅。
5. 藥品同種類上限 12 罐或瓶，最多 36 罐或瓶。
6. 醫療器材除非為醫事專業人員，否則不可攜帶，會有法律責任。

入境卡與申告單填寫

持台灣護照入境日本免簽證，但別忘了在飛機上索取日本入境卡及申告單，抵達日本後也可在移民官（Immigration Officer）前拿卡填寫，許多人常把移民官跟海關搞混，海關Customs其實是領取托運行李之後與抵達入境大廳前會經過的，如果行李中有要申報的物品就需向海關申報；而移民官是檢查護照和入境表格（外國人入國記錄卡）的官員，兩者負責的工作不同。日本入境卡於2016.04.01已經更換為新版，芊爸整理如底下圖表，裡面的格式除了簽名外，請以英文或日文填寫。

新格式的外国人入国记录

外国人入国記録 DISEMBARKATION CARD FOR FOREIGNER　【 ARRIVAL 】
英語又は日本語で記載して下さい。 Enter information in either English or Japanese.

氏名 Name	Family Name 姓氏	Given Names 名字	
生年月日 Date of Birth	Day 日 Month 月 Year 年：日｜月｜西元年	現住所 Home Address	国名 Country name 台灣　都市名 City name 居住縣市
渡航目的 Purpose of visit	☑ 観光 Tourism　☐ 商用 Business　☐ 親族訪問 Visiting relatives　☐ その他 Others（　）	航空機便名・船名 Last flight No./Vessel	航班號(見登機證)
		日本滞在予定期間 Intended length of stay in Japan	旅遊天數
日本の連絡先 Intended address in Japan	飯店名稱或居住地地址	TEL	飯店或居住地電話

裏面の質問事項について，該当するものに☑を記入して下さい。 Check the boxes for the applicable answers to the questions on the back side.

1. 日本での退去強制歴・上陸拒否歴の有無 Any history of receiving a deportation order or refusal of entry into Japan	☐ はい Yes	☑ いいえ No
2. 有罪判決の有無（日本での判決に限らない） Any history of being convicted of a crime (not only in Japan)	☐ はい Yes	☑ いいえ No
3. 規制薬物・銃砲・刀剣類・火薬類の所持 Possession of controlled substances, guns, bladed weapons, or gunpowder	☐ はい Yes	☑ いいえ No

以上の記載内容は事実と相違ありません。 I hereby declare that the statement given above is true and accurate.
署名 Signature　芊爸

1.曾被拒絕入境
2.曾被有罪判決
3.是否帶管制藥、槍砲刀劍火藥
以上沒有勾否，勾是將無法入境

簽名欄移到正面了

▲ 日本入境卡的填寫方式，每個人都要填寫，小孩也要寫，不會寫字可由家長代寫、代簽名，但請務必簽「小孩的名字」。

> 新版入境卡取消一式兩聯的另一聯出國記錄，只剩簡單的一聯入國記錄，並簡化舊式的雙面填寫，變更為新式只需填寫一面。

申告單的填寫方式相同，除簽名外請以英文或日文填寫，領取大行李後將這張交由海關，需填妥入境卡與申告單並帶著護照，過移民官和海關後才可入境日本。

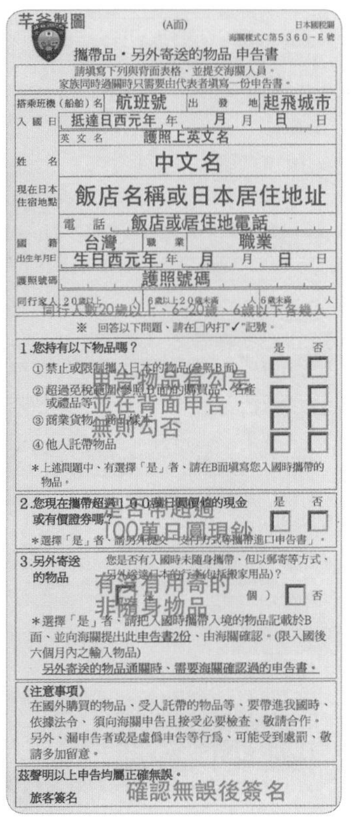

芋爸製圖 (A面)

日本國稅關
海關樣式C第5360-E號

攜帶品・另外寄送的物品 申告書

請填寫下列與背面表格，並提交海關人員。
家族同時過關時只需要由代表者填寫一份申告書。

搭乘班機（船舶）名	航班號	出發地	起飛城市
入國日	抵達日西元年 年 月 月 日 日		
姓名	英文名 護照上英文名		
	中文名		
現在日本住宿地點	飯店名稱或日本居住地址		
	電話 飯店或居住地電話		
國籍	台灣	職業	職業
出生年月日	生日西元年 年 月 月 日 日		
護照號碼	護照號碼		
同行家人	20歲以上 人	6歲以上20歲未滿 人	6歲未滿 人

※ 回答以下問題，請在□內打"✓"記號。

1.您持有以下物品嗎？ 是 否
① 禁止或限制攜入日本的物品(參照B面)
② 超過免稅範圍(參照B面)的購買品、名產或禮品等
③ 商業貨物、商品樣本
④ 他人託帶物品
＊上述問題中，有選擇「是」者，請在B面填寫您入國時攜帶的物品。

2.您現在攜帶超過100萬日圓價值的現金或有價證券嗎？ 是 否
＊選擇「是」者，請另外提交「支付方式等攜帶進口申告書」。

3.另外寄送的物品 您是否有入國時未隨身攜帶，但以郵寄等方式，另外送達日本的行李(包括搬家用品)？
□ 是（ 個） □ 否
＊選擇「是」者，請把入國時攜帶入境的物品記載於B面，並向海關提出此申告書2份，由海關確認。(限入國後六個月內之輸入物品)
另外寄送的物品通關時，需要海關確認過的申告書。

《注意事項》
在國外購買的物品、受人託帶的物品等，要帶進我國時，依據法令，須向海關申告且接受必要檢查，敬請合作。另外，漏申告者或是虛偽申告等行為，可能受到處罰，敬請多加留意。

茲聲明以上申告均屬正確無誤。
旅客簽名

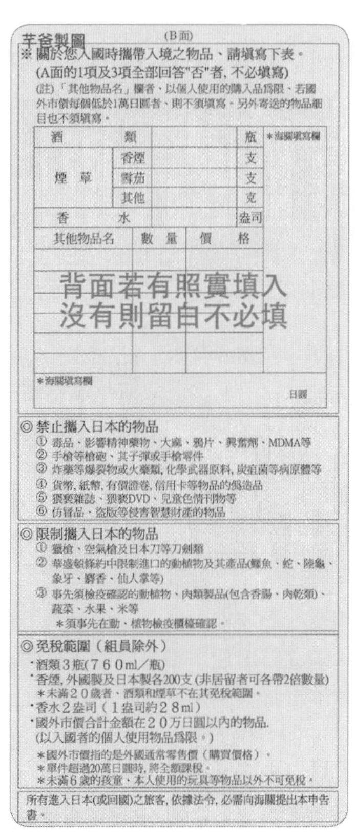

芋爸製圖 (B面)

※ 關於您入國時攜帶入境之物品，請填寫下表。
(A面的1項及3項全部回答"否"者，不必填寫)
(註)「其他物品名」欄者，以個人使用的購入品為限，若國外市價每個低於1萬日圓者，則不須填寫。另外寄送的物品細目也不須填寫。

酒類			瓶	＊海關填寫欄
煙草	香煙		支	
	雪茄		支	
	其他		克	
香水			盎司	
其他物品名	數量	價格		

＊海關填寫欄 日圓

◎ 禁止攜入日本的物品
① 毒品、影響精神藥物、大麻、鴉片、興奮劑、MDMA等
② 手槍等槍砲、其子彈或手槍零件
③ 炸藥等爆裂物或火藥類，化學武器原料，炭疽菌等病原體等
④ 貨幣，紙幣，有價證卷，信用卡等物品的偽造品
⑤ 猥褻雜誌、猥褻DVD、兒童色情刊物等
⑥ 仿冒品、盜版等侵害智慧財產的物品

◎ 限制攜入日本的物品
① 獵槍、空氣槍及日本刀等刀劍類
② 華盛頓條約中限制進口的動植物及其產品(鱷魚、蛇、陸龜、象牙、麝香、仙人掌等)
③ 事先須檢疫確認的動植物、肉類製品(包含香腸、肉乾類)、蔬菜、水果、米等
＊須事先在動、植物檢疫櫃檯確認。

◎ 免稅範圍（組員除外）
・酒類3瓶(760ml／瓶)
・香煙，外國製及日本製各200支(非居留者可各帶2倍數量)
＊未滿20歲者，酒類和煙草不在其免稅範圍。
・香水2盎司（1盎司約28ml）
・國外市價合計金額在20万日圓以內的物品.
(以入國者的個人使用物品為限。)
＊國外市價指的是外國通常零售價（購買價格）。
＊單件超過20萬日圓時，將全額課稅。
＊未滿6歲的孩童，本人使用的玩具等物品以外不可免稅。

所有進入日本(或回國)之旅客，依據法令，必需向海關提出本申告書。

◀ 入境時拿的申告單有正反兩面，同一家人「寫一張」即可。

免稅與退稅方式

到日本有太多消費的理由了，這也是近年來日本政府針對外國遊客的優惠措施，特別是日本有好多可愛的嬰幼兒用品，還有那大家都愛買的藥妝，以及許多人愛搬的電器產品，瞭解日本免稅的門檻和退稅的方法後，就可在日本開心的血拼囉！

從2014年10月1日開始，食品、藥品、化妝品等消耗品，原本在免稅項目外的品項全部都可滿額¥5000（稅前）免稅了。另外，2016年5月1日起，原先消耗品外的一般品項，必須滿¥10000（稅前），都已同步改為¥5000（稅前）滿額就可免稅了，所以目前只要在日本貼有Japan Tax Free或是Tax Free Shop的店家，都享有最新制的滿額退稅。

◎免稅注意事項

1 滿 ¥5000（稅前）才能免稅，若稅已含入，則為滿 ¥5401 可以退稅，退稅 8%（日本國內消費稅）。

2 退稅必備「護照」，才能證明是外國人享有退稅，並且要有短期停留許可的觀光客才可以，如果您是以工作簽證到日本，或是停留超過 6 個月者，將無法享有免稅。

3 不能跨商店累積退，例如 A 店買 ¥3000、B 店買 ¥2000，這樣是不行的，但若在商店街或是同賣場內有開放者，就可跨店累積滿額退稅。

4 只要是購買後在「離開日本前會吃的、喝的、消耗的」都屬於非退稅品，不可退稅。

5 同時購買退稅品和非退稅品必須「分開結帳」，例如買當場要喝掉的飲料和滿 ¥5000 帶回國的東西，就需要分開結帳。

6 所有消耗性質的退稅品會用一個袋子包好密封，並且在外袋貼上明細退稅證明（需簽名），回國前請勿拆開，若在離開日本前海關發現有拆封，會當場要求補稅，並且會有明細釘在護照內頁，同樣回國前不可撕下。

7 電器類、衣服配件、玩具可以拆包裝放行李托運，衣服也可直接穿上去。

8 部分商家或是百貨退稅櫃台另設他處，有可能先付含稅後的金額，再拿收據到退稅櫃台退還現金，手續是差不多的，不需擔心（例如：Ito Yakodo 百貨，就是採取這種人工後退現金的方式）。

9 所有退稅物品必須在購買後 30 日內攜出日本境內。

10 並非日本各地都能退稅（例如迪士尼樂園和海洋內就就無法退稅），不清楚的話可於消費前先問店家有沒有退稅再購買。

◎辦理退稅的方式

1 出示護照，確認護照內頁是否有「上陸許可」，才符合退稅資格可辦理退稅。

2 在「購買者誓約書」上簽字，確保會遵守免稅規定，旅客和店家各留一張。

3 店家把購入紀錄的收據釘在護照內頁，必須妥善保存，回國前不能撕下。

4 大部分店家會直接將退稅金扣除，少部分要到人工退稅櫃台，依照各店家不同規定辦理即可。

換匯與信用卡優惠

日本國內流通的鈔票最新版的一共有四種面額，分別為 ¥10000、¥5000、¥2000 和 ¥1000，其中 ¥2000 鈔票較少見到，為 2000 年千禧年發行的特別版鈔票，其餘都是在 2004 年底發行的新版鈔票，之所以會有新舊版區別，主要是在防止盜印，不過若手中仍有舊版的日本鈔票（二戰後發行），在日本國內都還是可以使用的。

日本紙鈔最容易的區分方式是依照其大小，¥10000 最大張依序一直到最小張的 ¥1000；而日本的硬幣目前有 6 種面額，分別是 ¥500、¥100、¥50、¥10、¥5 和 ¥1，¥500 大小最大，而 ¥50 最初中間沒有洞，為了和 ¥100 識別而在中間打洞。

¥10000　¥5000 　¥1000

¥500 　¥100

¥50 　¥10 　¥5 　¥1

換匯方式

台幣兌日幣的匯率近半年約在 1 台幣兌換 3.2 ～ 3.5 日元左右（美國總統大選後日幣急貶，更適合到日本旅遊）。雖然沒有 2015 年最低點時的 1：4 之譜，但也比前幾年的高點 1：2.6 來的低很多，因此這幾年國人很流行到日本旅遊兼購物，特別是到東京。

1. 出國前：到銀行換匯

旅行之前除了帶信用卡外，還會有現金的需求，一般換日幣到家裡附近的銀行大部分都換得到，唯要注意的是，某些銀行換日幣會外加手續費，所以兌換之前一定要問清楚。通常台灣銀行除了機場分行外都沒有外加手續費，上網結匯購買現鈔會再有千分之 1 ～ 2 的折扣，所以我習慣在台銀換鈔。

2. 旅行途中：到經授權的服務櫃台換

旅行途中有需要現金，請務必到合法的金融機構或是經授權的服務櫃台換，例如銀行、附設換匯處的飯店櫃台等地方。在日本換現金通常匯率比較差，也有可能加收手續費，還有，千萬別貪小便宜到未經授權的私人匯兌場合換錢，以免換到假鈔及惹來不必要的麻煩。

信用卡優惠

除了現鈔外，信用卡已經成為出國旅遊必備的卡片了，由於旅日市場劇增，信用卡刷卡也成為銀行業的必爭之地，許多銀行相繼發行了針對日本旅遊、國外刷卡專屬的信用卡，這些卡片多半有「國外手續費折扣或是全免」、「滿額有其他贈品或回饋」、「電器、藥妝、購物憑卡另有折扣」，甚至還有「餐廳用餐優惠」、「國外機場貴賓室使用」等等。

大家可根據個人的需求，申請提供不同優惠折扣的卡別，如此一來，除了享有免手續費外，還可有其他更多的專屬權益和特惠。

日本國內有許多提供給 JCB 卡友的好處，例如滿額可換利木津巴士車票、20 萬個日本免費熱點上網密碼、持卡免費登上包括東京鐵塔和橫濱海洋塔的 9 座日本塔等，也有比其他卡別更多的回饋金，許多銀行都有發行 JCB 信用卡，相當推薦旅遊新手爸爸媽媽遊日本前可先辦一張 JCB 信用卡。

日本上網推薦！ 3 家 SIM 卡公司

日本上網的方式，近年來已經由上網機進化到直接用 SIM 卡裝入手機就可上網了，以往使用上網機需要依照天數計價，每天約 200 ～ 400 元，而且還要另外攜帶一台機子佔空間，所以我比較推薦購買日本上網用 SIM 卡。

有些人會說，租上網機平攤費用下來比較便宜，但前提是「大家隨時都要走在一起」，否則將無法連線上網，那倒不如一人一張 SIM 卡，無論距離多遠各自都有網路，親友家庭一同出遊還可以分開行動，再利用通訊軟體互相聯絡集合地點。目前市面上有蠻多家發行 SIM 卡的公司，方案各有不同，以下 3 家是我使用過的特別介紹。

1. 日本插座插頭跟台灣完全相同，所以不必準備萬國插座或是任何轉換接頭，台灣的插頭直接就可以插進日本的插座上了（除非筆電的插頭是三孔式的，才需準備轉二孔的轉接頭）。
2. 日本電壓為 100V，比台灣 110V 略低，目前的電器產品大多有變壓設計，可乘載 100 ～ 240V 電壓，就算無變壓的電器在日本也是可用的（電流變低）。

▶ 上網機單日租金較高，適合多人在一起行動分攤上網租金。

EZ Nippon 日本通

走 Docomo 的網路，市區連線速度不錯，到迪士尼樂園玩時，上網速度有變慢但還是穩定，適合網路重度使用者，可選擇 6 天 899 元台幣或是 11 天 1399 元台幣吃到飽的方案。

全日通

走 Docomo 網路，但速度不是很穩定，尤其在離開東京到郊區後感受特別明顯，速度下降很多，不適合重度網路使用者。但若只是單純打卡分享或是 LINE 傳訊息而已，想省錢的人還是可以選擇，因為 8 天 2GB 的用量（超過降速為 3G），輕度網路使用還是夠的，且價錢才 300 ～ 350 元台幣左右。

Studio A x Freetel 卡

同樣是用 Docomo 網路，連線速度非常穩定（其中 30 天 2GB 749 元台幣，這個方案還不錯），雖然有限制超過 2GB 會降速，但社群軟體 FB、LINE 等都不計入流量內（使用社群軟體看影片除外），非常適合社群軟體重度依賴者以及旅遊天數比較長的人選用。

芊爸推薦！好用日文免費翻譯 APP

去日本旅遊時，我推薦下載「Google 日文翻譯 APP 輔助軟體」，除了中翻日在詢問人時可用外，當我們在國外看到了日文字卻不了解意思，或是迫切需要翻成中文以便瞭解其意時，有了這個就方便啦！

出國前手機預先把「Google 翻譯」的 APP 下載好，且為了避免沒有網路，也一併把日文離線翻譯都下載。這個軟體最大的好處，除了可以即時打中文字翻成日文外，還可以把看不懂的日文文件甚至是景點的看板、廣告招牌，利用拍照的方式，透過軟體自動分析裡面的日文翻成中文，太方便了，這樣走到哪都不會有障礙了！

★ STEP BY STEP

1

打開 APP，把對應文字調整成日翻中（別忘了先下載好離線功能）。

2

對著想翻譯的東西拍一張照，然後用手指把要翻譯的文字塗滿，軟體就會進行分析。

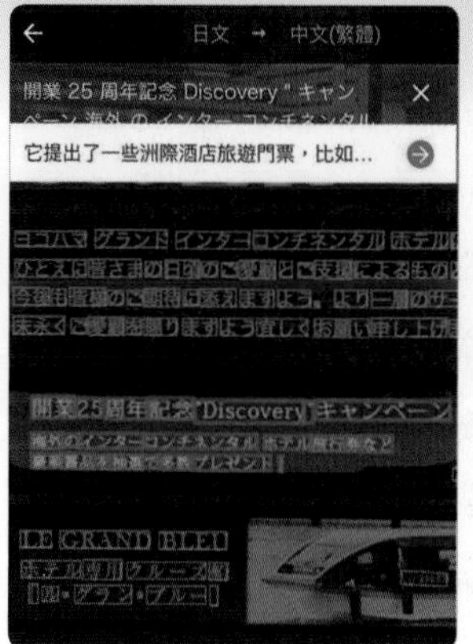

3

接著就有中文翻譯了，雖然翻譯不見得準確，但我們能立刻更瞭解日文的意思，對於旅遊異地真的超方便呀！

食在東京！親子遊餐點挑選

在東京市區要找到吃的東西非常容易，舉凡各景點、各大購物中心、車站周遭、飯店附近都會有小吃部、美食街或是便利商店，因此親子自由行到東京，對吃的選擇很多也很方便，甚至每天每餐都可以變化想要吃的口味和餐點，跟在台灣一樣便利。

◀ 車站或飯店附近通常都有中大型超市，可把日常生活所需食物全部補齊，孩子們更愛當採買時的小幫手。

依出遊景點不同選擇餐點

帶孩子自由行，較無法每餐都在有桌椅的美食街或是餐廳享用，我個人是會按照我們要去的景點來安排，例如今天去樂園，我會預先查看樂園中的餐點選擇，或許可買帶著吃的食物，一邊看遊行一邊吃，或是購買套餐坐著邊看秀邊吃。

若是去賞櫻或公園，可以在車站便當店買特色便當或是便利店買御飯糰等食物帶著吃；若要逛街，可選擇購物商家附近最方便帶孩子用餐的店家或美食街。

善用超市或便利商店採買食物

如果是住在沒有附早餐的飯店，我會在出發前先把飯店附近的美食街、餐廳或是超市便利店先查好，這樣每日行程結束後，便可在美食街和餐廳用晚餐，然後去超市（或便利商店）採買隔天早餐想吃的東西。

回飯店後，思考一下隔天的行程，若是景點附近可能比較少賣吃的，我會在早上出發前到車站附近的便利店，買一些食物帶在身上（例如：麵包、飯糰和果汁）。另外，若是在夏天旅遊流汗量大，可準備一瓶運動飲料隨身喝補充電解質，但小孩喝得量不可過多，每天最多就是半瓶另外加水稀釋成一瓶即可。

▲ 沒有附早餐的飯店，我會在前一晚先在飯店附近的超市或超商採買食物。

▲ 包子、麵包、飯糰等食物好攜帶，適合在行程中較沒時間用餐時，或是野餐郊遊的時候食用。基本上每天我的背包，也都會預備這類的食物供體力下降或不便用餐時可吃。

食物選擇仍要考慮多元和健康，出外雖然無法像在家裡一樣想吃什麼就吃什麼，但我們會盡量變化每一餐吃的內容，並且隨時在便利店購買果汁補充孩子的營養。在東京，基本上各國食物都吃得到，吃麵、吃飯、吃包子、吃西餐、吃壽司都行，出外自由行每天耗費體力較大，因此每餐都要吃飽才會有體力喔！

東京交通篇，
輕鬆搞懂乘車方式

從成田機場到東京市區

從成田機場到東京市區，可以搭京成電鐵、巴士或 N'EX（Narita Express、NEX、成田特快），建議搭乘需要對號的列車時，最好提早把回程的時間班次和座位劃好，以免回程時手忙腳亂又要趕去機器或窗口劃位，耗費寶貴時間。

另外要特別注意，無論搭火車或巴士，小孩皆是指 6 ～ 12 歲小學生，滿 6 歲但還未上小學可不買票，未滿 6 歲免費，但對號車不可佔座位。

◎京成電鐵與成田特快購票方式

京成電鐵或是成田特快（一航、二航皆有停靠站，二、三航站共用同一停靠站），購票方式很簡單，只需在領取行李抵達入境大廳後，找尋「鐵道／ Train」的指示牌，沿著指示牌的方向走，可看到電梯的圖案，搭乘電梯到地下 1 樓，出電梯後很快可以看到紅色看板的 JR East Travel Service Center（JR 東日本鐵道旅客服務中心），這裡可買 N'EX 車票；藍色看板則可以買京成電鐵的 Skyliner、ACCESS 以及京成本線車票。

▶ 沿鐵道指標走就能看到電梯的圖案。

❶ 京成電鐵

光是京成電鐵就可再細分成三種列車，由快速到普通分別為 Skyliner（藍線）、ACCESS 特快（橘線）和京成本線，票價當然也是由高而低。

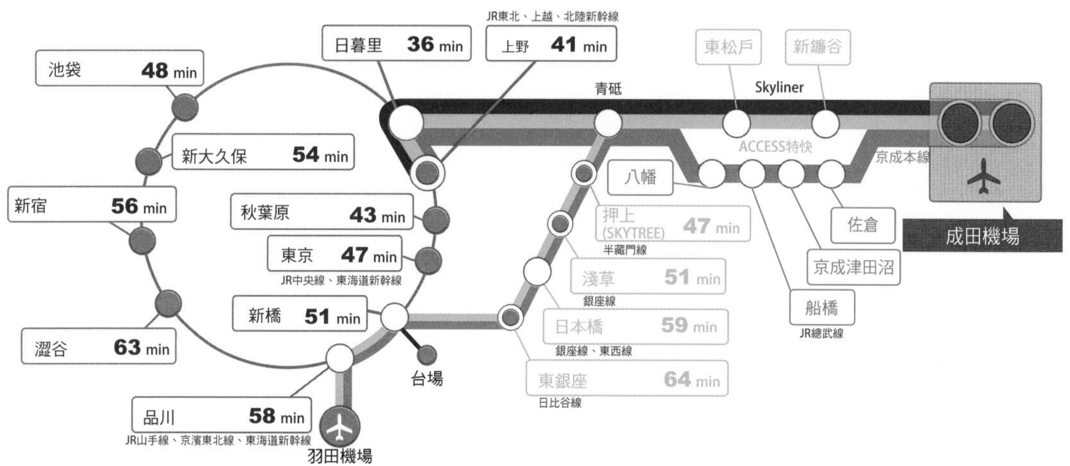

★ 圖片為參考官方網站及作者實際經驗繪製。

◎京成電鐵列車種類說明

列車	說明
Skyliner（藍線）	▪ 只中停一站日暮里後直達上野 ¥2470（小孩 ¥1240），41 分鐘可到，適合住宿東京市區以北，上野一帶的旅客，全車都是指定席需劃位。 ▪ Skyliner 有推出都營地鐵及東京 Metro 地鐵共通 1 ～ 3 日票的優惠方案，只比原車票多數百日幣，就可無限搭乘東京市區內這兩個地鐵公司的所有路線，省很大喔！
ACCESS 特快（橘線）	▪ 「上」往上野、「羽」往羽田，基本上往上野只比 Skyliner 多停幾站，但票價只要 ¥1240（小孩 ¥620），省了一半的票價；而羽田機場方向列車有中停押上（晴空塔）、淺草、東銀座、新橋（1 站到汐留）、品川等車站，票價落在 ¥1170 到 ¥1520 間（小孩半價）。 ▪ 1 小時可到東京市區各站，適合住在這些車站附近的或是想省錢的人選搭。
京成本線（紅線）	▪ 有分特急、快速和普通車，票價是 3 個之中最便宜的，但中途停靠的車站相對比較多，成田機場到上野最快 70 分鐘可到，票價是 ¥1030（小孩 ¥520）。當然也有往羽田機場方向的列車，從青砥後轉往羽田，有停靠押上、淺草、新橋、品川等車站，但班次很少，大部分要在青砥換乘淺草線，票價落在 ¥980 到 ¥1330 間（小孩半價）。 ▪ 對比之下只比 ACCESS 特快稍微便宜一些些而已，除非時間很多，不然建議選前面兩個方案搭乘。

❷ 2. N'EX（Narita Express、NEX、成田特快）

列車最快 53 分鐘從成田機場第一航廈直達東京車站，90 分鐘內可到橫濱，超快速！針對外國遊客持護照優惠的來回票價為 ¥4000（小孩 ¥2000），列車於到達東京車站後一分為二（回程往機場則在此結合），一列往西邊新宿池袋方向，另一列往南邊橫濱方向。

列車停靠東京、品川、澀谷、新宿、池袋、武藏小杉、橫濱等大站，適合住在東京市區西邊或是南邊橫濱的旅客選搭，票價介於 Skyliner 和 ACCESS 之間。

—◎— N'EX（成田特快）停車站

▬ 抵達N'EX停靠站後，於黃色區域內可利用轉乘免費優惠到特定區間，但需利用N'EX車票（不可轉搭新幹線、特快列車或JR以外列車）。

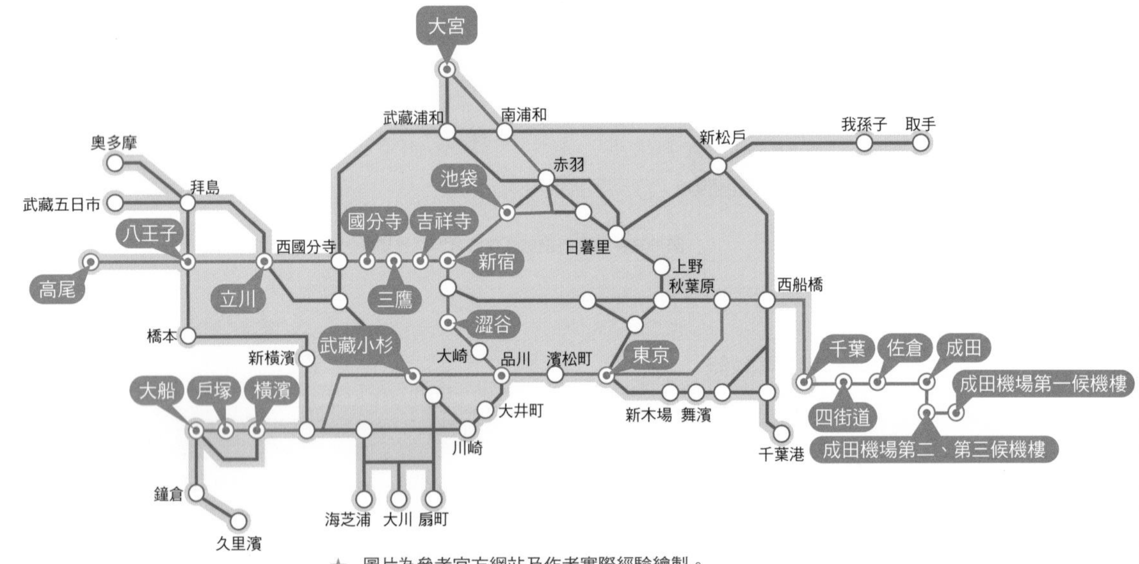

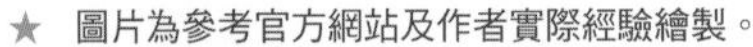
★ 圖片為參考官方網站及作者實際經驗繪製。

從 N'EX 下車車站轉乘 JR 指定區間的地鐵完全免費（請使用同一張 N'EX 車票轉乘，不要用 Suica），這是優於京成電鐵的好處。

③ 利木津巴士

◎購票方式

於領取行李抵達入境大廳後，找尋「乘車券／ Bus Tickets 巴士車票」的看板，就可沿指標找到售票櫃檯。

利木津巴士為搭乘火車之外的另一選擇，停靠的站點多，甚至很多知名飯店門口都有停是其優點，不過缺點是行車時間受限路途車況，尖峰時段或遇塞車往往影響抵達時刻，較難掌控。另外，票價普遍較上面介紹的交通方式貴。從東京各站到橫濱皆有停靠（車次不同），票價從 ¥2800 到 ¥3600 間（小孩半價）。

除此之外，利木津巴士有單行駛往迪士尼度假區周邊飯店的路線，票價比上面更便宜，為 ¥2450（小孩 ¥1230），如果以迪士尼度假區飯店為出發點，這是最好的選擇，因為不管 NEX 或京成電鐵，都要進東京市區或中途換車（千葉東松戶站）才能轉乘過來，時間花得比較多。

芊爸經驗談

JCB 卡友購票享優惠！

1. 以 JCB 卡刷卡購買利木津巴士車票打 8 折，一張卡最多買 4 張。
2. 以 JCB 卡含稅消費累積滿 ¥5 萬，可於 JCB Plaza Tokyo 換領 1 張免費乘車券。（JCB Plaza Tokyo 地址：100-0006 東京都千代田區有樂町 2-4-10 JR 高架橋下。）

從羽田機場到東京市區

羽田機場位在東京都內，所以進市區比成田機場快速方便，車票當然也比較便宜，同樣有三種方式進東京。

◎羽田機場火車與巴士購票方式

從羽田機場領取行李後，於入境大廳可找到單軌電車（Mororail）、京急線（Keikyù Line）和巴士（Bus）的看板，循著指標即可買到車票。

❶ 東京單軌電車（Tokyo Monorail）

單軌電車是進市區轉乘其他線路最快速方便的方式，含機場各站一共有 11 站，最快 13 分鐘就能抵達，電車分成「機場快速、區間快速和普通車」，其中機場快速只停羽田機場各航廈和尾站濱松町，而票價從 ¥160 到最高 ¥490（小孩半價），非常便宜。從濱松町轉乘都營大江戶線 1 站就到汐留，很快速便能抵達我推薦的汐留飯店。

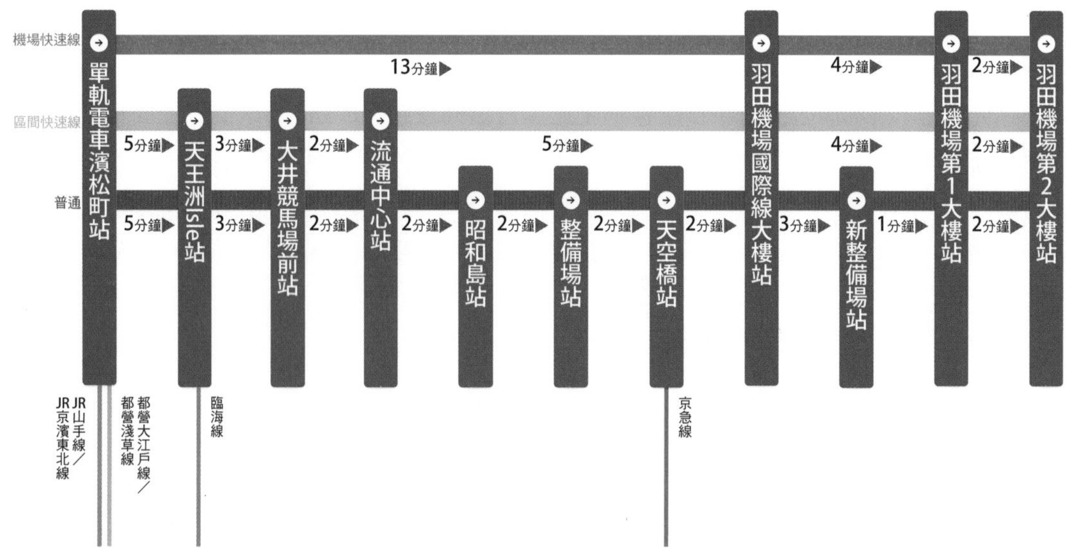

★ 圖片為參考官方網站及作者實際經驗繪製。

❷ 京急線（Keikyù Line）

並非每班車都是直通運行，請務必看清楚列車行駛方向再搭乘。

京急線（京濱急行電鐵）是另一個羽田機場往市區的搭電車選項，這條線路其實就是成田機場京成電鐵京成本線的延伸，「京急線 - 都營淺草線 - 京成本線」乃是共線互通，也就是這 3 條路線可互相搭乘，不必換車，所以羽田機場京急線除了搭到品川外，還可於頭站泉岳寺共線互通，直接變成淺草線後搭車往新橋（1 站到汐留）、東銀座、淺草、押上（晴空塔）等車站，便利性大增，票價從 ¥410 到最高 ¥620（小孩半價）間，車程僅需 20 ～ 40 分鐘而已。

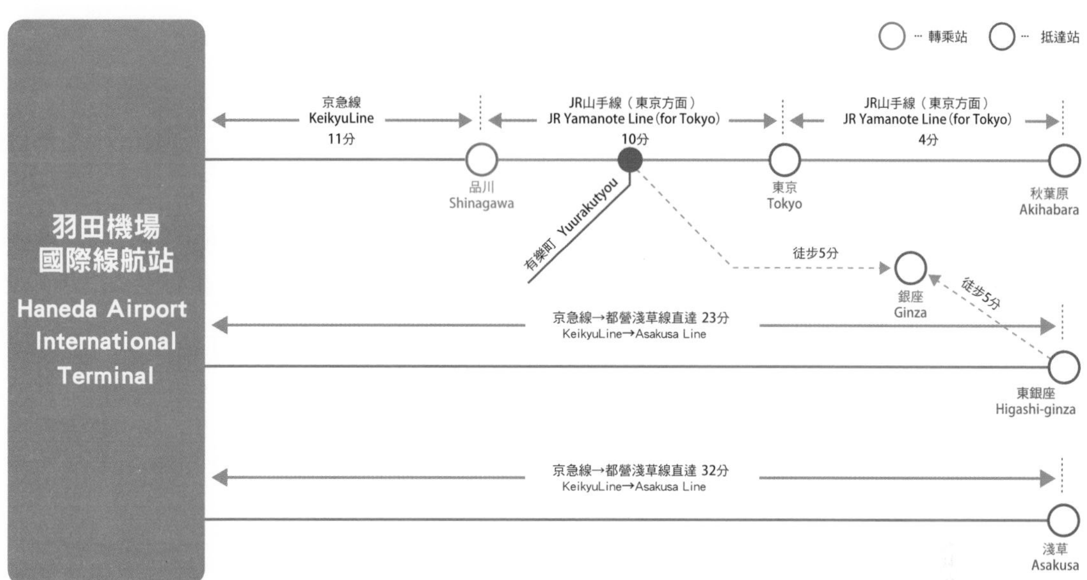

▲ 往品川 11 分，往淺草只要 32 分，不必換乘列車，直通變成淺草線。

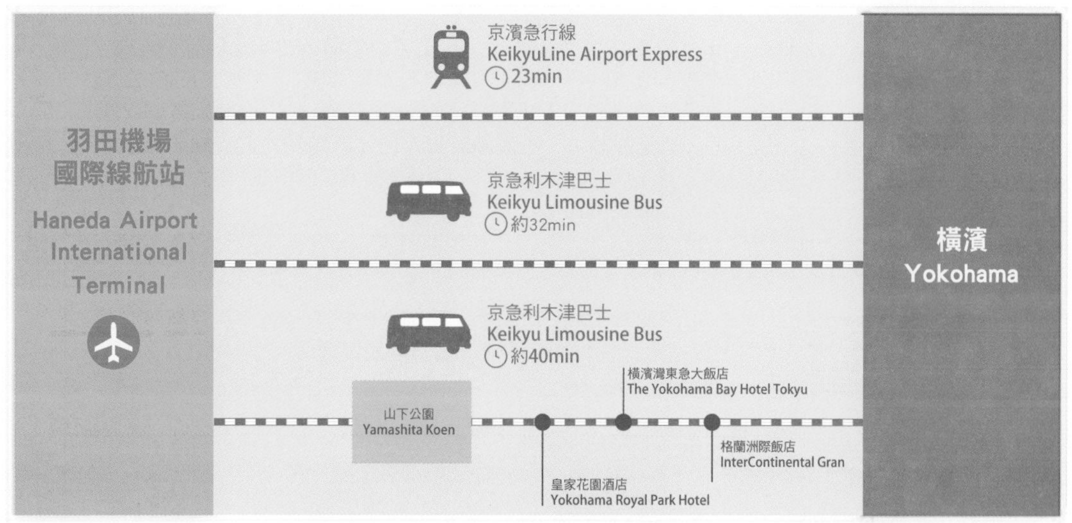

▲ 機場快速到橫濱只要 23 分鐘，這裡可轉乘港未來線，2 站到港未來車站，快速就能到我推薦的另一間格蘭洲際飯店。

★ 圖片為參考官方網站及作者實際經驗繪製。

❸ 利木津巴士

羽田機場也有利木津巴士，乘車方式和羽田機場相同故不再贅述，往東京市區票價約 ¥830 ～ ¥1230（小孩半價）間，凌晨 0 點到早晨 4：59 有加成，票價約 1.5 ～ 2 倍，往橫濱則要搭乘京濱急行巴士（京急巴士）。

一次就搞懂！東京鐵路介紹

東京鐵道乃是由許多業者經營交織出的超密集鐵路網，細分為 JR、東京 Metro、都營地下鐵、私鐵，初次到日本時總會搞不清楚，底下會依各種類別做簡介。

一般人到東京旅遊所說的「搭地下鐵」，廣泛上指的就是搭乘在東京都內所營運的鐵路線路，因這口語上所謂的地鐵，許多路線其實都有在路面上行駛（如 JR）、也有高架鐵路（如百合海鷗），用地鐵泛稱較容易讓人迷惘，所以我都稱之為「東京電車」。

東京電車路線雖然複雜，但我建議每次只以某幾條路線為主去規劃親子旅遊（先以大線為主，略有心得後再往支線去選擇），如此一來每次都能有不同主題的電車之旅，搭電車也可以是和孩子遊玩時的共同話題和回憶呢！

鐵道公司	說明
JR 東日本鐵道公司	▪ 最為人所熟知的 JR（Japan Railway），也就是日本鐵道公司，類似台灣鐵路局，掌管全日本的鐵路運行，但其在 1987 年 4 月 1 日民營化後，分割成 7 個公司，彼此互相競爭合作。 ▪ 東京的鐵道由「JR 東日本」負責其業務，企業 LOGO 為醒目的綠色，包含 N'EX 機場線、東北新幹線、北陸新幹線（東京 - 上越妙高）、上越新幹線及各式幹線和地方支線（如山手線、京葉線、橫須賀線 .....）等數十條都是有在廣大東京都範圍內行駛的線路。
東京地下鐵 Metro	東京地下鐵或稱東京 Metro，目前是由日本政府和東京都政府共同出資經營，共有 9 條路線，每日運量高達 620 萬人次。
都營地下鐵	由東京都交通局經營，共有 4 條路線，日運量有 285 萬人次。
私鐵	廣義上指的是以上沒提到的民營鐵路路線，百合海鷗線、京成電鐵、東武鐵道、西武鐵道、小田急、東京急行電鐵（東急）、京濱急行電鐵（京急）、京王電鐵、東京臨海高速鐵道臨海線都是。

東京電車大觀園

01 JR 東日本北陸新幹線。
02 N'EX 成田機場特快列車，隸屬於 JR 東日本。
03 JR 山手線，東京市內最經典環形路線。
04 JR 中央線快速列車，東京東西向的交通動脈。
05 東京 Metro 丸之內線列車。
06 與都營淺草線直通運轉的北總線列車。
07 私鐵中的京王電鐵。
08 另一家私鐵業者西武鐵道，這台特急小江戶號有時空膠囊的暱稱。

芊爸推薦！東京電車購票方式

東京電車買票方法和在台灣搭捷運差不多，先在車站找到售票機，然後在上方路線圖中找到目的地站名和票價，接著在售票機螢幕點選票價及數量後投入金額即可。但是這樣買票還蠻費時的，如果一天去 3 個點就要重覆 3 次，又或中間轉乘不同業者的線路得重新買票，且若遇到尖峰時間排隊買票的人多、車站小的話售票機就少，還是要排隊！這樣耗費的時間累積下來，別人已經在景點玩了，所以售票機買票肯定不是芊爸推薦的方式。

我最推薦的方式，是用「IC 卡片感應來入出站」，在東京旅遊搭電車，有 Suica 和 Pasmo 兩種卡片可以選擇，這兩種卡片都有類似台灣悠遊卡的功能，每次進出車站不必買票，只要把卡片對著閘門上的感應裝置「嗶」一下即可，大幅節省了寶貴的旅遊時間和增加了方便性，免去每次對著路線圖尋找車站的困擾。

▶ 每次搭車都要在售票機買票的話，實在蠻費時的。

芊爸經驗談

Suica、Pasmo 有什麼不同呢？

Suica 由 JR 東日本發行，在 JR 車站可買到；Pasmo 是由數家交通事業加盟業者共同發行，在東京 Metro、都營地下鐵車站可買到。兩種卡片基本上完全一樣，Suica 和 Pasmo 已於 2007 年完成整合，可以交互使用，也就是一張卡片可跨線路搭乘，旅客所需要的就只有在進出車站閘門把卡片拿出來感應一下就好了。

▲ Suica 卡類似台灣悠遊卡的功能。

◎購卡注意事項

1. 要買哪一張卡片，就看您到東京後第一個到的車站，購卡方式可到車站服務窗口購買。
2. 記名卡片必須出示護照辦理，非記名卡片則不用，記名的好處是遺失可補辦，不記名則可給其他人使用。
3. 小孩年滿 6 歲且上小學、未滿 12 歲，可記名辦理兒童卡，卡片上多一個「小」字做識別，車票票價通常都是半價優惠。
4. 可以到車站有標示定期券的售票機購卡，選擇螢幕上 Suica 或 Pasmo 購入的選項，再選記不記名、卡片內額度，投入鈔票就可完成購卡。

儲值方式

感應式 IC 卡節省了多次買票花的時間，當卡片內餘額不足時，同樣找尋車站內售票機，將卡片由 IC 卡插槽中放入，然後選擇儲值金額後放入紙鈔或硬幣即完成儲值。

IC 卡押金

每張新購入的 IC 卡片都有 ¥500 的押金，也就是實際付出買卡片的錢扣掉 ¥500 後，為卡片內現有的金額，如果離開日本前想把卡片退掉，會扣除 ¥220 手續費，之後押金 ¥500 全額退還。如果卡片內餘額不足 ¥220，則會扣到完為止後，¥500 押金依然全額退。

退 IC 卡範例

如卡片內有 ¥1000，退卡後退還（1000-220）=¥780，外加 ¥500 押金；如餘額剩 ¥220 或更少，退還 ¥500 押金。因此，有意退卡的人，可在離開前把卡片內餘額花光，就不會有手續費的產生。

卡片餘額

使用卡片固然方便，但也請要注意卡片內的餘額，通常我會先儲個 ¥2000 ～ 3000，行程玩到一半後看看剩多少，稍微估一下剩下幾天還會用多少，再去做第二次的儲值。當然不想花費這種腦力的人，還有另一種方式，就是一直使用，用到哪天出站時刷不過去為止，當出站時顯示餘額不足時，找尋閘口附近的「精算機」，將卡片插入後會顯示不足的車資，接著選擇「精算」補差額，再「儲值」，點選想存入的金額，之後投幣或放入紙鈔即可。

儲值金額

目前各車站售票機能儲值的金額，最小已經變成 ¥10 了，相當人性化的變革，不過少部分機台或是人工儲值還是維持最低 ¥1000 紙鈔儲值。每張卡片內最多可儲值 ¥20000，無法再多了。

卡片效期

每張卡片於最後一次使用之後，10 年內有使用就有效，所以若有計劃再次造訪日本，並不一定要在離開日本前把卡片退掉，也省去了退卡和下次再買卡的麻煩。超過效期失效的卡片，可選擇換新卡，卡片餘額會移至新卡，或是退卡（方式同上述）。

使用 IC 卡購物

在東京使用 Suica 或 Pasmo 很便利，許多購物的賣場或便利商店都可用 IC 卡付帳，甚至很多販賣機都有支援卡片感應扣款，就連搭計程車也可以用卡片付錢喔！

01 日本的投幣式販賣機，小孩很愛自己投錢。
02 許多販賣機有支援 IC 卡感應付款，照片中的這台就有。
03 點選想要的商品後，以 IC 卡輕觸感應隨即完成付款，完全不必拿出零錢。
04 東京市區內搭計程車，也可使用感應付車資（東京都外不一定有）。

善用 APP，東京鐵路一點也不複雜

東京鐵路網綿密複雜，光看路線圖頭都暈了，但這也代表東京是個交通極為便利的都市，帶著孩子旅遊可以藉著鐵路到達市區絕大部分想要去的地方。親子旅遊到東京，請忘記那複雜的路線圖，因為要靠圖找到想去的路線，花太多腦力了，況且旅行時哪有這麼多時間用在研究搭車的方法呀？我建議在**出發之前，把住的飯店和要去的景點在 Google Map 上定位一下，找尋附近的車站，把這些站名用紙筆記下來，把這張紙隨身攜帶即可。**

芊爸寫這本書，不是要教會大家我懂多少路線，我常強調帶小孩的旅遊越簡單越好，沒有必要佔用腦袋記憶體的東西我們就不要帶著，腦力是要用在更有價值的地方以及與家人相處的時刻，和親人一起享受親子旅遊的美好。但是如前所述，帶著一張紙當然還是不知道搭什麼路線，這時候就要搭配手機的APP軟體了，**推薦「乘換案內」APP，保證不佔用腦力，因為軟體會幫我們算出最適合的路線**，我在東京旅遊都用這款軟體，非常好用！

> 乘換案內 APP 中的車站名被包在圈圈內的都是中大站，沒有被包住的屬於中小站，急行以上列車不一定都有停。但別擔心，這些其實都不用去記，只要有個概念知道有些車種可比較快速到達目的地就好。

★ STEP BY STEP

1

進入「乘換案內」APP 後，點擊右上角路線圖，就可用大地圖搜尋，找到出發前寫下的出發和目的地車站名，分別按出發和到著。

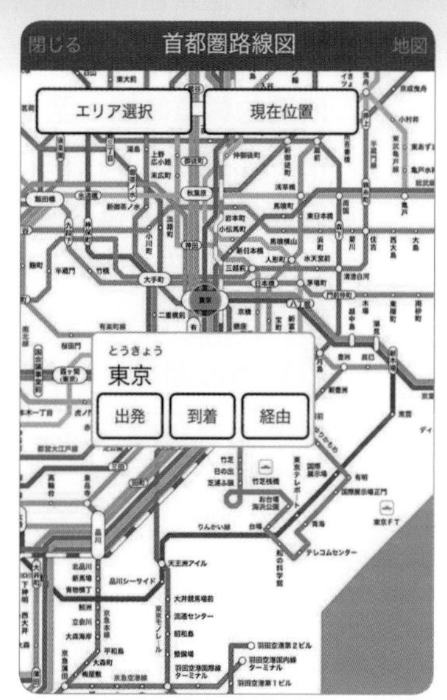

2 在下方查詢欲搭車時刻，或由軟體直接運算目前最近班車，按下經路檢索。

3 軟體會即時算出數個可搭乘的路線 1、2、3……，下方有個小字「早、樂、安」，分別表示最快速、轉車數最少、最便宜，建議選擇有樂出現的這個選項，表示轉車數最少。因為帶小孩所需的轉車時間，至少要乘以 3 倍，尤其是不同鐵路公司營運的路線，有時甚至還要出站走到另一個站，因此可以避免的話就盡量避免掉。最後依照軟體算出的路線，在車站內找到要搭乘的路線搭車、轉車以及下車就可以了。

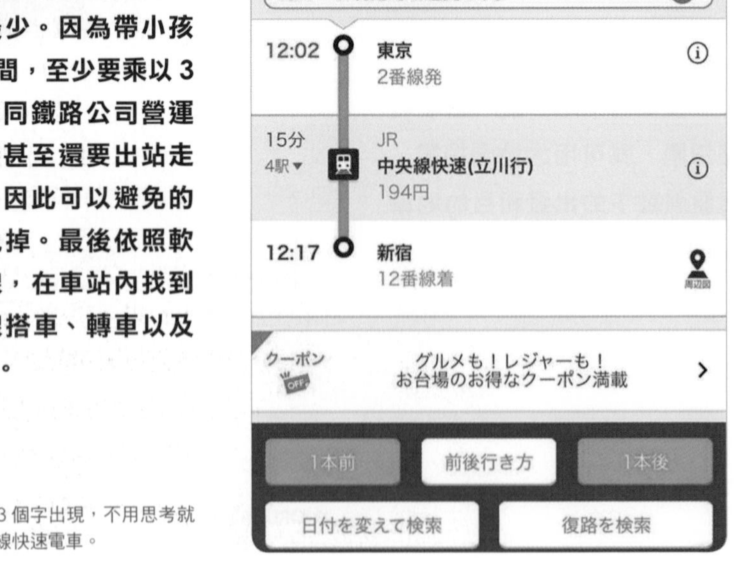

▶ 選項同時有早樂安 3 個字出現，不用思考就是這個了，JR 中央線快速電車。

芊爸經驗談

搭東京電車的小技巧

1. 如果您搭到的車不是每站都停，剛好又不巧的這列車不停靠您要到達的車站，可是又已經上車了或是過站才發現怎麼辦？不要著急，可在中途或是發現過站後下車，提早發現的人，可以在下車的原月台「同方向」轉搭之後的普通車；過站的人請「換方向」轉搭之後的普通車，一樣可以到達。
2. 日本鐵路列車並非像台灣的捷運一樣站站停，也有分各站停的列車或某些站不停的車，通常每站都停的車會打上普通車或各停（各駅停車）字樣，代表行經路線每一個站都會停，抵達目的地所花時間最長，相對於普通車有急行、快速、準急……，還有停站更少的特急、快特等車種，因不同線路不同公司營運而有不一樣的名稱，但意義都差不多。

孩子們排排站等電車，不也是旅程中值得紀錄的一刻嗎？

PART 2

東京好好玩！芊爸推薦景點全收錄

想帶孩子出國，卻遲遲不敢行動嗎？
達人私藏行程、各景點出站路線地圖曝光！
上野動物園遊園路線、迪士尼樂園 + 海洋遊園攻略、
台場推薦 4 大景點、3 大親子購物中心、
新宿御苑賞櫻路線大公開……
達人詳細介紹親子景點遊玩攻略、出站路線地圖，
並標示出樓梯、手扶梯、電梯等出站路線，
看完這本書就能輕鬆帶孩子遊東京！

◎ 本書所提及各景點票價及相關資訊，若有異動請以官網公告資料為準。

TIFFANY & Co.
TIFFANY & Co.
TIFFANY & Co.
TIFFANY & Co.
大和証券
分煙で思いやりの街に。
ISETAN
Stay warm

本章節地圖使用說明

每一個景點，芊爸將會說明從地鐵出站後的路線走法，有些路線可搭電梯出站（或許離目的地較遠）、有些可走樓梯或手扶梯出站（或許離目的地較近），例如有帶推車的家長，可能就想選擇電梯的路線。底下列出各地圖上的 ICON 標示及其說明。

◎ ICON 標示說明

▲ 電梯出口

▲ 樓梯出口

▲ 手扶梯出口

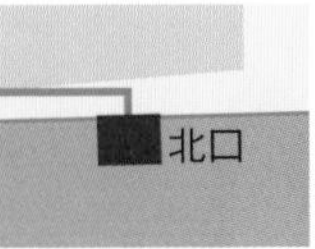

▲ 一般出口

▲ 重要景點與地標

▲ 地面上的車站體

▲ 地面下的車站體

各線路新橋站 → 百合海鷗號新橋站

底下以「各線路新橋站→百合海鷗號新橋站」地圖來說明。

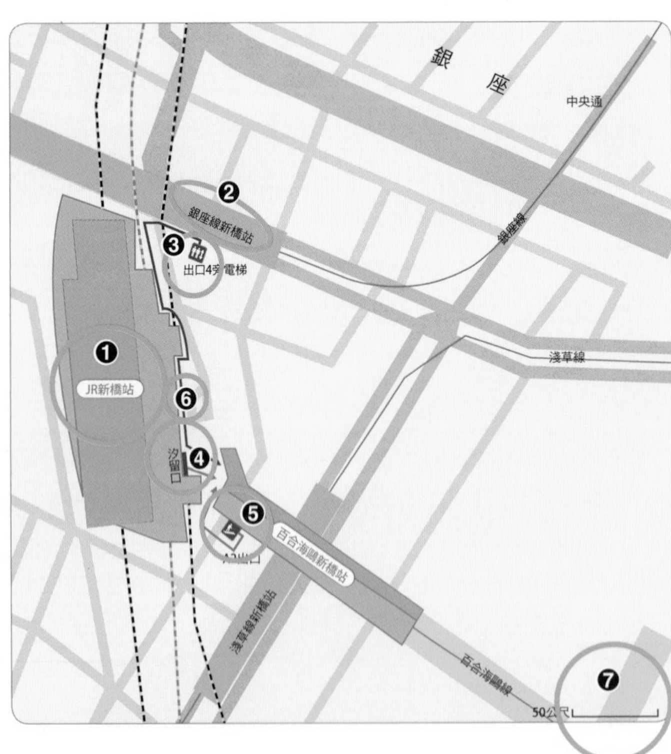

★標示說明

❶ **地面車站**：車站有位於地面上、地面下的站體之分，此設計（雙色塊與藍字）代表為地面上的站體。

❷ **地下車站**：車站有位於地面上、地面下的站體之分，此設計（單色塊與黑字）代表為地面下的站體。

❸ **電梯出口**：出口為電梯（但請注意新橋站此電梯是位於出口 4 旁）。

❹ **一般出口**：出口無電梯、無樓梯、無手扶梯，代表一般出口。

❺ **樓梯出口**：出口為樓梯。

❻ **路線標示**：**本書最大特色：出站路線指引**，路線 1、路線 2、路線 3……，將分色表示，若路線重疊部分以螢光黃表示。

❼ **比例尺**：地圖上貼心附上比例尺，讓讀者參考路線的長短。

範例地圖 2

台場

除此之外，有些地圖會強調出重要路線或特殊路段，並以黃色螢光筆來標示，底下以「台場」地圖來說明。

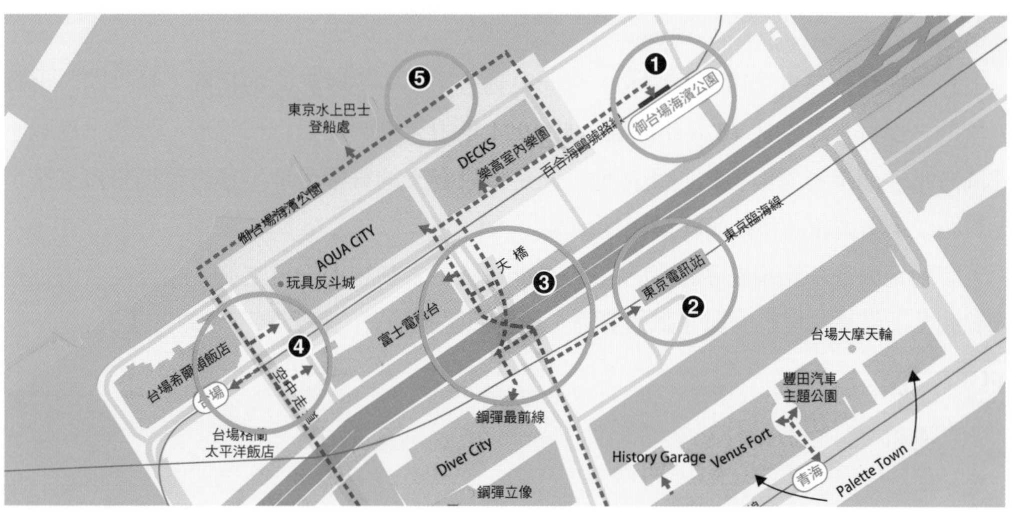

★標示說明

❶ **地面車站**：車站有位於地面上、地面下的站體之分，此設計（白底藍字）代表為地面上的站體。

❷ **地下車站**：車站有位於地面上、地面下的站體之分，此設計（粉底黑字）代表為地面下的站體。

❸ **重要路線 1**：此為天橋，特別用螢光筆標示出來。

❹ **重要路線 2**：此為空中走道，特別用螢光筆標示出來。

❺ **景點間步行路線**：藍色虛線箭頭，為芊爸建議的景點間步行路線。

本章節景點 ICON 標示說明

本章節介紹的景點中，分別標示景點裡有的廁所、哺乳室等親子友善設施 ICON，讓您到各景點時，能更清楚明瞭各景點的親子友善設施有哪些！

◎ ICON 標示說明

哺乳室	尿布檯	無障礙廁所	親子廁所	兒童廁所	推車租借	免費 WIFI

TRAVEL 東京篇

花小錢和孩子一起看動物吧！

上野動物園

■ 遊玩時間：3～4小時

■ 鄰近景點：上野恩賜公園、周邊博物館及美術館、阿美橫町、淺草寺

上野動物園位在東京市區東偏北，是一座具有130多年歷史的動物園，動物園為上野恩賜公園的一部分。公園在1876年開園，於1924年由天皇賜與東京市管理，故名「恩賜」。這裡同時是多個美術館與博物館所在地，又是東京春天的賞櫻名地，非常值得帶孩子來，可搭配賞花或逛美術館、博物館安排遊程。

若時間足夠或是正逢花季期間，不妨安排賞櫻＋看動物的一日之旅，也可結合附近幾個博物館和美術館來一場動物與知識的饗宴，這些都是親子遊上野公園不錯的方式。

INFO

- 東京都台東區上野公園9-83號
- 03-3828-5171
- 每日9：30～17：00（最後售票時間16：00）
- 每週一休園（特別日週一不休園）
- 正門口右邊可租借嬰兒車，每次¥300。
- 外國人持護照於窗口可購買優惠票券，票價打8折。
- 成人（16～64歲）¥600、老人（65歲以上）¥300、國中（13～15歲）¥200、小孩（0～12歲）免費

上野動物園園區地圖

★ 圖片為參考官方網站及作者實際經驗繪製。

大門（JR上野站公園口 美術館、博物館方向）

出入口 / Free Wi-Fi / 餐廳/休息處 / 免費休息處 / 廁所 / 多功能廁所 / 嬰兒車租借 / 尿布台 / 救護室 / AED設置場所 / 哺乳室

交通方式

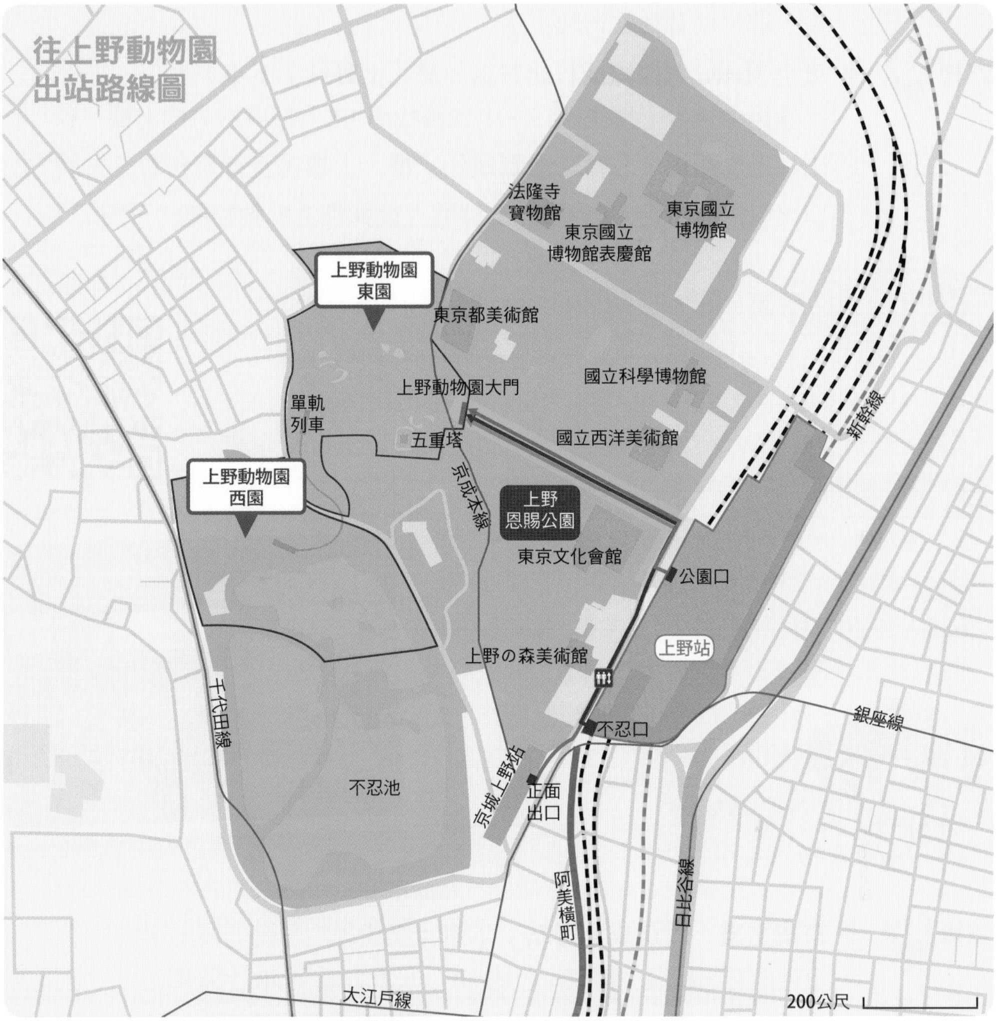

路線1　路線2　路線3

往上野動物園出站路線圖

法隆寺寶物館
東京國立博物館
東京國立博物館表慶館
上野動物園東園
東京都美術館
上野動物園大門
國立科學博物館
單軌列車
五重塔
國立西洋美術館
新幹線
上野動物園西園
京成本線
上野恩賜公園
東京文化會館
公園口
上野站
上野の森美術館
不忍口
銀座線
千代田線
京城上野站
正面出口
不忍池
阿美橫町
日比谷線
大江戶線
200公尺

▲ 打 8 折後票價只要 ¥480。

路線 1 → **JR 各線列車／新幹線，於「上野站」下車：**
抵達後由月台上樓出閘口，找「公園口」出站過馬路右轉 50 公尺處左轉直走，就可以看到動物園正門。

路線 2 → **東京 Metro 銀座線或日比谷線，於「上野站」下車：**
抵達後由月台上樓出閘口，出去後找尋 JR 上野車站方向上樓，於「不忍口」出站過馬路後，右轉可看到電梯上樓，上樓後直行直到看見右前方 JR 公園口出口再繼續走 50 公尺，左轉進入後就是上野動物園的正門了。

上野車站電梯 INFO

上野車站有許多路線交會，但 JR 列車每個月台都有手扶梯或電梯，東京 Metro 也有手扶梯和電梯可供搭乘。因此在這裡家長們不必搬推車，但需注意 JR 和東京 Metro 為不同線路，各有自己的閘門，若用 IC 卡感應，需注意是否是正確的閘門，以免被多扣款。

（例如：欲搭乘銀座線卻走 JR 閘門進入車站閘口內，無法於閘口內換到銀座線，必須先出閘口再找銀座線的閘口，所以會被扣一次基本費，離開上野動物園回到上野車站搭車時，必須特別注意！）

▶ 上野車站同時有 JR 和東京地下鐵閘口，刷 IC 卡前一定要看清楚進入的閘口是否正確。

路線 3 → **京成電鐵，「京成上野站」下車：**抵達後由月台上樓出閘口，於「正面口」上地面層出站後左轉直行，約 50 公尺就會看到 JR 上野車站，不必過馬路，沿著人行道直走往左之後可看到同一部電梯，搭上樓直行左轉就到動物園正門。

▲ 京成上野站正面出口出來後左轉就可看到上野車站，不要過馬路，沿著人行道左轉搭電梯上樓可到動物園。

京成上野站電梯 INFO

B2 兩個月台都有電梯及手扶梯上到 B1，出閘口後往左邊「正面出口」，有電梯及手扶梯上到地面，非常簡單。

Play key Raiders

親子遊玩重點攻略

看動物絕對是最吸引小小朋友目光的活動了，而且對小小孩來說，這裡最棒的地方就是佔地不會很大，動物與動物間距離較近，有點像國內的新竹動物園，因此非常適合帶孩子前來一遊。正常行走速度約 2 小時可逛完，若陪著孩子慢慢觀察動物，並在園內享用午餐，可停留半天以上，是東京市區不花費大筆金錢，就可帶孩子來一趟動物之旅的地方。

01 上野動物園大門口，芊芊超期待進去看動物。
02 按照路線會順路回到東園看大象，孩子們依然興奮，我最愛從背後拍他們可愛的背影，絕對是值得回憶一輩子的照片。

★★★★★

建議參觀路線

東園進入 ⇨ 右手邊熊貓館 ⇨ 逆時針方向看獅子老虎鳥類 ⇨ 熊之丘看熊、北極熊、海獅 ⇨ 往西園 ⇨ 兒童動物園 ⇨ 逆時針看企鵝、袋鼠、斑馬、河馬、長頸鹿等動物 ⇨ 看大池塘裡的動物 ⇨ 回西園看猩猩、大象、野牛

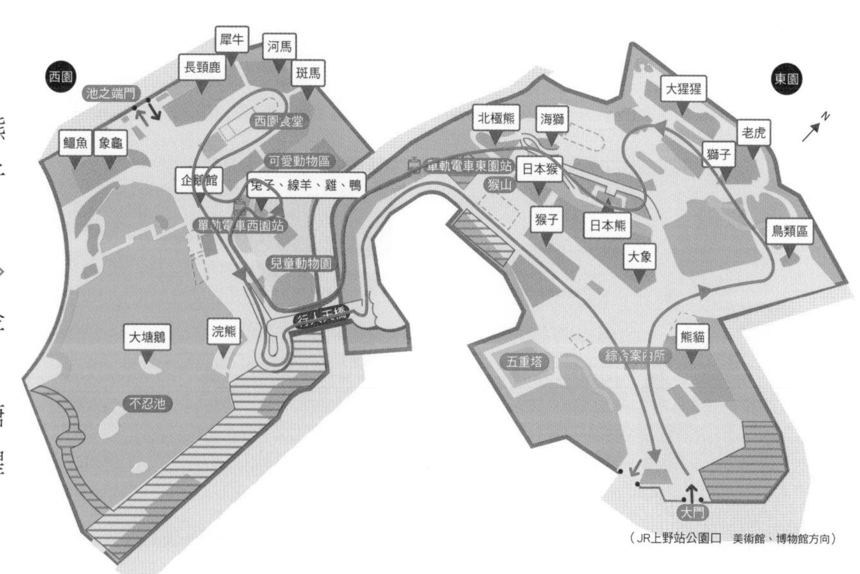

東園

上野動物園分成東園和西園兩個園區，較靠近上野車站的是東園，由表門（大門）進入，而西園也有個出入口為池之端門。一進入東園右手邊就是動物園的人氣明星熊貓力力（雄）與真真（雌），以及熊、大象、獅子、老虎、北極熊、海獅等動物，東西園之間有單軌電車可搭乘，每次¥150，當然也可步行，距離很短。

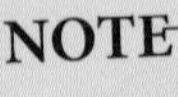

NOTE

東園的遊客休息區有許多桌椅，可在此享用準備好的食物，自由行用餐以輕鬆方便為原則（逛動物園時，我通常會先準備好飯糰和麵包讓孩子吃）。後方是公園內寬永寺的五重塔，寺廟被日本政府列為重要文化財保護，近看非常壯觀。

01 這隻海獅也太大隻了吧，快要跟海象差不多大了（驚！）
02 有一隻好大的玩偶熊貓可以拍照。
03 孩子們有玩伴，一起打鬧嬉戲一起走行程，一點也不無聊。
04 芊芊：大金剛，抱抱～
05 東園另一個超人氣明星北極熊，在專屬的水池裡自在嬉戲呢！

西園

西園動物數量也不少，並有個很大的池塘「不忍池」，為上野公園內池塘的一部分。這裡有企鵝、紅鶴、袋鼠、犀牛、長頸鹿等，還有可愛動物區（兒童動物園）裡面的雞、鴨、鵝、綿羊，因此這裡的動物也可零距離和孩子們親近呢！上野動物園裡的動物，多半和遊客的距離很近，大部分肉食動物甚至只隔著玻璃窗就能看到，小朋友絕對會對眼前的動物印象深刻！

06 西園兒童動物園裡的可愛動物。
07 芊芊：小綿羊乖乖，你想喝ㄋㄟㄋㄟ嗎？
08 西園企鵝館裡的企鵝數量好多，孩子們看到後又是一陣驚奇。
09 西園內高大的長頸鹿，站在旁邊覺得自己像縮小了。

鄰近景點順遊 —— 阿美橫町

除了上面提到的一日遊安排，也可到上野車站旁的阿美橫町逛逛，阿美在發音相近於飴屋，就是賣糖果的地方，橫町則是小街道的意思，顧名思義這裡是聚集各式食品雜貨的小街道，也是上野一帶人潮最多的地方。有糖果、玩具、藥妝、美食、海鮮、雜貨等等，更是想買土產手信的人必來的地方，逛完動物園後，若肚子餓了不妨來這吃吃逛逛，不過這裡街道比較小，商店內空間也不大，如果有推推車較不好走。

TRAVEL 東京篇

見證東京的歷史與發展！

淺草觀音寺

■ 遊玩時間：2～3 小時
■ 鄰近景點：上野動物園、東京晴空塔

淺草觀音寺創建於西元 628 年，歷經了 1400 年眾多朝代，見證了淺草由隅田川邊的小漁村，逐漸發展成現今商業人潮聚集地，雖然於二次大戰遭受戰火焚毀，但信徒捐獻重建得以恢復以往容貌。每年這裡吸引了 3000 萬人次造訪，更是外國遊客前來感受道地日本文化、傳統宗教信仰的地方。

- 東京都台東區淺草 2-3-1 號
- 03-3842-0181

淺草寺各堂開堂時間
- 4～9 月：6：00～17：00
- 10～3 月：6：30～17：00

夜間點燈照明時間（點燈範圍為本堂、五重塔、寶藏門、雷門）
- 每日入夜後～23：00 止
- 仲見世通商店街約 9：00～19：00（各店略有不同）

交通方式

東京 Metro、都營地下鐵、東武鐵道和筑波特快，各自有自己的「淺草車站」，都是不同站體，有的在地面上，有的在地面下，並非都在一起，因此稍微要留意一下，相信跟著芊爸指示路徑走是沒問題的。

遇到沒電梯或是搭電梯得再繞路的車站，我會選擇辛苦點搬推車上去，不然為了搭電梯耗掉的時間反而比較多，這點純屬經驗分享。另外，**無論是淺草到晴空塔或是晴空塔到淺草，建議第一選擇都是搭東武晴空塔列車（伊勢崎線），兩站出站後都有電梯下樓，路線相對簡單很多。**

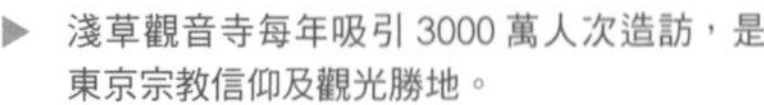
▶ 淺草觀音寺每年吸引 3000 萬人次造訪，是東京宗教信仰及觀光勝地。

往淺草雷門各站出站路線圖

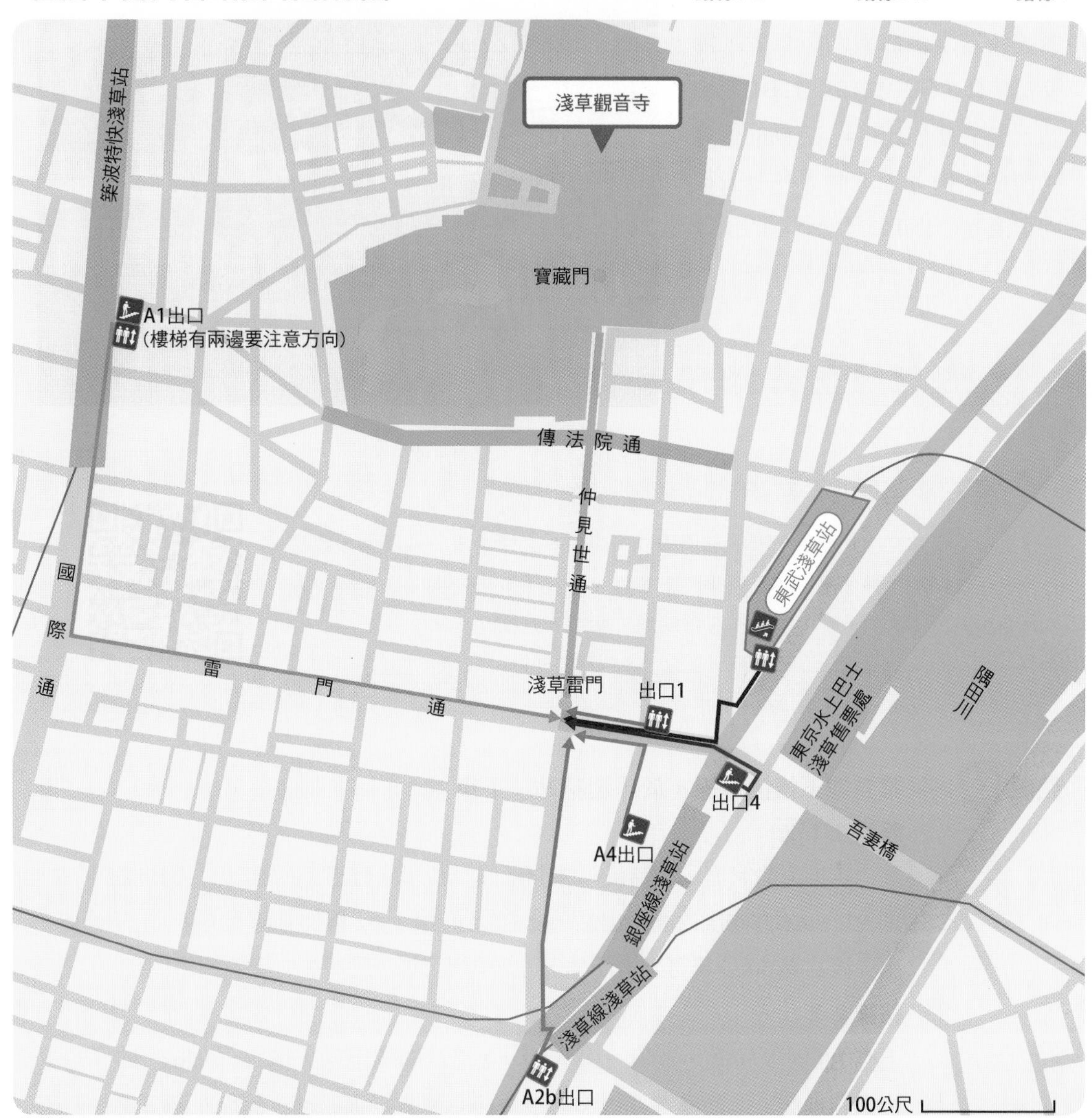

路線 1 → 東京 Metro 銀座線，於「淺草站」下車：

銀座線有兩個月台單向行駛列車，因為這一站是銀座線的首站，兩個月台停靠後都會再度往反方向開走。另外要特別提醒大家，本車站月台並沒有設置電梯，因此帶推車的家長，要有搬推車的打算喔！

路線 1-1：

抵達後由左邊門下車者，請找「出口 1」出站上地面層，上去後走雷門通直行 50 公尺可到雷門。

路線 1-2：

抵達後若是由右邊門下車者，需要走樓梯（無手扶梯）上 B1 層出站，由左邊「出口 4」方向的樓梯（無手扶梯）上地面層，上去後向正後方走 150 公尺就到雷門了。

▶ 這是 1 號出口出來看到的樣子，有一間全家便利商店，左邊直走就是雷門通了。

銀座線淺草站電梯 INFO

僅出口 1 有電梯上地面層，若由右邊車門下車者，必須走出口 4 爬兩段樓梯（無手扶梯）上地面層。（右邊車門下車者，建議不要去搭出口 1 電梯，因為要到出口 1 方向，得先上下走 3 段樓梯，非常不划算。）

路線 2 → 都營地下鐵淺草線，於「淺草站」下車：

路線 2-1 近：

適合無推車的家庭，因為淺草線有兩個月台單向行車，抵達後上到 B3 層車站，走 A3 ～ A5 方向出口閘門出站，後由「A4 出口」爬樓梯（無手扶梯）上地面層，出去後右轉 50 公尺可到雷門通，左轉再走 50 公尺可在右邊看到雷門。

路線 2-2：

上到 B3 層車站後，走另一邊 A1、A2 出口閘門出站，搭乘「A2b 出口」的電梯上到地面，這條路複雜很多，上去後右轉直走過馬路，然後左邊再過一個馬路後右轉直行到底可到雷門，這條路大概 350 公尺。

淺草線淺草站電梯 INFO

本車站兩個月台都有電梯可上 B3 層車站，A2b 出口有一部電梯可以搭上地面層，若走 A4 出口則都是樓梯，沒有手扶梯也沒有電梯。

路線 3 東武晴空塔線（伊勢崎線），於「淺草站」下車：

由晴空塔方向的人可搭東武晴空塔線，一站就到淺草，車站和月台都在 2 樓。這一站是首站也是末站，此站月台比較多但別擔心，下車後由「正面口」出站下樓就是雷門通了，右邊過馬路後走約 200 公尺可到雷門。

東武晴空塔線淺草站電梯 INFO

站體在 2 樓，正面口的閘口外有手扶梯，往內走最裡面也有一部電梯可搭下樓。

路線 4 筑波特快（Tsukuba Express），於「淺草站」下車：

相對前 3 條鐵道的淺草車站，筑波特快的車站完全在相反邊，因此出站後走的路也比較長。筑波特快淺草站月台只有一個在 B4 層，雙向行駛列車，抵達後上到 B1 層車站，出閘口後左轉走「A1 出口」上地面層，上去後左轉沿國際通走 250 公尺，再左轉雷門通走約 350 公尺可到雷門。

筑波特快淺草站電梯 INFO

月台設有一部電梯上到 B1 層車站，出閘口後左轉走 A1 出口有另一部電梯可上地面層。

◀ 搭淺草線電車，有機會搭到復古有電風扇的電車喔！

Play key Raiders

親子遊玩重點攻略

雷門及仲見世通商店街

雷門前的大燈籠是觀光客必拍的一景，還能搭乘人力車感受淺草古都魅力，而寺院前長達近 300 公尺的仲見世通，每天人潮絡繹不絕，是觀音寺前因信徒香客前來參拜而逐漸發展出的市街，直到現在仍不減人氣。這裡齊聚了各式古玩、土產、紀念品、宗教物品、美食等超過百間店家，為來此必走必逛的一條街，喜歡日本傳統文物的人來這就對了，這裡販賣的物品也不失為餽贈親友的好選擇。

01 日本人不喜歡拿著食物邊走邊吃，如有買點心或食物吃，請於路邊或角落吃完再走喔！

02 雷門於 1960 年由松下電器創辦人松下幸之助贊助重建，所以大燈龍下會出現松下電器的字樣。

雷門原是一千多年前武將平公雅所建造的城門，又名風雷神門，供奉風神和雷神，位於城門左右兩邊，在 1865 年被大火燒燬，於 1960 年由松下電器創辦人松下幸之助贊助重建，所以雷門大燈龍下才會出現松下電器的字樣。

03 進雷門後是超過 200 公尺的商店街，這裡有超過百間的特色店家，是購買紀念品的好地方。
04 光是一間店就看到眼花撩亂了，如果每間都進去逛一天也逛不完。
05 雷門進入後約 100 公尺左邊後面，有一間松本清藥妝店藏身於此，購物時別忘了搭配滿額退稅及信用卡優惠唷！
06 不只是仲見世通好逛好吃，和其交會的數條街道內有不少高級日本料理店。
07 源源不絕的人潮，很有在逛年貨大街的感覺。
08 如何分辨是否為人氣店家很簡單，看門口排隊的人潮就知道了，別錯過了人形燒、燒仙貝、大波蘿、和菓子，這些都是觀光客必買的點心。

淺草觀音寺

走完近 300 公尺的商店街後，會先看到寶藏門（仁王門），最初同樣由平公雅所建，與過寶藏門後所看見的觀音寺本堂，皆為二戰後重建的。其中本堂改為鋼筋水泥的建築，兩者保有被戰火摧毀前舊殿的樣貌，除了觀光客外，每天有更多的信徒目的是到淺草寺內參拜或還願。

雖然淺草觀音寺沒有小朋友可以玩樂的地方，但這裡乃是東京歷史文化代表地，又有許多小點心和土產，芊爸推薦還是可**帶孩子到此小遊看看古蹟名勝，祈求幸福平安健康，和孩子來一趟淨化心靈的旅程，把好運帶著走！**

01 每天有許多信徒，會來這裡參拜或還願。
02 新年、櫻花祭或是各式慶典節日時，常可見到穿著和服的男生女生前來淺草寺，這裡有多家和服業者提供半日或一日的和服租借，若想要有更日本東洋風的回憶，一定要試試看穿和服逛淺草。
03 寺院前廣場可以很清楚看到對岸的晴空塔喔！
04 淺草觀音寺有莊嚴宏偉的主堂大殿，香客至此捻香參拜，祈求幸福平安健康，和孩子來一趟淨化心靈的旅程，並把好運帶著走吧！

TRAVEL 東京篇

放大版東京號遊園列車！

百合海鷗號 Yurikamome

■ 乘車時間：30 分鐘
■ 鄰近景點：銀座、汐留地下街、宮崎駿時計、Caretta 汐留、台場

移動中也能是親子玩東京的方式，而且是輕鬆的坐在電車上就可欣賞東京市區的高樓大廈以及東京灣的港口風貌。將近 30 分鐘的旅程，如同搭上了樂園列車，把場景放大到東京市區，沿線全是高架軌道所以視野非常好，透過無人列車車頭的大窗戶，您便可和孩子一起看新橋到台場的沿線風光！

什麼？到東京不是每天都要搭電車嗎？搭電車就搭電車有什麼特別的？搭電車也可以是一種玩法？沒錯！相信我，許多許多的疑問只要各位搭上「百合海鷗號」後就會自動消失，因為整個過程就像是在放大版的樂園搭車歷險一樣，孩子們興奮又開心，還不斷期待接著眼前將會看到的風光，若孩子們有伴，更是會在窗戶前開心的欣賞並討論著，這時不妨從背後捕捉這難得的背影吧！

01

02

搭海鷗號最推薦由起站新橋開始搭乘，並且建議從車頭上車坐在最前面，如果這一班列車車頭已經有人在等了，我會多等一班搭下一班車，**因為從車頭才能最完整的看到列車行駛中眼前不斷變化的美麗風景**。若從新橋搭往台場，還可在台場玩個半天後搭下午的水上巴士往淺草，傍晚上去附近的晴空塔觀景台，這樣的一日玩法「陸、海、空」全部玩到，保證好玩。

NOTE

芊爸推薦的路線由新橋到台場青海站，大人車資只要 ¥380、小孩半價，未滿 6 歲幼兒免費。花小錢就能用不同的角度與孩子移動中同遊東京，百合海鷗號著實是我心目中最適合親子搭乘的電車路線。

01　孩子們在窗戶前認真的欣賞美景，這時不妨從背後捕捉這難得的背影吧！
02　嘟嘟！電車即將出發，孩子們光是和列車看板合照就好興奮了。

交通方式（新橋車站→百合海鷗號）

路線1-1　路線2、路線3
路線1-2

往百合海鷗線新橋站路線圖
銀座
中央通
銀座線新橋站
出口4旁電梯
銀座線
淺草線
JR新橋站
汐留口
百合海鷗新橋站
A2出口
淺草線新橋站
百合海鷗線
50公尺

▲ 近幾年旅遊東京時，發現很多以往沒設電梯的車站都已新裝設了，聽說是為了迎接即將舉辦的2020年東京奧運，不過仍有極少數車站沒有電梯，就必須像這樣抬推車了。

新橋車站為東京較老舊的車站，也是日本第一條鐵路運行的首站，屬東京車站落成之前的總站，故車站大部分無電梯，近幾年才開始有更新計劃，陸續於各月台裝設電梯。2012年第一次帶孩子來東京，從新橋車站搭山手線時，當時還沒有電梯可上月台，推車行李都得用搬的，但2016年後各月台電梯均已陸續裝設完成，僅剩淺草線仍無通往地面層的電梯。

NOTE

東京Metro、都營地下鐵、JR和百合海鷗各自有自己的「新橋車站」，是不同站體，有的在地面上，有的在地面下，並非都在一起，稍微要留意一下，跟著芊爸指示路徑走就沒問題了。

路線 1 **都營地下鐵淺草線或東京 Metro 銀座線，於「新橋站」下車：**

路線 1-1：淺草線列車

在 B2 層兩個月台行駛，抵達後上 B1 層走「A2 出口」方向出閘口，後由 A2 左邊出口爬樓梯（無手扶梯）上到地面層，上到地面後往右後方過馬路就可在右邊看到海鷗線新橋站。

路線 1-2：銀座線列車

在 B2 層兩個月台行駛，抵達後上 B1 層由「出口 4」方向出閘口，**直接搭乘此閘口前方的電梯上地面層**，上去後左轉直走過馬路，於新橋車站外左轉沿著車站外圍走約 100 公尺，可看到左前方的海鷗線新橋站。

淺草線與銀座線新橋站電梯 INFO

兩線月台均有電梯可搭到 B1 層車站，不過淺草線出閘口後**完全沒有電梯**可再從 B1 層上到地面，如果有推車的人得辛苦一點抬推車上樓；而銀座線上到 B1 層後，可由出口 4 閘門外的電梯上到地面。

路線 2 **JR 各路線列車，於「新橋站」下車：**

包含東海道本線、山手線、京濱東北線和常磐線，到達新橋車站後是在地面上高架軌道行駛，下樓後請找「汐留口」出站，正前方就是百合海鷗新橋站。

JR 新橋站各路線列車電梯 INFO

2016 年到 JR 新橋車站後已確認高架月台都有電梯了，不再像我們 2012 年第一次帶孩子來得搬推車和行李上下月台，下樓後走汐留口出站，正前方就是百合海鷗新橋站。

01 到 1 樓後找尋汐留方面的指標，就可找到百合海鷗線新橋車站。
02 出 JR 新橋車站（左邊）汐留口，正前方就可看到百合海鷗線新橋車站（右邊）。

路線  **搭乘 JR 橫須賀線，於「新橋站」下車：**

雖然也是在新橋下車，為什麼要特別把 JR 旗下的橫須賀線獨立出來呢？因為橫須賀線和 JR 其他路線不同，到達新橋車站後是在地面下 B4 層行駛，抵達後**先上到 B3 層，再上去 B1 層，最後再往上到地面層**，到 JR 新橋車站 1 樓後走「汐留口」出站就可看到正前方海鷗線新橋車站。

JR 橫須賀線新橋站電梯 INFO

橫須賀線在地面下 B4 行駛，月台沒有電梯上 B3 層但有手扶梯，上去後 B3 層和 B1 層各有一部電梯也有手扶梯可搭上 1 樓 JR 新橋車站。

百合海鷗號新橋站內交通方式

欲搭乘百合海鷗號，請先從百合海鷗線新橋車站外搭電梯上到 2 樓連接通道，經過便利商店和星巴克可看到電梯及手扶梯，上樓後就是百合海鷗新橋車站檢票樓層，買票或使用感應 IC 卡入閘口後，馬上就有一部電梯可上到月台。

NOTE

百合海鷗號於台場停靠的各車站均只有一個月台並都有電梯，出站方式簡單故不多做講解。

▲ 2 樓連接通道可從新橋一直連結到海鷗號的下一站汐留，這是一段很棒的空中步道，也是我在本書 **P184** 有推薦的一段親子散步路線。

Play key Raiders
親子遊玩重點攻略

百合海鷗號由 1995 年開始行駛，2006 年全線開通，從新橋到尾站豐洲總長 14.7 公里，其 LOGO 非常清楚好認，第一次前往的人不必擔心，到新橋後只要看到鳥飛翔的圖案就是海鷗線了！

▲ 雖說是無人駕駛，但我們幸運的在其中一次搭到有駕駛的列車，而且一次有 3 個，似乎是在對列車行駛做檢測和設定。

NOTE

原名為東京臨海新交通線的百合海鷗線，為了避免跟原有的東京臨海線混淆，通常都用百合鷗做其稱呼，一般遊客去到東京搭這個路線，只要跟我一樣記住海鷗飛翔的圖案就不會錯了。

百合海鷗號路線圖

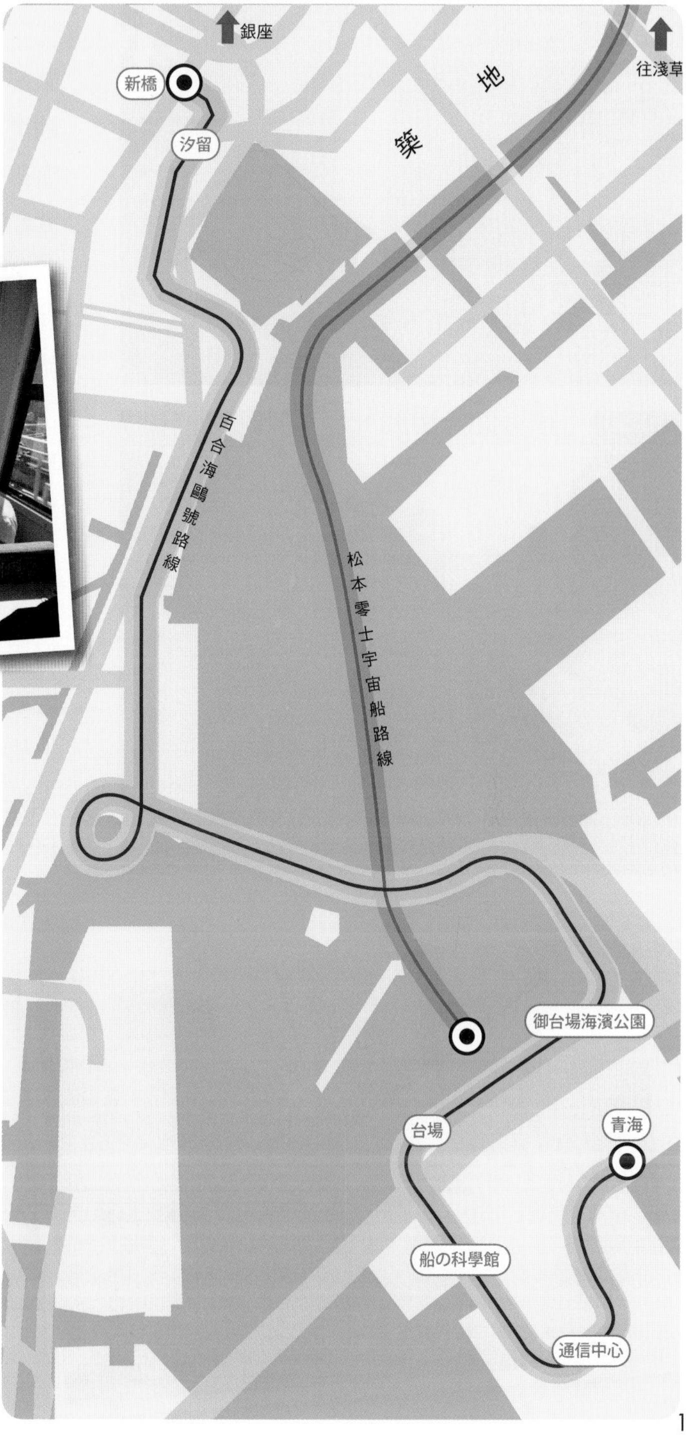

銀座
往淺草
新橋
汐留
築地
百合海鷗號路線
松本零士宇宙船路線
御台場海濱公園
台場
青海
船の科學館
通信中心

出發！放大版東京號樂園列車

百合海鷗全線列車採用無人駕駛，並且在高架的鐵路運行，因此在車廂上視野會比在平面道路上更好，加上芊爸推薦的車頭都有特別大面的窗戶，視野可延伸的範圍更大。我已經和孩子搭過 3 次以上百合海鷗號了，但每一次孩子們上車都超期待，就好像上了冒險列車一樣，列車每次停車、開車、小轉彎她們都很興奮，不只男孩，我家 3 個女孩都好喜歡這個路線的電車之旅，全程 30 分鐘歡樂不間斷！

從新橋發車開始，我們選擇由車頭上車，最前排就如同 VIP 的專屬座位區，可看到新橋、汐留一帶，兩排高高的辦公大樓和飯店，這裡是東京以南的商業地帶（日本電視台也在這）。通過汐留後豁然開朗，緊接著是開闊的東京灣，車子行駛到連接台場和東京兩端的彩虹大橋後達到最高潮，上橋之前轉了一個近 360 度的大彎後進入大橋，有如樂園小火車即將進山洞的感覺，孩子們既緊張又期待下一秒會發生的事。

01 芊爸推薦的車頭都有特別大面的窗戶，視野可延伸的範圍更大。

02 經過汐留、竹芝站後，看完兩側高樓便即將迎接廣闊的東京灣，這一段記得往右邊看，可看到東京鐵塔喔！

03 因列車全線都高架行駛，有機會從較高一點的視野觀看東京的風光。

04 東京灣透過列車的大片窗戶一覽無遺，瞬間讓人心曠神怡。
05 轉了一個超級大彎後準備進入台場彩虹大橋，和孩子一起屏息期待中。
06 列車沿著大橋前進，旁邊是車道，我們和車子並行了，還可看到對向交會的列車，小朋友無不睜大眼睛緊盯著。

和孩子一起尋找窗外的大鋼彈

進入台場後可別急著下車，建議多等幾站到青海站再下車吧！因為列車將會環繞台場運行，有機會看到更多更美的東京灣和海港貨櫃忙碌裝卸呢！最讓人想尖叫的，則是矗立在 Diver City 百貨前 1：1 比例的鋼彈，這簡直是爸爸們的夢想時刻，於青海站下車後步行往鋼彈立像約需 15 分鐘，這趟近 30 分鐘的電車之旅，搭了好幾次的我到現在都還很難忘。

07 看到鋼彈了嗎？彷彿是台場的新守護者，靜靜的站著保護這片土地，更是男生們的超級偶像。
08 看著孩子們互相討論著眼前所看到的事物，這小小的背影好讓人感動，這就是讓孩子真正喜歡的親子東京旅行！

TRAVEL 東京篇

景點間距離近超好逛！

御台場推薦！4大親子景點

御台場簡稱台場，在東京市區以南的東京灣上，也是隅田川的出海口，是東京灣上一塊填海造陸的土地，1980～1990年代做為臨海副都心逐漸開發，由於這邊有許多購物商場、遊樂景點和飯店，還有大企業對外開放的空間和富士電視台，休閒、玩樂、購物、用餐功能俱全，成為東京最吸引外國遊客前來的地方。

百合海鷗線在台場共設有5站，東京臨海線亦設有1站，因台場範圍不大，景點距離各車站平均不會超過500公尺，就算芊爸刻意選在青海站下車再走去看鋼彈，也只有600公尺的距離。因為這裡景點夠集中，也有多個大型購物商場，能帶孩子去的地方很多，**如果假期夠長，建議可安排2天到台場玩，把芊爸推薦的景點都走過一次。假期較短的人可擇一去玩，依照百合海鷗 ⇨ 台場 ⇨ 水上巴士 ⇨ 淺草雷門 ⇨ 晴空塔**，利用芊爸本書寫到的交通工具串連，就能輕鬆變成適合親子的東京一日陸海空玩法。

台場親子景點與購物地圖

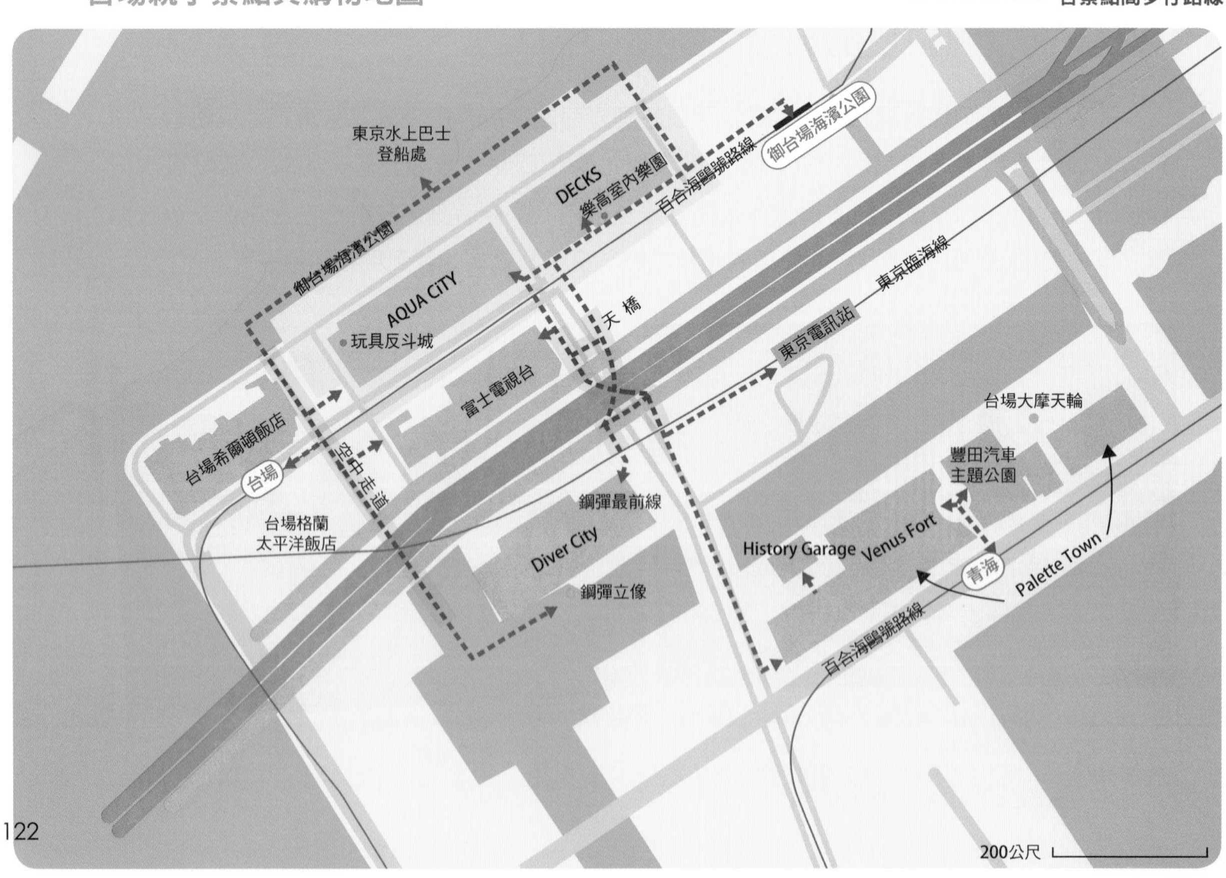

交通方式

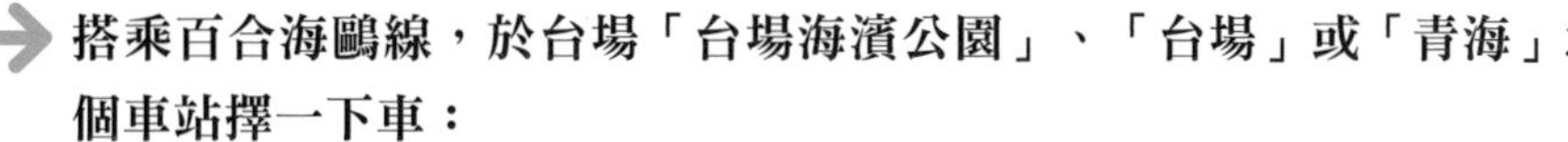

路線 1 **搭乘百合海鷗線，於台場「台場海濱公園」、「台場」或「青海」3 個車站擇一下車：**
均為單一月台列車雙向行駛的高架車站，都有電梯或手扶梯可下樓，不需特別研究車站站內圖。芊爸推薦各景點都可利用最近車站空中走廊連通抵達，出站後不必下地面層是其優點，**本路線適合從未搭過海鷗線想坐最前排體驗，以及住宿上野、東京、銀座、新橋附近的人。**

路線 2 **搭乘東京臨海線，於「東京電訊站」（東京テレポート駅）下車：**
若您已經有搭乘過海鷗號列車，或由池袋、新宿、澀谷方向過來，可利用與 JR 埼京線交互直通運行的東京臨海線抵達台場。臨海線貫穿台場，於東京電訊車站（東京テレポート駅）下車，這條路線從最遠的池袋到台場最短只需要 28 分鐘，超級快速！

東京臨海線東京電訊站電梯 INFO

本車站只有一個月台列車雙向運行，月台有一部電梯由 B3 層月台往 B1 層車站，出閘口後左轉由 A 出口方向可看到上到地面層的電梯。

推薦景點 1 豐田汽車主題公園 MEGA WEB Toyota City Showcase

- 遊玩時間：2 小時
- 最近車站：青海站（北出口空中走廊直達）
- 鄰近景點：維納斯城堡購物中心、History Garage、鋼彈立像

MEGA WEB 豐田汽車主題公園是一個融合「觀看、乘坐、感受」的汽車樂園，可別看到 Toyota 就以為只是去逛賣車的地方，其實這邊除了展示各種最新車款外，許多車子還可以坐上去，其中不乏高級車款，還可付費試駕（需備有國際駕照）。小孩想開車的話，也有最新的 Ride Studio，提供大小不一的車款，3 歲以上就可以上車，體驗駕馭小車的快感。

MEGA WEB Toyota City Showcase 空間相當大，完全免入場費，絕對不是只有逛展示間而已，不但多款新車都可上去坐，還有付費的試駕，小朋友也有小車開，是一個大人小孩可一起同樂的地方喔！

江東區青海 1-3-12 號
11：00～21：00
03-3599-0808
無料免費入場，若需試駕或參加 Ride Studio 則需另外付費。

01 豐田汽車主題公園，可由青海站空中走廊直通。
02 好迷你的節能電動車，短距離接小孩或買菜超方便停車。
03 改裝的殘障輔助車款，且是電動車款，節能環保又人性化。
04 凌志的敞篷跑車（流口水），可上車試坐過過癮。

Ride Studio 小小駕訓班

Mega Web 2 樓的 Ride Studio 是專為兒童開設的小小駕訓班，之前的兒童駕駛體驗（Kids Hybrid Ride One），全面更新為最新的 Ride Studio 了。在這全長 230m 的 Indoor Ride One 室內跑道內，小朋友也可以有自己專屬的小車車開，而且以往只有 6 歲以上能玩的這個區域，現在 3 歲以上都可以試乘，並有學齡前兒童的 Petit Ride One 超迷你跑道喔！

▲ 原來的兒童駕駛體驗已經改為 Ride Studio 了，提供多款小車讓年紀滿 3 歲的孩子就能付費駕駛。

★ 圖片為參考官方網站及作者實際經驗繪製。

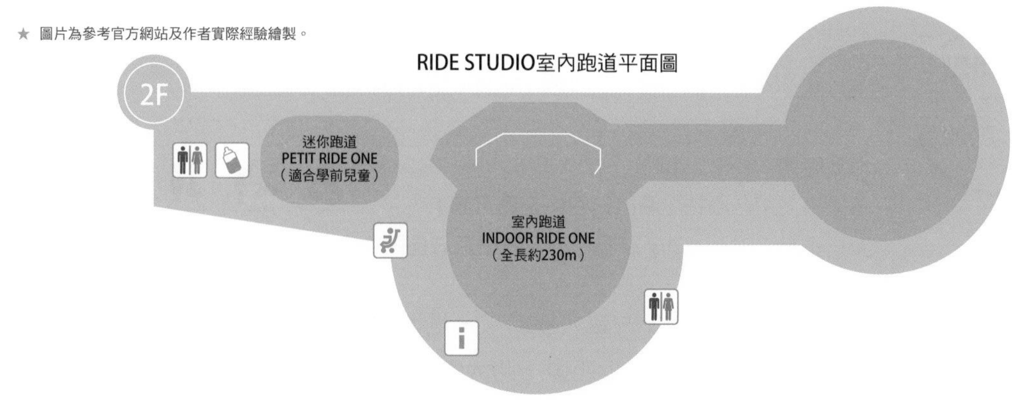

◎ Ride Studio 車型說明

車型	年齡	人數	費用	條件
兒童小型車	3～5 歲	1 名	走行體驗（10 分）：¥200	未滿 120 公分、 體重未滿 25 公斤（需有監護人在旁協助）
Kid's Hybrid Car	小學生以上	1 名	組裝講習 + 走行體驗（15 分）：¥300	120 公分以上
Pius	小學生以上	1 名	・初學者講習（15 分）：¥300 ・走行體驗（賽道開 2 圈）：¥200（需完成初學者講習）	115 公分以上
Camatte（此款車大人可玩）	小學生以上	1～2 名（後座可有 1 名共乘）	・初學者講習（15 分）：¥300（備有國際駕照可免上講習課） ・走行體驗（賽道開 2 圈）：¥200（無駕照者需完成初學者講習）	135 公分以上

鄰近景點順遊 —— 台場大摩天輪

青海車站旁的 Palette Town，這是結合購物中心、汽車主題公園與台場大摩天輪（大觀覽車）的複合式商場，摩天輪就在豐田汽車主題公園旁，高 115 公尺直徑 100 公尺。

INFO

■時間：營業時間10:00～22:00全年無休（每年2次檢修，檢修時暫時停止運轉）

■票價：4 歲以上每人 ¥920，4 人可包一車廂 ¥3080，20 人以上團體每人 ¥510。

▲ Palette Town 是一座大型的複合式商場。

推薦景點 2

1：1 鋼彈立像 + 鋼彈最前線

■遊玩時間：1～2 小時
■最近車站：台場站（南出口空中走廊可到）
■鄰近景點：Diver City 購物中心、維納斯城堡購物中心、富士電視台

矗立在台場 Diver City 購物商場外的超大機器人，是世界上唯一一隻 1：1 比例打造的巨型鋼彈，高度達 18 公尺將近 6 層樓高，近距離一睹大鋼彈那震撼感，將會是您和孩子難忘的經驗！每天夜晚後鋼彈身上都會打上燈光，並且有數場燈光秀可看，這個完全免費的景點，可說是從小身為漫畫機器人迷的我，必定帶孩子到此一遊、向鋼彈致敬的朝聖景點。

NOTE

離開前記得到賣場 7 樓的鋼彈最前線（ガンダムフロント東京／Gundam Front），裡面有一間免費展示間，放有千隻以上的模型鋼彈，鋼彈迷必看！

▶ 矗立在台場 Diver City 購物商場外的超大機器人，是世界上唯一一隻 1：1 比例打造的巨型鋼彈！

INFO

東京都江東區青海 1-1-10 號　03-6380-7800
賣場營業時間 10：00～21：00，全年無休。
（鋼彈立像在商場外 Festival Plaza，由 2 樓南邊出口出去可看到）
每日鋼彈演出時間
- 白天：12：00、15：00、17：00，將有頭部轉動，但無牆面影像。
- 夜晚：19：30、20：30、21：30，WALL-G「高達」、「機動戰士高達 UC A Phantom World」，約 7 分鐘有牆面影像投射。
- 夜晚：20：00、21：00，WALL-G「機動戰士高達 雷霆戰線 A session in the sector of Thunderbolt」，約 5 分鐘有牆面影像投射。

01 從 Diver City 賣場走出，就能看到 18 公尺的鋼彈機器人背面，光是這個角度看就好嚇人的高。
02 芊芊：「鋼彈的腳比我還要大耶，果然是和平守護者。」
03 這尊鋼彈機型為「RG 1/1 RX-78-2 鋼彈 Ver.GFT」，站在它的前面好像變成螞蟻一樣了。
04 夜晚打上燈光的鋼彈變得更加帥氣，不愧是爸爸們從小到大的偶像。

鋼彈最前線（Gundam Front）

鋼彈東京最前線，是全世界介紹鋼彈最詳細及保有最多鋼彈的地方，可以親身體驗到機動戰士鋼彈，自 1979 年首播以來持續發展近 40 年的歷程。2009 年夏天，為了紀念鋼彈播出 30 週年，於台場舉辦了一場 GREEN TOKYO 鋼彈計畫，當時 1：1 的鋼彈吸引了 400 多萬人次參觀，盛會結束後，在 Diver City 商場內以「擬真」為概念，打造了這個鋼彈迷能親身進入的鋼彈世界。

- 大人／大學生／高中生：¥1,200
- 國中生／小學生：¥1,000
- 6 歲以下免費，每個整點開放入場一次。

05 Diver City 7 樓鋼彈最前線售票櫃台。
06 售票櫃台後方的免費模型展示區，裡面至少千款以上的鋼彈，一定要進去參觀。
07 櫥窗內滿是不同機型的鋼彈，真希望能全搬回家。

推薦景點
3
富士電視台

■遊玩時間：2～3 小時
■最近車站：台場站（南出口空中走廊直達）
■鄰近景點：AQUA CiTY 購物中心、Diver City 購物中心、樂高室內樂園

1959 年開播的富士電視台至今已有近 60 年的歷史，主要播放區域為關東地區，是日本第一家播出電視動畫的電視台，包括櫻桃小丸子和海賊王首次製作成電視卡通，都是在富士電視台播放，其中櫻桃小丸子更曾創下 39.9% 的超高收視率，至今每週都還有在播放，這些都是芊爸小時候一起長大的回憶，一直到今天都還有機會和女兒們一起觀賞。

富士電視台的總部在 1997 年由新宿遷到南邊的台場，屋頂的圓形大球成為了台場最鮮明的地標，當海鷗號列車離開彩虹大橋轉彎後，第一眼就能在左邊看到這顆大球，就好像在通知大家「台場到了」，由於有這麼多和爸爸我一起長大的節目，富士電視台列為東京最適合親子參觀的電視台首選。

◀ 台場富士電視台就在百合海鷗線旁邊，台場站下車就到。

INFO

東京都港區台場 2-4-8 號　　03-5500-8888
開放參觀時間為 10：00 ～ 18：00，每週一休館。
頂樓 25 樓球體展望室：大人 ¥550，小／中學生 ¥300，以下免費。
（富士電視台開放的樓層為 1、5、7、24、25，只有上到 25 樓的展望室才需購買門票）
★富士電視台內並非全部都可拍照，現場播送和錄影的節目不可拍照。

NOTE

如果從 Diver City 商場方向看完鋼彈才過來的話，請走兩邊連通的空中走道過來（請翻至 P122 台場親子景點與購物地圖），從商場這一側可以很清楚看見對面的富士電視台。

01 由 24 樓拍的電視台球體展望室。
02 往東京灣對岸市區望去，除了彩虹大橋外，還可看到東京鐵塔和更遠的晴空塔喔！
03 許多可愛的節目立牌可供拍照，孩子們玩得很開心。
04 站在舞台上，我們即將成為明日之星 :)

推薦樓層攻略

各樓層各有特色，建議可從 1 樓或 7 樓售票處，購買上 25 樓球體展望室的門票，然後到 7 樓海賊王商店街和餐廳，再至 24 樓環形空間。接著進入 25 樓球體展望室參觀完，搭電梯下來後，從 7 樓抬頭往上看，能看到相當震撼的頂樓大球體呢！搭手扶梯下 5 樓到免費區域內，別忘了再參觀電視台攝影時使用的攝影棚和攝影機，以及人氣節目的道具展示。

◎樓層參觀順序

1 樓 ⇨ 7 樓 ⇨ 24 樓 ⇨ 25 樓 ⇨ 24 樓 ⇨ 7 樓 ⇨ 5 樓

樓層簡介

樓層	說明
1 樓、7 樓	售票處可購買上 25 樓球體展望室的門票，記得索取參觀資訊。
5 樓	免費區域內，可參觀電視台攝影時使用的攝影棚和攝影機，以及人氣節目的道具展示。
7 樓	有海賊王商店街和餐廳，想收集漫畫周邊商品的同好一定要進去逛逛。另外，搭乘手扶梯直達 7 樓頂上庭園，可轉搭上到 24 樓的電梯。
24 樓	環形空間內有不少吸引孩子目光的電視台道具及吉祥物人偶。
25 樓	球體展望室（需購買門票進入），展示有許多富士電視台的節目立牌和佈景，重點是可觀看 360 度台場附近的風景。

▲ 1 樓、7 樓售票處，可購買上 25 樓球體展望室的門票，記得索取參觀資訊。

▲ 搭乘手扶梯直達 7 樓頂上庭園，可轉搭上到 24 樓的電梯。

▲ 25 樓球體展望室（需購買門票進入），展示有許多富士電視台的節目立牌和佈景，重點是可觀看 360 度台場附近的風景。

▲ 7 樓有海賊王商店街和餐廳，想收集漫畫周邊商品，一定要進去逛逛。

▲ 24 樓環形空間內，有不少吸引孩子目光的道具。

▲ 離開 24、25 樓搭電梯下來後，別忘了從 7 樓抬頭往上看，相當震撼的頂樓大球體。

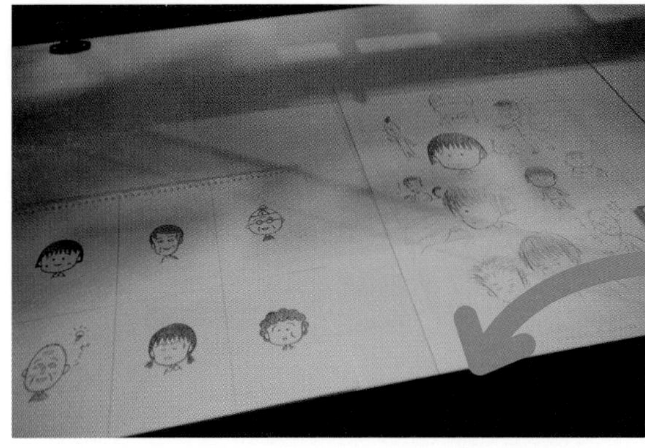

▲ 5 樓免費區域內還有櫻桃小丸子的手稿，這可是陪伴我們這一代長大的人氣卡通，親眼看到這些手稿好感動。

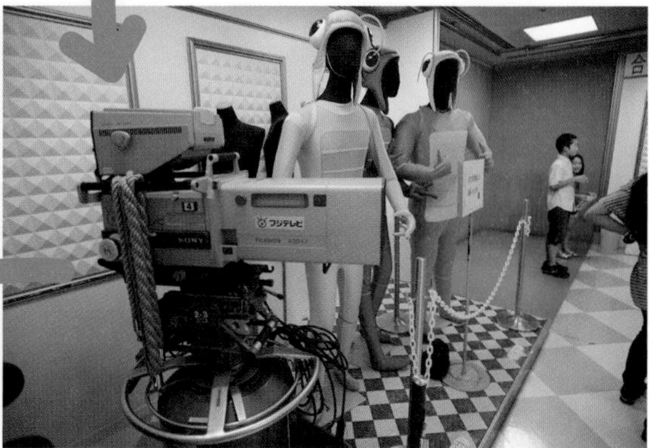

▲ 手扶梯下 5 樓免費區域內，可參觀電視台攝影時使用的攝影棚和攝影機，可以看到人氣節目的道具展示。

富士電視台蒐集印章

到富士電視台有另一個樂趣，那就是和孩子一起蒐集印章（記得先到售票口拿參觀資訊），1、5、7、24、25 樓各有一個印章，瞧～發現印章機器的芊芊好得意準備蓋章呢！每個樓層的蓋章機器都是富士電視台吉祥物 LAUGH（ちゃん）身體的一部分，找到 5 個印章就可以幫 LAUGH 將還原完整的身體囉！

01 發現印章機器的芊芊，好得意的準備蓋章！
02 這隻就是 LAUGH，長得還蠻像 SNOOPY 的，蓋完印章可以在 1 樓換到 LAUGH 將的紀念品（2012 年我們換到的是小夾子）。

鄰近景點順遊 —— 小丸子咖啡廳

回到 1 樓後如果感覺肚子餓了，推薦一定要去小丸子咖啡廳，這可是期間限定再延長的超人氣咖啡廳，不妨點一杯咖啡，和孩子一起回味童年守在電視機前看小丸子的幸福時光吧！

推薦景點 4 樂高室內樂園（LEGOLAND Discovery Center Tokyo）

■遊玩時間：3～4 小時
■最近車站：台場海濱公園站（北出口空中走廊直達）
■鄰近景點：富士電視台、台場海濱公園、AQUA CiTY 購物中心

有別於世界上其他的樂高樂園，台場樂高樂園是一座室內的積木主題樂園，2012 年 6 月開幕，雖然面積比較小，但還蠻**適合學齡前和小學低年級的孩子**。這裡的票價不高，建議可以玩個半天左右，另外半天再安排其他行程。孩子天生充滿創意，積木是啟發孩子多元智慧最好的刺激，**台場樂高樂園可玩樂也可動手組積木，還有積木創作教學課程，室內園區設施集中、不需耗費體力的大量移動，很推薦親子前來遊玩**。

台場的樂高樂園在 DECKS 商場內，靠近東京灣側，是海鷗號進台場後第一個看到的購物中心，於台場海濱公園站下車，有空中走廊可直通 DECKS 賣場 3 樓（出站有指標），樂高樂園入口就在這層樓。若從 Diver City 商場方向來的人，可從 1 樓出賣場走新蓋好的天橋（2012 年時還沒有）過來，於 DECKS 搭乘手扶梯或電梯上 3 樓。（請翻閱 P122 台場親子景點與購物地圖）。

▶ 樂高室內樂園，芊爸推薦學齡前和小學低年級的孩子前來遊玩。

東京都港區台場 1-6-1 號　03-3599-5168

平日 10：00～20：00（18：00 最後入場）　**假日** 10：00～21：00（19：00 最後入場）

3 歲以上含大人均一價 ¥2300，未滿 3 歲免費。

- 進入台場樂高樂園大人必須帶小孩才能入場，1 個小孩可由多名成人陪同入場，但不可以單 1 個大人不帶小孩入場。僅有每月 5 號和第 3 個禮拜六 Adult Night，成人可不帶小孩購票入場。
- 台場樂高樂園無「再入場」機制，出場後需重新買票才可再入場，離開前一定要特別注意。

芊爸經驗談

這樣買門票超便宜！

若各位出發前就可確定好進場日期，我倒是很建議可在台灣網路提前購票，因為差價還蠻大的，大約是原票價的 65 折。請 Google 搜尋「e 路東瀛」及「台場樂高樂園門票」這 2 個關鍵詞即可。2016 年最新的票價為 ¥1500，等於不用 500 元台幣，比很多台灣的室內兒童主題館都便宜，印出收據帶去，就可換到實體門票進場了。

01　台場樂高樂園入口，位在 DECKS 商場 3 樓。

02　進去後有售票櫃檯，可現場購票或是用芊爸推薦的網站預先買好票到此換票。

03　工作人員驗票後，可搭乘往 7 樓的電梯前往樂高室內樂園。

園內順遊攻略

台場樂高樂園的入口在 3 樓，但整個室內樂園在 7 樓需搭電梯上去，園區路徑沒有叉路，只要順著走就能玩到所有設施。

▶ 樂高室內樂園平面圖

▲ 樂高樂園最精華的區域莫過於 **Miniland 迷你世界**了，由數以萬計小積木堆疊而成的小小東京，讓我和孩子駐足許久。

▲ **台場樂高樂園有積木教學**，課程分成簡單、難和特別，分時段教學（約 20 ～ 30 分／場），不需另外收費，適合各年齡層報名參加。

▲ 每組大人小孩可一起製作一個成品，台上有老師教學，和孩子一起完成積木作品。

▲ 免費課程需於教室外，向工作人員預約上課時間並索取預約券。

▲ **Lego City** 是小小體能訓練場，建築區僅允許 90 公分以下幼兒，救火學校 140 公分以下的孩子可入場玩樂，均要脫鞋。

▲ 這一區 **Duplo Village** 有大塊軟積木和小溜滑梯，很適合小小孩玩樂，也要脫鞋。

▲ **4D 電影院內**有兩部樂高電影輪播，影片播放時椅子會動且會有水霧噴出的特效唷！

▲ 梅林巫師的圍裙，可和孩子一起踩著空中腳踏車飛上天際。

▲ 需另付費的**樂高大頭貼機**。

▲ **Build & Test 及 Friends** 兩個區域都可讓孩子自行組裝積木。

▲ 離開園區前有個**雷射挑戰區**，考驗身體柔軟度通過光束障礙。

▲ 販賣部有琳瑯滿目的積木，但建議您不要在此買（因為不便宜），本書 P227 有介紹新宿便宜樂高的販售地點。

◀ DECKS 商場 1 樓靠海鷗線側有一間吉野家，牛丼飯依照尺寸大小，約 ¥1000 內有找，而且兒童餐咖哩飯不但附小果汁還有果凍才 ¥300，便宜、量夠多，孩子絕對可吃飽，超讚又省錢。

TRAVEL 東京篇

跟孩子一起逛街也不無聊！

御台場推薦！3大親子購物中心

御台場芊爸推薦 3 大親子購物商場：Venus Fort 維納斯城堡、Diver City Tokyo Plaza、AQUA CiTY Odaiba 台場海洋城，帶孩子來逛街一點也不會無聊！這裡的東西好逛又好買，小孩有玩樂的地方，也能買玩具，大人小孩都能玩很開心！（交通方式請參閱 P122 台場親子景點與購物地圖）

推薦親子購物商場 1

Venus Fort 維納斯城堡

■停留時間：2～4 小時
■最近車站：青海站（北出口空中走廊直達）
■鄰近景點：豐田汽車主題公園、台場大摩天輪、Diver City 購物中心

維納斯城堡是台場 Palette Town 的一部分，在 MEGA WEB 豐田汽車主題公園對面，擁有廣闊的面積和開放式賣場，而且全室內空間不用曬太陽，夏天有冷氣吹、冬天有暖氣，逛起街來非常舒服，是結束 MEGA WEB 玩樂後，親子休憩、用餐和購物的絕佳選擇。

另外，豐田汽車主題公園的歷史車庫（History Garage）設在此，免費的展區和賣場相連，展示多款歷史經典車款，我們當時和孩子光是拍照就逗留了好久，非常值得一來。

01　維納斯城堡在豐田汽車館對面，中間隔著圓形廣場，1 樓入口處有全家便利商店。
02　商場內桌椅數量多，提供遊客休息用餐。

INFO

東京都江東區青海 1-3-15 號　03-3599-1671

維納斯城堡　・購物區 11：00～21：00
・餐飲區 11：00～23：00（22：00 最後點餐）

History Garage　11：00～21：00

賣場有免費 Wi-Fi，SSID：Wi2premium，連上後發信至 03H-guest02-E@forguest.wi2.ne.jp，輸入收到的顧客編碼登入，即可享受 3 小時免費無線上網。

NOTE

近年來日本的地鐵站和賣場在指標及親子親善的硬體上改善很多，遊客可以很容易的找到需要的設施，維納斯堡內就連男生廁所也有換尿布台，處理寶寶大小事爸爸也可幫忙。芊爸在本書中所推薦的購物商場，大多是有這些親子友善的設施喔！

大人小孩都開心！逛街的好去處

在這裡逛街，大人小孩都能玩得很開心！因為全室內的開放賣場走道空間大，帶孩子不擁擠，以義大利威尼斯風格打造的中央廣場維納斯噴泉，更是遊客駐足拍照的地方。除此之外，維納斯城堡除餐廳外，八成以上的商店都有免稅，購物滿額即可退稅，只要有退稅的店家都會在門口擺有大大的牌子，滿額憑護照退稅。

Sylvanian Families
TAX FREE

03　以義大利威尼斯風格打造，中央廣場的維納斯噴泉是遊客駐足拍照的地方。
04　退稅的店家都會在門口擺有大大的牌子，滿額憑護照退稅。
05　這裡還有販售日本手工打造的學生書包，雖然要價不斐，但品質很好相當耐用。

History Garage 歷史車庫（免費）

和維納斯城堡賣場相連通的 History Garage 歷史車庫，是豐田汽車主題公園的分館，入館完全免費，場內展示許多經典老車，部分車款可供乘坐拍照，進場後燈光刻意調暗，營造出欣賞古董車的氛圍，走進歷史車庫就如同回到 60、70 年代，重溫阿公年輕時代的風華。

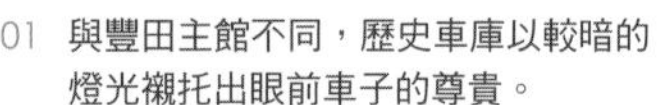

01 與豐田主館不同，歷史車庫以較暗的燈光襯托出眼前車子的尊貴。

02 模型車展示間超多小車，大部分都有對外販售，可帶回家珍藏。

03 有些車子還可以上去乘坐，搭配美國西部風格的場景，整個好適合拍寫真照啊！

04 芊芊：需要加油嗎？由可愛的丁小雨為您服務 XD

05 在維納斯城堡逛街的感覺很不錯，非常適合帶孩子來，重點是很多地方可以拍照，小孩有事做完全不無聊喔！

推薦親子購物商場 2

Diver City Tokyo Plaza

■停留時間：3～4小時
■最近車站：台場站（南出口空中走廊可到）
■鄰近景點：豐田汽車主題公園、台場大摩天輪、Diver City 購物中心

Diver City 和維納斯城堡僅有一街之隔，距離約 300 公尺，是台場超級地標鋼彈所在的購物商場。賣場有 7 層樓，不只剛剛提到的機器人和鋼彈最前線而已，整棟樓商店數目超過百家，是 2012 年才開幕的新穎購物中心，有著開闊的空間和明亮的環境，在這裡購物還蠻愉快的，並且拜新制度退稅之賜，全館有 84 個可退稅的店鋪（持續增加中），舉凡松本清、UNIQLO、ZARA 都有退稅，連 7-11 便利店和成城石井超市都可退稅喔（當場吃掉、喝掉、用掉的東西不可退稅）！

INFO

東京都江東區青海 1-1-10 號
03-6380-7800

購物區	10：00～21：00
美食廣場	10：00～22：00
餐廳	11：00～23：00

- 賣場有免費 Wi-Fi，SSID：MSP_Wi-Fi，連上後註冊 Email 就可連線，每日最多 4 次，每次 30 分鐘。
- 3 樓綜合服務台，提供免費嬰兒車租借。

▲ Diver City Tokyo Plaza 室內面積大樓層多，嶄新的賣場，是鋼彈迷結束朝聖後購物及用餐的首選。

推薦樓層簡介

2 樓有 Hello Kitty Japan、松本清，購買 Kitty 周邊商品及藥妝都很方便。3 樓 H&M 和 4 樓 ZARA、5 樓 UNIQLO、6 樓的大創百貨，更是購買衣服及生活雜貨的好去處。除此之外，有帶大齡孩童的家長，還可以到 6 樓的 Round 1 Stadium 遊玩，相信能玩得很盡興！

▲ 賣場 2 樓最有人氣的一間店，是三麗鷗直營的 Hello Kitty Japan，周邊商品種類齊全，不乏日本限定商品，而且滿額可退稅，是 Kitty 迷不可錯過的店。

樓層簡介

樓層	說明
2 樓 Hello Kitty Japan	賣場 2 樓最有人氣的一間店是三麗鷗直營的 Hello Kitty Japan，周邊商品種類齊全，不乏日本限定商品，而且滿額可退稅，是 Kitty 迷不可錯過的店。
2 樓松本清	是來日本購買藥妝的好地方，不只滿額可退稅，還可搭配樂天信用卡享有額外折扣。
3 樓 H&M 和 4 樓 ZARA	店鋪面積都蠻大的，在此可一次購足孩子的衣服，其中 ZARA 滿額可享有退稅。
5 樓 UNIQLO	日本國民品牌 UNIQLO 在 5 樓設有好大一間店，男裝、女裝、童裝都有，2014 年開始也配合日本退稅新制度給予外國人滿額免稅了。
6 樓大創百貨	大創百貨是日本低價生活雜貨龍頭，均一價 ¥100，多款實用的生活小物都是日本製造，值得購買。
6 樓 Round 1 Stadium	這是大型的室內遊樂場，有許多大型機台、彩票機和娃娃機，適合大齡孩童到此玩樂。

◀ 6 樓的 Round 1 Stadium 是大型的室內遊樂場，有許多大型機台、彩票機和娃娃機，適合大齡孩童到此玩樂。

半日遊推薦 看鋼彈 + 逛街 + 用餐

Diver City Tokyo Plaza 美食街佔地大，餐點選擇非常多，是看完戶外廣場鋼彈立像及逛街逛累了用餐休息的最佳選擇，多元化的購物商場、貼心的免費推車租借服務，無論孩子年紀大小都可帶來，建議可來此看鋼彈 + 逛街 + 用餐，在此逗留半天以上。

01 2 樓有美食街也有數間餐廳，以及 6 樓超過十間以上的餐廳，來 Diver City 絕對不用擔心餓肚子。

02 滿滿一盤的日式炸物加上溫泉蛋烏龍麵才 ¥1000 左右，超值又吃得飽。

推薦親子購物商場 3

AQUA CiTY Odaiba 台場海洋城

■停留時間：2～3 小時
■最近車站：台場站（北出口空中走廊直達）
■鄰近景點：富士電視台、台場自由女神像、台場海濱公園

AQUA CiTY Odaiba 面對台場海濱公園，可搭乘海鷗號於台場站下車走 2 樓空中走廊過來，也可從水路搭乘東京水上巴士到達。雖然賣場年紀比 Diver City 大，但因為有很大間的玩具反斗城，日系品牌的商品都有比較便宜，而且正對美麗的台場海濱公園，可看見著名的自由女神像和廣闊的東京灣，更是入夜之後拍夜景的好地方，所以也是購買嬰兒用品和玩具、和孩子一起看台場美景的好所在。

▲ 海鷗號出台場站後，不必搭電梯下地面層，直接走連通的空中走道可進入台場海洋城 3 樓。（亦可由 Diver City 購物中心方向走空中走道過來，請翻閱本書 P122 台場親子景點與購物地圖。）

INFO

東京都港區台場 1-7-1 號　　03-3599-4700
購物區　11：00～21：00　**餐飲區**　11：00～23：00（部分餐廳營業時間會有不同）
- 有免費 Wi-Fi，目前僅限於 1、3、5 樓限制區域內，SSID：AquaCityOdaibaFree，連上後註冊 Email 就可連線，每日不限制連線次數，每次 30 分鐘。
- 3 樓綜合服務台提供免費嬰兒車租借。

好玩又好買！必逛玩具反斗城

台場海洋城 1 樓有很大間的玩具反斗城（Toysrus）與附設的寶寶反斗城（Babiesrus），若沒有安排去阿卡將或西松屋的話，在這邊也能買到許多日系嬰幼兒用品。玩具反斗城有許多讓孩子試玩的小區域，這是讓爸爸媽媽喘口氣的好地方，可輪流顧孩子分頭去挑選想買的東西。

另外，這裡的店內常有許多打折促銷商品，例如 TOMICA 小車、莉卡、小美樂等日系玩具，不時會有驚喜價，比東京許多適合帶孩子去的購物中心賣的便宜，當然東京仍有不少其他的便宜玩具店，但礙於店內空間小，帶著孩子買玩具不一定方便。

01

01 台場海洋城 1 樓有很大間的玩具反斗城（Toysrus）與附設的寶寶反斗城（Babiesrus），若沒去阿卡將或西松屋的人，這邊也能買到許多日系嬰幼兒用品。

02 玩具反斗城有許多讓孩子試玩的小區域，爸爸媽媽可輪流顧孩子分頭去挑選想買的東西。

03 這裡的店內常有許多打折促銷商品，想買玩具記得來逛逛！

04 芊芊在幫小美樂梳頭髮，完全沉浸在扮家家酒的小世界中。

02

03

04

NOTE

除了玩具反斗城之外，若在年底或是換季前到賣場內的 GAP 購物，常會有特價之外的優惠可拿，像我就抽到了半價的優惠券，而且不是原價打折，是特價之後再打折，超級好康的！

▼ 1 樓的大水族箱吸引了芊芊的目光，看了好久還捨不得離開呢！

鄰近景點順遊 —— 台場海濱公園＋自由女神像

相信日劇迷對台場一定不陌生，這個面對東京灣的綠地公園，是許多經典日劇裡男女主角約會時的背景，經典中的經典莫過於木村拓哉和松隆子演的戀愛世代，當中許多片段都有看到公園和彩虹大橋，除此之外，公園內還有一座自由女神，是 1998 年為了慶祝日本的法國年所設置的，與台場海洋城僅有一街之隔，台場海濱公園是逛街後可順路去的景點。

▲ 夜晚的台場海濱公園是拍照的好地點，打上燈光的自由女神像和彩虹大橋相呼應，還能看到對岸東京市區的燈光。

▲ 鏡頭拉近，有沒有看到彩虹大橋後方紅色的東京鐵塔？以及在海面上穿梭行駛的水上巴士，無不把東京的夜晚妝點得更動人。

搭上宇宙船展開海上冒險！

東京都觀光汽船（Tokyo Cruise）

- 搭船時間：1（無中停）～1.5（中停日出棧橋）小時
- 鄰近景點：台場、淺草雷門、晴空塔

俗稱東京水上巴士的東京都觀光汽船，主要是行駛在隅田川上的觀光用船，路線共有多條，芊爸最推薦從淺草到台場海濱公園的這一段，也可以從反方向台場海濱公園往淺草。

因為這兩個點都有電車站在旁邊，加上淺草和台場都是觀光勝地，搭船後還可接續觀光行程，無論從淺草或台場搭船，都可搭配芊爸推薦的百合海鷗號，和孩子完成一趟海陸冒險。這樣以海上不同觀點看東京，將會是您和孩子另一種遊玩東京的體驗！

▲ 登上東京觀光汽船，將能與孩子由海上不同的觀點看東京，樂趣大不同。

水上巴士＋陸上電車路線圖

01 水上巴士台場海濱公園登船處，可拍下即將搭乘的船和背後的彩虹大橋喔！
02 整個航程不中停大約 60 分鐘，通過隅田川上超過 15 座的橋樑，和孩子一起數經過的橋將會是另一番樂趣，此為由台場搭船第一個經過超壯觀的彩虹大橋。

交通方式

路線 1 → **淺草出發：**售票處及碼頭在隅田川及東武淺草車站旁，請參照 P109 淺草地圖。

路線 2 → **台場出發：**售票處及碼頭在台場海濱公園內，最近車站為百合海鷗線台場站或由台場各景點步行過去搭船，請參照 P122 台場地圖。

▲ 水上巴士淺草登船處可看到對岸朝日啤酒大樓的神之焰和東京晴空塔，從海上沿著隅田川看東京，領略大都市不同的美。

Play key Raiders
親子遊玩重點攻略

水上巴士有多艘不同種類的船航行，目前淺草往返台場的路線都是由 Himiko 和 Hotaluna 兩艘船運行，這兩艘船最特別的是船身由漫畫家松本零士親自繪圖設計，讓您可以搭上宇宙船，展開一場東京的海上冒險！

單程票價

- 大人（12 歲以上）¥1560、小學生 ¥930、1～5 歲 ¥300
- 1～5 歲限 1 個大人帶 1 個小孩，若 1 個大人帶 2 個以上 1～5 歲小孩，第 2 位之後以小學生計算票價。
- Hotaluna 上層的甲板，天氣許可才有開放。

01 船上放有松本零士大師親筆手繪的宇宙船手稿，是漫畫迷們來東京旅遊必搭的船！
02 登船前和輪機長拍照，輪機長和船長的差別是輪機長肩章有四條槓，船長則是四條槓一個圈，您有機會搭乘時，不妨和孩子一起看看在船頭迎接旅客上船的是船長或輪機長吧！

Himiko 號

Himiko 號是從 2004 年開始在淺草和台場之間運行，松本零士先生以淚滴為印象設計了這艘「讓孩子會想乘坐的船」，這也是為什麼芊爸強烈推薦要搭水上巴士的原因。在搭船的同時，船內會播放以松本先生成名作品「銀河鐵道 999」所設計的人物對白，搭船的過程就像是跟著漫畫主角來一場隅田川的宇宙航行一樣，完全融入漫畫劇情的感覺。

◎ Himiko 每日時刻表
（承載人數約 80 名）

淺草 - 台場	台場 - 淺草
10：10	12：20
13：25	14：20
15：25	16：15
17：20	

03 Himiko 號航行於隅田川上，流線型的外觀像極了開往宇宙探險的船。

04 Himiko 船艙內部空間，兩旁設有座椅和桌子，中間有個大大的走道，不只兩側連頭頂都是透明大窗戶，視野極佳，可帶食物上船吃，船上也有販售輕食。

05 Himiko 號裡面有星野鐵郎、梅德爾和 999 號列車長的人形立牌，身為漫畫迷的我一定要拉孩子們來拍一張合照。

06 中間的走道，變成孩子們的伸展台了！

Hotaluna 號

Hotaluna 號是最新的松本零士第二彈觀光汽船，並且是航行隅田川最大的一艘汽船，2012 年 6 月 28 號才開始航行，取自 2006 ～ 2007 年間連載 10 話的漫畫，以螢火蟲及月亮女神為發想設計，神祕夜晚閃耀的月光，如同隅田川上舞動發光的螢火蟲及月之女神，一同踏上全新的冒險征途！

其跟 Himiko 號最大的不同，除了噸位更大、載客數更多外，還有上層甲板，只要天氣狀況許可，遊客可上甲板看風景，兩艘船每日均往返淺草與台場 3 ～ 4 趟，部分班次會中停日出棧橋。

◎ Hotaluna 每日時刻表

（承載人數約 120 名）

淺草 - 台場	台場 - 淺草
10：00	14：25
13：15	16：25
15：15	18：40
17：30	

01

02

05

03

04

01 Hotaluna 號船身更大、視野更佳，上層甲板可供遊客上去看風景（若天氣許可），整艘船就有如進化版的 Himiko 號，準備迎接更偉大的冒險航程。

02 Hotaluna 船艙內部空間也很大，兩側設有沙發椅和餐桌，中間走道也有座椅，可讓更多遊客同時乘坐，明亮的內部以及可登上的甲板是其特點。

03 Hotaluna 上的空間更寬敞，孩子們伸展空間更多好開心。

04 透過大窗戶由海上欣賞東京風景，好有宇宙探險的味道。

05 這次可沒有忘記要跟辛苦的船長拍照了！

芊爸推薦！一日遊行程規劃

推薦可朝以下兩種方式來規劃一日遊行程，但在挑選台場推薦景點時，別忘了芊爸經驗談：請把握「不貪心」的原則，量力而排並保有彈性，才不會來匆匆去匆匆，大人小孩跟著累唷！

推薦 1

早上搭淺草水上巴士往台場
⇩
芊爸推薦台場景點任選一日遊
⇩
晚上搭百合海鷗列車回市區

推薦 2

早上搭百合海鷗列車進台場
⇩
芊爸推薦台場景點任選半日遊
⇩
搭下午的 Himiko 或 Hotaluna 往淺草
⇩
傍晚上晴空塔（晚上逛晴空塔商城）

06

07

08

09

10

06 水上巴士淺草登船處要走過長長的走廊，好像在迎接我們啟程，孩子們牽著手一起走，期待著這趟宇宙大冒險。

07 兩艘船都可透過大片透明窗戶看到開船的帥氣船長，讓人想起松本先生漫畫銀河鐵道 999 裡列車長即將啟程的英姿。

08 在船上邊搭船邊吃東西，是最悠閒由海路欣賞東京的方式了，完全不必走路花體力好輕鬆。

09 船上販售的冰淇淋 ¥300 和 TOMY 發行限定版的 Himiko 號 ¥950，別忘了買一台回家珍藏。

10 兩個女孩感情好好一起吃著牛奶冰淇淋，旅程中孩子們的一舉一動都是我最好的攝影題材，每一刻都那麼值得再三回味，這也是芊爸樂此不疲帶孩子出國旅遊的動力。

TRAVEL 東京篇

俯瞰 360 度東京美景！

東京晴空塔及購物商場

■ 遊玩時間：2 ～ 3 小時
■ 鄰近景點：墨田水族館、淺草寺、錦糸町（阿卡將）

東京的美，不只從陸地上欣賞，還能從天空中和海面上享受，現在就讓我們和孩子一起登上東京最高地標晴空塔吧！位在東京墨田區的晴空塔，就在貫穿市區的隅田川右岸及知名景點淺草以東，超高的尖塔幾乎在東京市區都能看到。帶孩子登上晴空塔，就能在 350 公尺或 450 公尺的觀景台，盡情俯瞰 360 度東京的美景，好像把東京縮小放在我們眼前一樣，親子一起環繞觀景台一圈，找尋從天空中發現的東京各大知名景點吧！

東京晴空塔有一個響亮的英文名字「Tokyo Skytree」，所以又叫天空樹。塔高 634 公尺，為世界第一高塔型建築，位在上野以東約 3 公里，由於其超高的建築，只要天氣晴朗、附近沒有高大的建築遮蔽物，都可見到晴空塔，甚至搭乘 N'EX 機場列車在進入東京車站前，於路面行駛時都可看到喔！

NOTE

晴空塔觀景台一共有 2 個，第一層在 350 公尺處（天望甲板），第二層則在 450 公尺處（天望迴廊），目前 2 個觀景台的門票都可在底層的售票窗口購買。售票窗口在商場的 4 樓處，並非在 1 樓，也可以上到 350 公尺處再決定要不要買 450 公尺天望迴廊的票。

01 進到晴空塔購物商場時，可選搭手扶梯或電梯到 4 樓購票。
02 在晴空塔上，可和孩子一起居高臨下觀看東京！
03 東京晴空塔每日傍晚都會點上美麗的燈光，點燈時間依照日落而有變動，通常都會在午夜 12 時熄燈。

01

02

03

東京都墨田區押上 1-1-2 號　03-5302-3470
8：00～22：00，全年無休。

350m 天望甲板

- 成人（18 歲以上）¥2060、青少年／國高中生（12～17 歲）¥1540、兒童／小學生（6～11 歲）¥930、幼兒（4～5 歲）¥620、未滿 4 歲免費。
  * 殘障人士憑證件享有半價優惠（陪同者也有半價）。

450m 天望迴廊

- 成人（18 歲以上）¥1030、青少年／國高中生（12～17 歲）¥820；兒童／小學生（6～11 歲）¥510；幼兒（4～5 歲）¥310；未滿 4 歲免費。
  * 殘障人士憑證件享有半價優惠（陪同者也有半價）。
  * 不可單買 450m 門票，一定要持有 350m 天望甲板門票，才可再上去 450m 天望迴廊。

- 2015 年 5 月 1 日開始，晴空塔全區提供免費公共無線網路「TOBU FREE Wi-Fi」，遊客可利用自己的通訊設備抓取訊號後，註冊電子郵件信箱，驗證成功就可免費使用。
  SSID：TOBU_Free_Wi-Fi
- 下載Japan Connected-free Wi-Fi的APP軟體，註冊該APP後，就能在TOBU和NTT Broad-bandPlatform所提供的Wi-Fi區域上網，這對外國旅客是很棒的免費網路資源喔！

羊爸經驗談

晴空塔快速入場券

由於晴空塔屬於熱門景點，遊客比較多，為了減少外國遊客排隊時間，特設快速售票櫃台，可用較高的價錢購買門票節省排隊浪費的時間，快速入場券僅分兩種年紀售票，並且要出示護照。快速入場券的票價貴了不少，適合不想等待的家庭，若有打算上去 450m，建議一次買好組合票，才能比上到 350m 再買來得划算（除 4～5 歲幼兒外）。

● 350m 單一樓

12歲以上¥3000、4～11歲¥1500、未滿4歲免費。

● 350m+450m 組合票

12歲以上¥4000、4～11歲¥2000；未滿4歲免費。

* 快速票無殘障人士優惠。

▲ 普通售票窗口在 4 樓大廳東側正門入口旁，快速櫃台則設在西側。

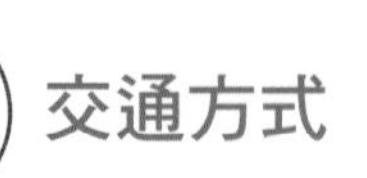

交通方式

路線1　路線2-1　路線4
路線2-2

往東京晴空塔交通路線圖

京成線直通運轉
（可往成田機場）
淺草
東武晴空塔（伊勢崎線）
（1站到晴空塔）
晴空塔站
押上站
東京水上巴士
吾妻橋
銀座線
往上野
（動物園）
（步行路線1km）
淺草線（2站到晴空塔）
東京晴空塔
往新橋
（可往羽田機場）
隅田川
半藏門線（1站到晴空塔）
錦糸町站
Arcakit百貨
（阿卡將本舖）
500公尺

路線 1 → 推薦 搭乘東武晴空塔線（伊勢崎線），於「東京晴空塔站」下車：

由東武晴空塔沿線各站，可由此線直達東京晴空塔站，特別是從淺草過來的人建議搭這條路線，因為東武淺草站站體在地面上，正門入口就有電梯可搭上車站，而且只搭一站就到晴空塔，非常快速（若於淺草選搭淺草線，則因車站在地面下，電梯相對不好找，去晴空塔的時間會拉長很多）。

東京晴空塔站月台在 2 樓，只有一個月台雙向行駛列車，有樓梯和電梯可下樓，不需特別研究車站平面圖，下樓後出站就到晴空塔底下的購物商場，可搭乘扶梯或電梯到 4 樓購票。

東武晴空塔車站出來後就是晴空塔購物商場，正對面第一間店為東京香蕉，必買伴手禮之一，其中豹紋香蕉蛋糕為晴空塔限定販售。

路線  **搭乘都營地下鐵淺草線或東京 Metro 半藏門線，於「押上站」下車：**

由成田機場和羽田機場方向過來的人，可利用淺草線交互直通抵達，成田機場搭乘京成本線 Sky Access 押上方向列車、羽田機場則搭乘往押上或成田機場方向的京急線電車、台場或迪士尼可透過其他路線電車於錦糸町換乘半藏門線，東京市區也可於新橋、澀谷、淺草等地換乘淺草線或半藏門線抵達押上。

路線 2-1：

淺草線抵達押上車站後會在 B1 層，找「B3 出口」方向閘口下 B2 層出站，閘口前可看到手扶梯和電梯上去晴空塔城。

路線 2-2：

半藏門線抵達押上車站後會在 B3 層，上 B2 層後一樣找「B3 出口」方向，出閘口就可看到手扶梯和電梯上去晴空塔城。

淺草線與半藏門線押上站電梯 INFO

兩路線月台均有電梯和手扶梯，出閘口後就有電梯和手扶梯上晴空塔城。

押上車站指標很清楚，很容易可找到 B3 出口。

路線 3 → **搭乘晴空塔接駁巴士，直達東京晴空塔城**

可由東京各地發車的「晴空塔接駁巴士」直達東京晴空塔城，路線依據遠近有不同票價，6 ～ 11 歲小學生半價。從羽田機場、東京迪士尼度假區、東京車站、上野、錦糸町、和光市都有巴士往晴空塔，但巴士無法像電車班次密集，選搭前需留意。

路線  → **由淺草步行前往約 1 公里（可欣賞沿途風景）**

如本篇所附的路線圖，由淺草過吾妻橋後可到，走路時間約 30 分鐘，晴空塔是很大的地標，完全不會迷路是優點，沿途可欣賞美麗的紅色吾妻橋和隅田川，還有朝日啤酒東京總部。不趕時間、腳力足夠的人，這也不失為漫步悠遊東京的好機會。

Play key Raiders 親子遊玩重點攻略

蓋晴空塔的目的主要是取代原有的東京鐵塔，作為新的無線電波發射站，而 Skytree 天空樹本身兼有遊憩及購物的功能，光是這個景點就可以停留半天以上！從觀景台下來之後，可到 5 樓的墨田水族館來一場水族之旅，或是於購物中心盡情採買，這裡商品琳琅滿目，可以買得很過癮。肚子餓了的話可以到商城內用餐，商城內的美食街非常大，中式、西式、日式料理自由選擇，芊爸之所以會推薦晴空塔，就是因為到這邊吃喝玩樂買都可滿足，孩子也不會無聊。

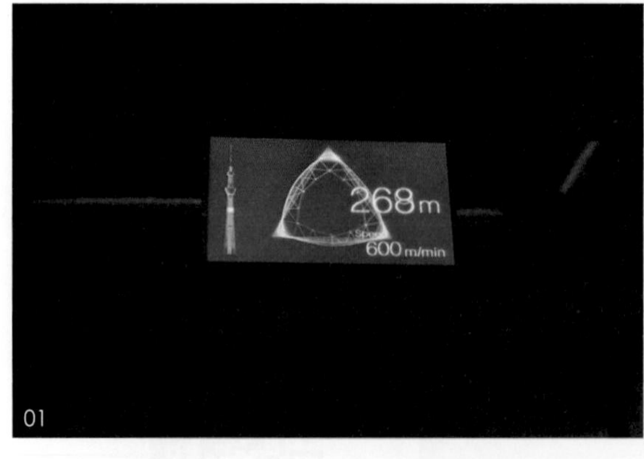

01 電梯每分鐘可上升 600 公尺，超快速！
02 從晴空塔瞭望台登高望遠，眺望東京市區風景。

逛晴空塔小祕訣：選擇日落前夕上塔！

為什麼要在日落前上去呢？因為可以同時飽覽日間、夜間、日落三種風景，**建議於出發前先查好當地日落預估時間，而當天行程不要排太緊湊，並於日落前 1 小時抵達**。若是人潮太多就買快速票，這樣上到觀景台還是白天、夕陽正準備西下的時刻，很快就能迎接日落和夜晚的美景，一張票就可以看到、拍到三種景緻，是不是很划算？

我喜歡在高處俯瞰大城市，和孩子一起的晴空塔之旅絕對值回票價，而且在高處也能看到許多奇特的現象。像這時正好是日落（下方照片 03），可以看到太陽在遠方落下，因此照片上方隅田川對岸淺草上野一帶仍是半明半暗的狀態，而我們所在的押上地區已是黑夜，這就是我選在夕陽西下之前上來的原因，光是這一刻的感動就可回味好久好久！

03

04

隅田川美景

底下這條貫穿東京市區的河川是隅田川，荒川的分支，沿岸流經東京最精華的地區，有許多連接兩岸的橋樑，因此隅田川又有「橋樑博物館」的美稱。從天空樹上俯瞰至少可看到隅田川 2/3 以上的橋樑。

05

06

03 在高處俯瞰大城市，和孩子一起的晴空塔之旅絕對值回票價！
04 登上晴空塔，孩子們將能俯瞰東京 360 度全景，不妨像我一樣和孩子一起發現認識東京的地標吧！
05 隅田川又有「橋樑博物館」的美稱，從天空樹上俯瞰至少可看到隅田川 2/3 以上的橋樑喔！
06 隅田川下游，眼尖的人應該可以看到遠方⋯⋯沒錯！就是東京鐵塔！

東京灣美景

從觀景台往東南方迪士尼方向看過去，可看到右上方出海口有個摩天輪，那裡是葛西臨海公園的大型摩天輪，貫穿的河流是東京都內最大河川荒川，出海口廣闊的海域都是東京灣的範圍。眼睛夠銳利的人，會發現旁邊就是東京迪士尼！葛西臨海公園佔地廣大，不但有水族館也有摩天輪，同樣也是親子旅遊不錯的目的地。

▲ 找找看，東京迪士尼在哪裡？

▲ 畫面上方，發亮的藍白色大橋就是暱稱「恐龍大橋」的京門大橋。

恐龍大橋美景

左邊這張圖的畫面上方，發亮的藍白色大橋就是暱稱「恐龍大橋」的京門大橋，這是為了抒解東京市區南方東京灣地區的車潮所建的大橋，若是從市區搭乘京葉線電車到迪士尼的朋友一定可以看到，是不是很有兩頭恐龍對峙的樣子呢？畫面左下，與晴空塔一站之隔的錦糸町則是另一個逛街的好選擇，親子必逛的阿卡將這邊有分店（翻閱本書 P158）！

鄰近景點順遊1 —— 墨田水族館

墨田水族館是2012年5月隨著東京晴空塔城一起開幕的，以水及其孕育的世界為主題共有8個展區，有東京灣沿海的各種海洋生物，還有模擬一千公里外小笠原群島的水域，更有各式水母、珊瑚礁、企鵝、海狗等，是與孩子近距離觀察水生動物的好機會。晴空塔觀景台下樓就可到，不失為另一個附加景點的好選擇。

■ 電話：03-5619-1821
■ 地址：東京都墨田區押上1-1-2號（5樓及6樓，出入口設在5樓）
■ 營業：9：00～21：00，全年無休。
■ 門票：成人：¥2050、高中生：¥1500、中小學生：¥1000、3～6歲：¥600、未滿3歲免費。

＊殘障人士憑證件享有半價優惠（陪同者也有半價）。

▲ 墨田水族館官方網站。

鄰近景點順遊2 —— 晴空塔購物商場Tokyo Solamachi

晴空塔底下的購物商場 Tokyo Solamachi（東京晴空街道），在這裡可以逛到迪士尼商店、三麗鷗 Hello Kitty、龍貓共和國宮崎駿動畫相關商品專賣店。當然各大衣服、名牌、日式保養品、藥妝、紀念品都能在這買到，3 樓有美食廣場，6 和 7 樓有許多餐廳，各樓層也可找到不少美食或甜品，可說是購物、用餐的好地方。

01 販售各式龍貓電影動畫商品的 Donguri Kyowakoku 龍貓共和國，是我小時候印象最深刻的動畫，和孩子一起逛，也勾起了我的無限回憶呀！

02 除了 1 樓東武晴空塔車站旁有東京香蕉專賣店，在商場 2 樓、4 樓的東武百貨內也有販售。

03 3 樓美食街好多東西可吃，鯛魚燒、燒賣、可樂餅、日式揚物都是我們愛吃的東西，晚餐就決定在這吃吧！

04 旬風是來東京必嚐的甜點蛋糕，室町半熟蜂蜜凹蛋糕更曾被選為東京十大必吃甜點，店鋪在商場 2 樓，不可錯過。

05 旬風冬季才推出的草莓蛋糕也是一絕，完全不甜膩的奶油蛋糕配上當季草莓，超好吃的，一定要吃吃看！

買嬰童用品的好去處！

錦糸町阿卡將本舖（Akachanhonpo）

■ 停留時間：2 小時

■ 鄰近景點：錦糸公園、東京晴空塔、上野動物園

到日本沒去阿卡將怎麼可以？帶小孩的我們就算什麼都不逛，也要去阿卡將逛！台灣人口中俗稱的「阿卡將」，是爸爸媽媽購買日系嬰幼兒用品的天堂。阿卡將是由日語 Akachan 直譯過來，原意是寶貝的意思，而 honpo 則是本舖，因此 Akachanhonpo 就被叫做「阿卡將本舖」。這是一間以大量、便宜、種類多、品項細為特色的嬰幼兒用品專賣店，近年來又配合日本退稅新制的實行，更成為了台灣父母大肆採購小孩用品的聖地。

▲ 阿卡將是爸爸媽媽採購嬰童用品的好地方。

INFO

東京都墨田區錦糸 2-2-1 號　03- 3829-5381

錦糸町阿卡將本舖（5 樓）　10：00～21：00

Arcakit 百貨公司　1F～9F 10：00～21：00

10F 餐廳 11：00～22：30

B1F LIFE 超市／SUN DRUG　9：00～22：00

*1 樓服務處，提供免費嬰兒車租借。

交通方式

路線1　路線2-1　路線2-2

錦糸町阿卡將出站路線圖

錦糸公園
出口3
出口5
樂天飯店
半藏門線錦糸町站
Arcakit百貨
(5F阿卡將本舖)
北口
JR錦糸町站
50公尺

路線  → **JR 總武線、中央線列車，於「錦糸町站」下車：**

JR 錦糸町站有兩個高架月台都是雙向行駛列車，到達後下樓由「北口」離開車站，往左邊就可看到阿卡將所在百貨公司 Arcakit，走約 50 公尺可到。

JR 錦糸町站電梯 INFO

兩月台均有一部電梯下樓，也有手扶梯可直接下到 1 樓車站內。

路線 2 → 東京 Metro 半藏門線，於「錦糸町站」下車：

東京 Metro 錦糸町站只有一個月台，列車於 B3 層雙向行駛，抵達後上 B1 層車站出閘口後右轉往「出口 3 ～ 5」的方向走。

路線 2-1 近：

適合無推車的家庭，可選擇「出口 3」上地面層，出去後左轉直走可看到 Arcakit 百貨，距離約 100 公尺。

路線 2-2：

有推車的家庭，走「出口 5」上地面層，會在樂天飯店內，出飯店右轉過馬路後立刻左轉再過馬路，直行可看到 Arcakit 百貨，距離約 150 公尺。

▶ 下車後指標明顯，抬頭看上面的標示可以輕鬆找到方向和電梯出車站。

半藏門線錦糸町站電梯 INFO

月台有一部電梯上 B1 層車站，出閘口後出口 1、4、5 有電梯。另外，全部出口都有手扶梯，但需注意手扶梯方向，可能會依上下班時間而有所調整。

◀ 從晴空塔所在的押上站搭半藏門線只要一站就到，非常快速，是結束晴空塔後不錯的順遊點。

◀ 無論搭哪一條路線到錦糸町，出站後都可很快的看見 Arcakit 百貨公司，阿卡將就在裡面了。

Play key Raiders

親子遊玩重點攻略

阿卡將總部設立在大阪，在日本各地均設有分店，於東京的店大多設立在百貨公司內，店內空間通常都很大，而錦糸町阿卡將本舖因為地處總武線、中央線和半藏門線交匯處，附近有飯店、購物中心和公園，食衣住行方便，所以許多人都會順道安排到錦糸町逛街購物。這裡可說是有小孩的我們必來的地方，沒來會捶心肝喔！

阿卡將在百貨公司 5 樓整層，這層樓沒有其他店，而樓上 7 樓也有一整層的大創 ¥100 商店，兩個都是超好逛超好買的地方。阿卡將店內童裝服飾一整排全部都是，許多價錢都在千元日幣內，是家長們補貨的好選擇。

通常在台灣要買到日系或日本製的嬰幼兒用品，都比在日本買貴好多，而且**日本阿卡將未稅價滿 ¥5000 就可退稅，並且設有退稅專門櫃台**，不必和其他日本人排隊結帳，更有尊榮感。錦糸町是羊爸推薦在東京市區內，購買嬰幼兒用品的好地點。

01 這裡可說是有小孩的家庭必來的地方，沒來會捶心肝喔！
02 未稅價滿 ¥5000 就可退稅，並且設有退稅專門櫃台。

推薦！阿卡將好物特搜

IFME 童鞋

日本品牌的幼兒鞋好走又耐穿，像是 IFME 就是很不錯的牌子，在阿卡將裡是一整排一大堆的販賣，光是同一款就有許多花色。

副食品

日本的副食品口味超級無敵多，很多媽媽是專門到日本採買副食品的，阿卡將都買得到。

日本製卡通周邊小物

很佩服日本人，舉凡餐盤、筷子、湯匙、OK 蹦、防蚊貼、牙刷牙膏、奶嘴、水杯水壺、圍兜兜、小毛巾……，幾乎想得到的東西都可以和卡通人物做結合，每個商品都超可愛的，讓人不帶回家都不行，重點是大部分還都是日本製的唷！

芊爸經驗談

尿布從台灣帶，不要在日本買

建議來日本玩，尿布從台灣帶來就好，因為日本尿布只有在便利商店或是比較小的嬰兒用品店才有賣小包裝，而且價錢普遍都是好幾倍貴。雖從台灣帶來較佔行李空間，但只要計算得宜，回去前剛好用完，多出來的行李箱空間正好可裝戰利品。

▲ 阿卡將的尿布是整箱販售。

兒童專屬軟墊遊戲區

錦糸町阿卡將店內空間大，爸爸媽媽帶著孩子，大包小包加推車依然可以穿梭自如，中央還有個兒童專屬軟墊小區塊，還不會走路的小寶寶正好可在墊子上爬一爬，以免一整天坐推車精力無處發洩；較大的孩子們，隨身攜帶的小玩具或小書在這裡正好派上用場，可以讓他們在這邊乖乖的玩。

建議這時爸爸或媽媽可以安排一個人照顧孩子，另一個人先去採購，如果孩子有玩伴，就算沒東西玩他們也能變出新花樣、有自己的玩法，大人就可以趁機去買東西囉！

NOTE

雖然有地方跑跳孩子就能玩很久，不過還是要有人顧著，以免干擾其他人。到阿卡將最有趣的地方還有一個，那就是走來走去會發現身旁正在討論的人都是講國語的，可見錦糸町阿卡將已經成為台灣爸爸媽媽必來的「景點」了！

▲ 孩子有玩伴，就算沒東西玩他們也能變出新花樣，玩得很開心。

TRAVEL 東京篇

大人小孩的夢想國度！

東京迪士尼度假區

■ 遊玩時間：依假期長短安排 1 ～ 3 天

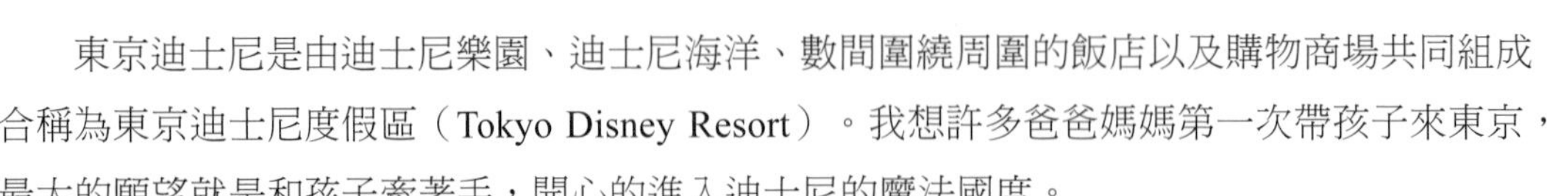

東京迪士尼是由迪士尼樂園、迪士尼海洋、數間圍繞周圍的飯店以及購物商場共同組成，合稱為東京迪士尼度假區（Tokyo Disney Resort）。我想許多爸爸媽媽第一次帶孩子來東京，最大的願望就是和孩子牽著手，開心的進入迪士尼的魔法國度。

東京迪士尼是美國之外第一個，同時也是亞洲第一座的迪士尼園區，小時候媽媽就帶我去過，還記得當時好興奮，因為裡面超級大可以玩好久，從那時就陪伴我長大的美好回憶，到現在我也帶著自己的孩子到迪士尼了！

INFO

- 千葉縣浦安市舞濱 1-1 號
- 045-330-5211

官網營業時間查詢

迪士尼樂園與海洋每日營業時間各有不同，請由 QR code 進官網營業時間表查詢。

維修保養日程

前往園區前可以先了解這一天有哪些設施保養不對外開放，非常重要喔！

迪士尼門票有多種，以下列出我們最常買的票券。

- **1 日護照**：全票（18 歲以上）¥7400、學生票（12 ～ 17 歲）¥6400、兒童票（4 ～ 11 歲）¥4800、未滿 4 歲免費。
- **敬老護照**：滿 65 歲以上 ¥6700。
- **2 日護照**：全票（18 歲以上）¥13200、學生票（12 ～ 17 歲）¥11600、兒童票（4 ～ 11 歲）¥8600、未滿 4 歲免費。
- **3 日護照**：全票（18 歲以上）¥17800、學生票（12 ～ 17 歲）¥15500、兒童票（4 ～ 11 歲）¥11500、未滿 4 歲免費。
- **4 日護照**：全票（18 歲以上）¥22400、學生票（12 ～ 17 歲）¥19400、兒童票（4 ～ 11 歲）¥14400、未滿 4 歲免費。

* 2 日以上護照必須連續天數使用，不可中斷用。
* 持有 1 日或 2 日護照，每日未入場前只得任選一座園區進入，中途可離場（必需蓋手章）但不可更換園區。
* 3 日以上護照從第 3 天開始，可以在迪士尼樂園和迪士尼海洋自由進出，不受限制。出發前已經買好的票，可於園區服務窗口補差價升等為連日護照，2 日、3 日或 4 日都可以（僅限當日離開園區前，離開後就不可以了）。
* 腳架、行李箱或有輪子的搬運工具，禁止帶入園內。

▲ 一起進入迪士尼的魔法國度吧！

NOTE

根據以往經驗，早上到迪士尼通常有許多遊客排隊買票，買完票還要再次排隊等待安檢進場，為了避免排隊浪費寶貴時間，建議可提早在台灣先買好票，各大旅行社均有販售票券，也可以到迪士尼官網購買電子票，用印表機印出即可，不用換票。

★官網購票網址（英文頁面，可刷卡）：https://reserve.tokyodisneyresort.jp/en/top/

交通方式（前往迪士尼度假區）

路線 1 → **JR 京葉線，於「舞濱站」下車：** 舞濱車站只有一個月台雙向行駛，抵達後下 1 樓車站，由「南口」出閘口就到東京迪士尼度假區，往右沿空中走道可到迪士尼樂園、往左可到迪士尼單軌電車「度假區總站」，搭乘電車往迪士尼海洋。

NOTE

若非必要請避免由東京車站轉乘京葉線往迪士尼，因東京車站很大，京葉線在獨立的地下月台轉車，轉乘走路時間較長。建議搭有樂町線或臨海線到「新木場站」，此站換乘只需上下樓移動，各月台及站內均有電梯或手扶梯，轉乘快速方便。

JR 京葉線舞濱站電梯 INFO

舞濱站月台有兩部電梯、兩部雙向手扶梯、兩部單向手扶梯可下樓，下樓後南口出站就是迪士尼度假區。

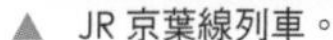

▲ JR 京葉線列車。

▲ 舞濱車站南口出站，就到迪士尼度假區了。

路線   搭巴士前往迪士尼度假區

機場、東京市區或橫濱有數個點發車前往迪士尼度假區，因為路線較多建議自行上官網查詢會較清楚。

★巴士交通查詢：

http://info.tokyodisneyresort.jp/tc/access/index.html

◀ 穿梭於度假區飯店間的巡遊接駁巴士。

交通方式（迪士尼度假園區內）

整個迪士尼度假區佔地廣大，園區有付費單軌列車供遊客搭乘，一共有4站「度假區總站」、「東京迪士尼樂園站」、「海濱站」、「東京迪士尼海洋站」不斷循環運行，每4～13分鐘一班車。

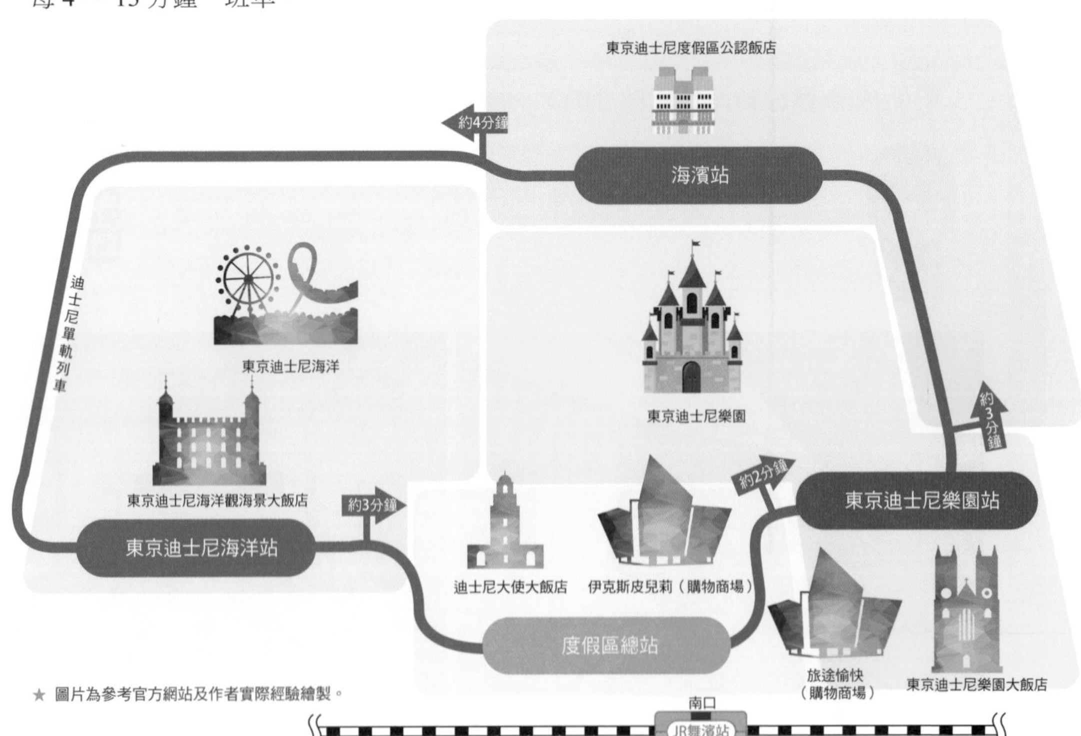

★ 圖片為參考官方網站及作者實際經驗繪製。

◎單軌列車票價說明

票種	價格	說明
單程票	全票（12 歲以上）¥260、半票（6～11 歲）¥130	不限搭乘站數價格均一，限當日使用一次。
回數券（11 張）	全票（12 歲以上）¥2600、 半票（6～11 歲）¥1300	購票日起 3 個月有效。
周遊券	▪ **1 日券**：全票（12 歲以上）¥650、 半票（6～11 歲）¥330 ▪ **2 日券**：全票（12 歲以上）¥800、 半票（6～11 歲）¥400 ▪ **3 日券**：全票（12 歲以上）¥1100、 半票（6～11 歲）¥550 · **4 日券**：全票（12 歲以上）¥1400、 半票（6～11 歲）¥700	購票當日起算，連續日數使用。

*6 歲以下免費，1 位大人最多帶 2 位。

01

02

03

04

01 單軌列車迪士尼樂園站與後面的迪士尼樂園大飯店。
02 單軌列車度假區總站內，常會有特別版的大娃娃或佈置供遊客拍照，我們去的時候是水手達菲。
03 迪士尼專屬列車內的手拉環、窗戶都有米奇圖案設計，上車後有即將開進夢幻世界的感覺。
04 建議坐車頭，因為視野非常好，跟著列車開進大人小孩期待的迪士尼園區吧！

東京迪士尼樂園（Tokyo Disneyland）

東京迪士尼樂園是迪士尼兩個園區的其中一個，也是 1983 年東京迪士尼落成後就有的遊樂園，至今 30 多年依然人氣不減。從我還是小孩時期就來過，到現在換成帶著 3 個女兒來，因為園區的設施、主題總是不斷的推陳出新，讓遊客想一來再來。雖然芊爸已經帶孩子來過 2 次，但還是會想繼續來第 3 次、第 4 次，這就是迪士尼樂園所散發的魅力呀！

許多書本都沒有介紹東京迪士尼該怎麼玩，芊爸將遊園心法整理於底下，讓讀者對園區有初步了解。因為迪士尼樂園範圍很大，一天很難玩得完，把握芊爸整理的遊園心法，依照孩子年紀大小做適當的調整與選擇，您將能帶著孩子更有系統的玩樂，別忘了捕捉孩子們開心愉快的照片喔！切記，還是那句話「不要貪心」，沒玩到的會是未來再訪的動力！

▲ 迪士尼樂園所散發的魅力，讓人想一來再來。

★遊園事前攻略重點

初次到迪士尼請避免記太多訊息，建議把握以下原則，其餘的進園後循著地圖指標即可。

- 入園後跟閘口工作人員索取園區中文地圖、TODAY 表演資訊，可一目瞭然今天所有演出時間。
- 來賓服務窗口在入園後左手邊，會寫著 Guest Relations，需要升級票券的請來這裡。
- 園內租借推車地點在入園後右手邊可看到，費用 ¥1000。
- 建議出發前先研究迪士尼樂園官方中文地圖，網址及 QR 碼如下。

★ 網址：http://www.tokyodisneyresort.jp/tc/tdr/about/pdf/TC_TDL_map.pdf

- 看過芊爸寫的這篇，定能胸有成竹了然於胸。

★遊樂設施事前攻略重點

建議事前看一下園內的遊樂設施有哪些，並注意有設身高限制的遊樂設施。

★迪士尼樂園遊樂設施一覽：http://www.tokyodisneyresort.jp/tc/attraction/lists/park:tdl

◎有設身高限制的遊樂設施

- **西部樂園巨雷山**：必須滿 102 公分、孕婦不宜。
- **動物天地飛濺山**：必須滿 90 公分及滿 3 歲、孕婦不宜。
- **卡通城艾芝迷你雲霄飛車**：必須滿 90 公分及滿 3 歲、孕婦不宜。
- **明日樂園星際旅行冒險續航**：必須滿 102 公分、孕婦不宜。
- **明日樂園太空山**：必須滿 102 公分、孕婦不宜。

* 除上述設施外，其餘無身高限制，但部分設施必須孩子能自行坐穩。

光是逛商店就是種樂趣

迪士尼的商店絕對會讓人失心瘋，不同主題區域販售各種不同的商品，而最靠近入口的世界市集兩邊全是商店，這邊販售全園區綜合商品，大部分想買的東西都可買得到。**東京迪士尼並未配合日本退稅新制，所以是沒辦法退稅的**，建議可於入園後大略走一下世界市集的商店，先了解有賣哪些東西後，到各區域玩樂時再順道看看各商店，有比較特殊款沒看過的就先買，其餘「請等到最後要離開前再去世界市集逛」，以免先買了要提大包小包的東西一整天。

01 世界市集是入園後的第一個主題區域，兩旁林立都是商店，先大致瀏覽過後，於離開樂園前再來採購即可。
02 迪士尼的每間商店各有不同主題，會有該區域的特殊風格，像卡通城內的商店就有如卡通版的商品工廠，似乎所有架上的東西都是由這邊所製造的。
03 給孩子一人挑一樣東西，她們就開心好久。

現場舞台表演，帶孩子最輕鬆的遊園方式

樂園內有多個舞台表演，芊爸覺得這是帶小小孩最好的遊園方式了，因小小孩可能受身高限制部分設施玩不到，且年紀小最不耐排隊。相對的，看表演只要坐在椅子上，就能和孩子一起看見迪士尼的明星們，迪士尼等級的演出非常專業，以往來台灣演出的迪士尼舞台劇，光是票價至少要千元台幣以上呢！在這裡可以連看好幾場，有的演出孩子還能下場互動，堪稱 CP 值最高的項目了。

美妮噢！美妮

長達 30 分鐘的露天舞台歌舞表演，載歌載舞中能看到米奇、米妮、唐老鴨、高飛、奇奇和蒂蒂，表演時孩子們完全目不轉睛盯著看。

超級跳跳跳

這絕對是小小孩最喜歡的節目了，因為這是一場「小孩限定進場」的表演，小朋友可以到舞台前方和迪士尼明星們一起唱唱跳跳，還可以和他們握手抱抱，讓芊爸好羨慕呀！

安娜與艾莎的冰雪夢幻

冰雪夢幻已連續兩年於冬季限定（1～3月）登場，活動以城堡當作舞台，邀請小朋友到前面近距離和花車上的公主艾莎與安娜跳舞，城堡前面聚集好多艾莎裝扮的小公主，太卡哇伊了。

迪士尼樂園餐廳秀，邊吃飯邊看秀的獨有體驗

玩樂園的方式有很多，第一次帶芊芊來時她只有 3 歲，所以我以看秀為主，特別在出發前預約了付費的餐廳秀，1 小時的節目精彩萬分，一邊吃著餐點一邊看台上米奇高飛的精彩舞蹈，非常享受。

迪士尼樂園目前有鑽石馬蹄餐廳、波里尼西亞草壇餐廳可預約看餐廳秀，這兩個餐廳各有兩種不同的秀可供選擇（午餐秀或晚餐秀，表演節目不同）。4 歲以下可不點餐，4 ～ 8 歲必須點兒童餐，鑽石馬蹄餐廳餐點價位介於 ¥2260 ～ ¥4940 間，波里尼西亞草壇餐廳餐點價位介於 ¥2680 ～ ¥4940 間，非酒精性的咖啡、紅茶、果汁、汽水可無限添加。

★ 迪士尼餐廳秀預約（日文網頁）：
http://www.tokyodisneyresort.jp/reservation/showres/index.html

01 在鑽石馬蹄餐廳用餐，圓形的餐廳就像在英國貴族家作客，有化身成皇家貴族的感覺。
02 餐點內容可選擇、餐桌位置前後也能選擇（越前面越貴）雖然餐點好吃度普通，但重點是可以現場近距離看到迪士尼明星和專業舞者。
03 席間舞者會下場和觀眾互動，瞧與我們同行的爸爸玩得超開心的，這一餐花得很值得。
04 一邊上菜一邊表演，近一小時的演出精彩萬分，與那些巡迴公演的迪士尼劇場有過之而無不及，額外花點錢得到的是和一般遊客更不一樣的迪士尼回憶。

日夜間都有的精彩遊行

到迪士尼樂園必看每日於城堡前廣場舉行的遊行，日間遊行「幸福在這裡」，只要在前排，都有機會和表演者互動握手。夜間遊行「東京迪士尼樂園電子大遊行～夢之光」，大量LED燈妝點的花車，五光十色的色彩點亮迪士尼之夜！2016年新增的「童話之夜」城堡投影，將中央城堡變成大螢幕，投射精華版濃縮的多個迪士尼經典動畫，這些都是一定要看的演出。

◀ 帶孩子來最大的好處莫過於此，大部分的舞者、公主和明星都會過來和小朋友互動，有的互相擊掌，有的來個愛的抱抱。瞧！白雪公主正和我家亭亭拉拉手哼著歌曲呢！

幸福在這裡

花車遊行是迪士尼的經典表演，「幸福在這裡」日間遊行，將能與孩子一起近距離看到平常在童話故事書或電視節目裡才看得到的人物，也難怪遊行時總是人潮滿滿沿著遊行路線席地而坐，欣賞這美的饗宴。

夢之光夜間遊行

由數以萬計的LED七彩燈泡點亮夜空的夢之光夜間遊行，是和日間遊行全然不同的氛圍，一台台絢麗豪華的花車從眼前開過去，小孩則是樂得不斷大喊她所認識的卡通人物。

童話之夜

2016年的夜間表演，園區正中央的大城堡變成大螢幕，藉由投影效果，遊客將可看到一段段迪士尼的動畫，除了聲光音樂外，還會有煙火及火焰等特效。

故事主題的遊樂設施，大人小孩都愛玩

樂園內的遊樂設施都有主題性，可依照孩子的喜好到喜歡的區域玩，小小孩最適合可愛無比的卡通城，女孩子可以到夢幻樂園，有機會遇到公主出現；男孩子就到明日樂園，巴斯光年、史迪奇、星際大戰、怪獸電力公司都在這。年紀較大的孩子可以挑戰巨雷山、飛濺山和太空山3大刺激的設施，無論任何年紀的孩子，都能和家長同樂。

01 芊芊：爸爸，我坐在愛麗絲的超大咖啡杯裡面了耶。
02 小小世界肯定是全年紀都能同樂的項目了，從我小時候就有的經典設施，乘著小船環遊世界，迪士尼所佈置的場景和精緻的人偶都讓人印象深刻。
03 永遠吸引小孩的城堡旋轉木馬，騎上去就如同和王子與公主馳騁，不小心一連玩了好幾次。

利用快速券，減少排隊的時間

針對園內熱門的遊戲項目，可以利用快速券機台拿取 FastPass，只要有快速券的設施，園內地圖都會有 FP 做標示，只要把票卡條碼或是電子票的 QR Code 伸進去機器內掃描，就可以拿到快速券，依照上面印出的時段回來，就可以走快速通道，減少排隊時間。由於這些項目很熱門，**快速券數量有限，建議鎖定想玩的項目，入園後就先去拿快速券**。

NOTE

每張門票、每個項目只能索取一張快速券，該設施進場時間後才可拿同項目的快速券。另外，索取一項快速券後，必須於票券上小字印出的時間後，才可索取另一項的快速券（通常在 2 小時內）。

02

01

03

01 熱門項目所發送的快速券都可在指定地點憑票領取，時段內回來玩即可。
02 怪獸電力公司是我家女兒特別愛的設施，當然也要來抽快速券滿足她們，近距離看到好多大眼怪和毛怪，女孩們超開心。
03 星際旅行：冒險續航是東京迪士尼樂園於 2013 年登場的遊樂項目，立刻登上發放快速券的熱門遊戲，利用快速券穿過長長人龍，雖然進場後還是要小排一下，但減少了 2/3 以上的排隊時間。

限定造型爆米花桶，人手必備一桶

我覺得迪士尼最值得收藏的紀念品就是爆米花桶了，日本人很厲害的總是不斷推出「限定」的商品，讓人不厭其煩一再收集，園內每個爆米花車販售的版本各有不同，價錢約在 ¥2000 ～ ¥2500 一桶、續杯價 ¥520。此外，各餐車或是餐廳還有販售「食物 + 餐具」的限定組合，單品價錢落在 ¥500 ～ ¥1000，價格不是很貴，不失為收藏迪士尼周邊商品的好選擇。

▲ 芊芊脖子上掛的堪稱 2016 年最受歡迎的一桶了，只要有賣 R2D2 爆米花的攤車前，一定是大排長龍，裝滿一桶的爆米花大約 500 克，比水壺還輕，沒有想像中重。

▲ 食物＋餐具的限定組合，質感都蠻不錯而且有限量，花小錢就可帶回家收藏。

東京迪士尼海洋（Tokyo DisneySea）

東京迪士尼海洋於 2001 年開幕，是東京迪士尼度假區的第二個樂園，整個園區以水為主題，不管在園內哪一個區域都可以看到水，是全世界第一個以海洋為概念去設計的迪士尼，也因此若您首次和孩子造訪東京迪士尼海洋，將會為這個迪士尼所創造的場景所驚艷，有一種到海洋王國冒險的新鮮感，是不同於東京迪士尼樂園的感覺。

▶ 「東京迪士尼海洋」是全世界第一個以海洋為概念去設計的迪士尼樂園。

★遊園事前攻略重點

同樣把握以下原則就好，其餘的進園後循著地圖指標即可。

- 搭乘迪士尼單軌列車於「東京迪士尼海洋站」下車。
- 入園後記得跟閘口工作人員索取園區中文地圖、TODAY 表演資訊，可一目瞭然今天所有演出時間。
- 來賓服務窗口在北口閘門旁有寫著 Guest Relations，需要升級票券的人請來這裡。
- 園內租借推車地點在入園後左手邊，費用 ¥1000。
- 請先去美國海濱拿最熱門的「玩具總動員瘋狂遊戲屋的 FP 快速券」，晚了就發完了喔！
- 建議出發前先研究迪士尼海洋官方中文地圖，網址及 QR 碼如下。

★ 網址：http://www.tokyodisneyresort.jp/tc/tdr/about/pdf/TC_TDS_map.pdf

- 閱讀過本篇迪士尼海洋文章，先在心裡有個初步的玩樂規劃。

★遊樂設施事前攻略重點

建議事前看一下園內的遊樂設施有哪些，並注意有設身高限制的遊樂設施。

★迪士尼樂園海洋設施一覽：http://www.tokyodisneyresort.jp/tc/attraction/lists/park:tds

◎有設身高限制的遊樂設施

- **美國海濱驚魂古塔**：必須滿 102 公分及滿 3 歲、孕婦不宜。
- **失落河三角洲印第安納瓊斯**：必須滿 117 公分、孕婦不宜。
- **失落河三角洲忿怒雙神**：必須滿 117 公分及滿 3 歲、孕婦不宜、限 195 公分以下。
- **美人魚礁湖小胖的飛魚雲霄飛車**：必須滿 90 公分及滿 3 歲。
- **神祕島地心探險之旅**：必須滿 117 公分、孕婦不宜。

* 除上述設施外，其餘無身高限制，但部分設施必須要孩子能自行坐穩。

大量以海為背景拍照吧

既然是以海洋為主題的樂園，水一定是少不了的元素，一進到園區第一個看到的是很歐風的建築以及超大的地中海港灣，深入走進園區您更能發現無處不被水包圍，每個地方都好適合拍風景照，不用環遊世界，就能把世界各國有名的海岸城市看一遍呢！東京迪士尼海洋除了玩設施看表演外，芊爸推薦帶著相機以各區域不同的海岸為背景，幫家人多拍一點漂亮的照片。

01 地中海港灣靠近火山這邊的城牆可爬上去，居高臨下俯瞰美麗的歐洲小鎮。
02 鱈魚岬以 20 世紀初期美國海岸城鎮風貌打造，讓人有瞬間移動到異國的錯覺。

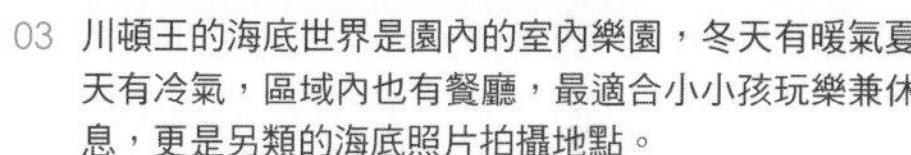
03 川頓王的海底世界是園內的室內樂園，冬天有暖氣夏天有冷氣，區域內也有餐廳，最適合小小孩玩樂兼休息，更是另類的海底照片拍攝地點。

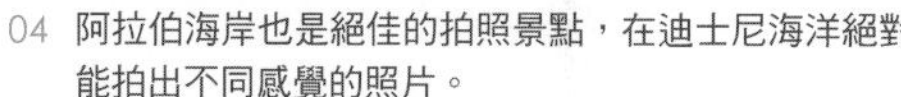
04 阿拉伯海岸也是絕佳的拍照景點，在迪士尼海洋絕對能拍出不同感覺的照片。

現場舞台表演更多了，看秀是第一選擇

迪士尼海洋園區內可看的現場舞台表演更多了，第一推薦美國海濱哥倫比亞郵輪前，戶外舞台的「開筵宴客」（演出至 2017.03.17 止），這是超過 20 人同時演出的舞台秀，登場人物超多，絕對能讓孩子們一飽眼福。

同樣在美國海濱百老匯音樂劇場裡上演的「動感大樂團」，也是數十人表演的大型舞台演出（此劇場內無法攝影），迪士尼專業的舞蹈加上震撼人的鼓聲及音樂，錯過可惜！另外，川頓王海底王國裡的「美人魚礁湖劇場」（此劇場內無法攝影），環形表演廳內不只舞台，連觀眾席和半空中都是表演場，看完秀後的感動深植心中，非常推薦！

05 室內劇場沒設快速券，建議演出前 15 ～ 20 分鐘於現場排隊，才會排到視野比較好的位子。
06 動員超多人員演出的「開筵宴客」，美式歡樂氣氛感染全場，孩子們不自覺隨著音樂聲擺動身體。
07 和孩子一起看表演，是最簡單、最直接能和迪士尼明星們接觸的好機會。

午餐選擇鱈魚岬錦標美食，花小錢看達菲秀

迪士尼樂園有預約制餐廳秀，來到迪士尼海洋，芊爸很推薦看「摯友達菲」。同樣是餐廳秀的性質，但花的錢少很多更不用預約，只需現場排隊點餐，就可進餐廳看表演，不一定要點套餐，點個最便宜的牛奶 ¥190 或是薯條 ¥220 也能進場呢！

摯友達菲一共有兩段演出，每段約 10 分鐘，中間休息 5 分鐘，點餐後約有 45 分鐘可用餐（會發時間牌）。芊爸當時就很幸運的被安排到第一排，最近距離看到達菲和他的好友們，超開心的！

NOTE

鱈魚岬錦標美食分為左右兩邊排隊點餐，右邊隊伍排隊點餐才可進場看表演，左邊則是點餐不看秀的隊伍。

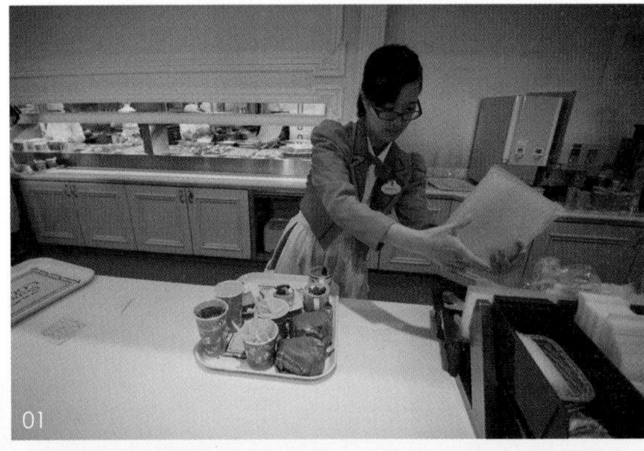

01

02

03

04

01 排隊向服務生點餐，之後拿著餐盤領取時間牌，由場內工作人員帶領入座。

02 劇場內人潮滿滿，都是來看摯友達菲秀的，我們很幸運的被安排在舞台前第一排餐桌。

03 演出有兩段，其中一段有雪莉玫登場，情侶倆在台上好甜蜜呀！

04 另一段則是達菲和好友們分享他的海洋航行中所經歷的故事，兩段都好好看，非常推薦。

地中海港灣日夜間的大型演出

園區最大地中海港灣每天日夜都有大型演出，其中日間演出主題不定時會更新，讓每次去都有不同的期待，例如 2012 年我們在萬聖節去，就看到了萬聖版的特別表演，而目前最新的是歡慶海洋 15 週年的慶典「幸福在這裡」（演出至 2017.03.17），而夜晚則是「Fantasmic！」登場，由海中升起的 LED 超大米奇魔法帽是最大亮點，看魔法師米奇如何勇退惡龍吧！

05 雖然沒有遊行，但地中海港灣前有大型演出，其中日間表演會看到許多迪士尼明星和朋友們搭著船出場，孩子們看到無不興奮的揮手大叫。

06 特別節日可能有特別的演出，像我在萬聖節就看到了變裝版本的表演，超特別的。

07 Fantasmic！會從海底升起來超大魔法帽，結合水舞、雷射和煙火，帶來20分鐘捨不得眨眼的精彩故事。

收集限定達菲周邊商品

迪士尼海洋最讓迪士尼迷們陷入瘋狂的，莫過於只有海洋「限定販賣」的達菲、雪莉玫（達菲女朋友）、畫家貓小東尼（2014 年新登場的達菲好朋友）了。這些原創於東京迪士尼海洋的角色，每年特別吸引了一大群女性遊客入園，配合季節和節日慶典，還會推出特別版周邊商品。每次到迪士尼海洋，只要有販售達菲的商店一定是人潮滿滿，雖然芊爸沒如此瘋狂，但還是會買個一、兩樣商品當作紀念。

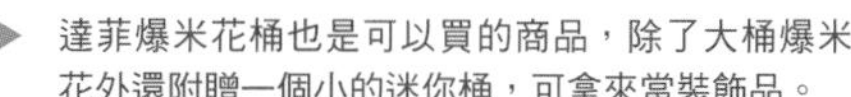

▶ 達菲爆米花桶也是可以買的商品，除了大桶爆米花外還附贈一個小的迷你桶，可拿來當裝飾品。

01 牆上掛滿達菲娃娃，而且是限定版本的，讓人想不帶回家都不行。
02 2016 年情人節推出的點餐送餐具的活動，搭配的蛋糕、奶酪和甜點單品都在千元日幣內，這類活動不同季節來，會有不同限定商品，必買！

利用快速券玩熱門遊樂項目

同樣在迪士尼海洋熱門的遊樂設施都設有快速券，其中美國海濱內的「玩具總動員瘋狂遊戲屋」，這個單項的快速券最熱門，人潮多的時候通常開園的 2 小時內，當天的快速券就被搶光了，記得要先去拿這張快速券。

另外，阿拉伯海岸的「神燈劇場」、川頓王海底世界的「美人魚礁湖劇場」也設有快速券，有效利用快速券將能省下許多排隊時間，把這些時間拿去安排其他遊程唷！

NOTE

每張門票、每個項目只能索取一張快速券，該設施進場時間後才可拿同項目的快速券。另外，索取一項快速券後，必須於票券上小字印出的時間後，才可索取另一項的快速券（通常在 2 小時內）。

03 「玩具總動員瘋狂遊戲屋」是海洋園區內快速券最快索取完的項目，一定要趁早來拿。
04 有了快速券就不用像左邊大排長龍等入場了，於快速券上列出的區間內回來就可進場。

05 像這樣把票卡或是電子票的 QR Code 伸進去機器內感應，快速券就會跑出來了。
06 非常輕鬆拿到快速券了，請保留好並於時段內交給通關口工作人員即可。

和迪士尼明星不期而遇

走在海洋風情的園區內，常常不經意就遇見迪士尼的明星們，不是只有官方地圖公布的明星迎賓會地點才會看到喔！我就曾在川頓王的海底世界、美國海濱鱈魚岬、發現港，分別看到兩次迪士尼明星，孩子發現的當下超興奮大叫，就連爸爸我都能感受這驚喜，趕緊帶著相機衝過去和大明星們合照。非官方公佈的點所出現的迪士尼明星，往往不需要排隊很久就能拍到照片，超幸運的！

07 川頓王的海底世界巧遇穿著浮潛裝備的布魯托，本來睡眼惺忪的芊芊頓時精神大振。
08 發現港外令人害羞的一幕，超能先生和太太正在 KISS，趕快拍起來！
09 鱈魚岬看完達菲秀後立刻遇到正在閒逛的兔子桑普，3 個小女孩又驚又喜的一擁而上，開心極了。
10 還有熱情粉絲遞上準備好的簽名簿讓大明星們簽名，其實每個迪士尼明星都身懷絕技，只要備妥紙筆他們都很樂意留下簽名。

芊爸經驗談

依照孩子年紀及喜好，主題性安排遊園方式

東京迪士尼海洋主題不同，樂趣當然不同，帶孩子到迪士尼的初衷就是希望他們玩得盡興，從第一次帶著孩子踏進迪士尼到現在，芊爸沒有一次為了趕著玩遊樂設施而去，而是事先擬定好這一次的「玩樂目標」。您也可以依照孩子的年紀及不同喜好，針對芊爸所提及的方式有主題性的玩，無論是迪士尼樂園或是迪士尼海洋，都值得帶孩子一來再來，孩子每個不同階段來玩，帶回家的都會是不一樣的美好回憶唷！

逛完迪士尼度假區，購物景點順遊

旅途愉快（Bon Voyage）

這是日本國內最大間的迪士尼商店，位在 JR 舞濱車站南口右前方，是不用進到園區內就能買到迪士尼商品的好地方，若是在離開樂園後忘了親友的伴手禮，也可就近在此購買。雖然品項沒有樂園內齊全，但部分商品會有出清價或特別折扣出現喔！

7：30～23：00（隨園區營運時間略有調整）

01 這裡是日本國內最大間的迪士尼商店。
02 芊芊：爸爸，我要買這個！

01

02

伊克斯皮兒莉（Ikspiari）

JR 舞濱車站南口左前方迪士尼單軌列車總站旁，有一個大型購物商場「伊克斯皮兒莉」，在這裡外國遊客可憑護照於服務台領取折扣卡，於大部分店家消費能享有額外折扣，並且大部分的商店都能再退稅。

另外，1 樓有超市和美食街，價錢比園區內便宜很多，是遊園後或是住迪士尼周邊飯店的人，用餐採買的最佳地方。

10：00～23：00（各店略有差異）

03 「伊克斯皮兒莉」位於迪士尼單軌電車總站旁。
04 2 樓歐式大廣場，許多遊客在此休息。
05 2 樓的迪士尼商店販賣許多過季商品，大部分都是半額（5 折），是撿便宜的好所在。
06 1 樓的伊克斯皮兒莉廚房有很多平價的美食，千元日幣內即可飽餐一頓，比園區內便宜。
07 美食街內有一區專門保留給小朋友，內有小桌椅和播放迪士尼卡通的電視。

TRAVEL 東京篇

小孩在此跑跳也安心！

汐留空中與地下散步路

■ 遊玩時間：1～2小時

■ 鄰近景點：Caretta 汐留、宮崎駿大時計、汐留地下街、銀座、築地市場

汐留在銀座以南，是大城市中難得觀光客較少的地方，這邊多半是商業大樓，有許多上班族，但上班時間過後人潮就不多了，而且從汐留到新橋設有空中連通走廊和地下步道，不必走在有車子行駛馬路旁的人行道，就算孩子跑跳都很安全。

汐留北邊連接銀座唐吉軻德的直通空中走道已經完工了，而且設有電梯搭乘，已經不必像我 2012 年去時，還要搬推車上下天橋。東京是個持續進步的城市，這幾年來的更新都看得見，對於親子旅遊（特別是有推車的家庭），可說是越來越方便了。

▲ 於汐留空中走廊上拍下，行駛在高架鐵路上的海鷗號和背後汐留的高樓，以及即將變黑的微藍天空，共同交織出美麗的夜景。

交通方式

路線 1 → **百合海鷗線，於「汐留站」下車：**

百合海鷗線汐留站月台在 3 樓，抵達後下 2 樓出站，出站後不必再下樓可直通汐留空中走廊，右手邊往汐留，左手邊往新橋方向。

百合海鷗線汐留站電梯 INFO

月台有電梯下 2 樓車站，出站後兩邊都有電梯可下地面層或地下層至大江戶線。

路線 ② → 都營地下鐵大江戶線，於「汐留站」下車：

大江戶線汐留站月台只有一個，列車在 B3 層雙向行駛，抵達後上 B2 層車站出閘口，依指標由各出口離開可到汐留地下街道。

大江戶線汐留站電梯 INFO

B3 月台有電梯上樓，出站後各方向出口亦有電梯上樓。

汐留空中走廊與地下街道範圍圖

★ 桃紅色區域為地下街道範圍
★ 黃色螢光為空中行人步道範圍

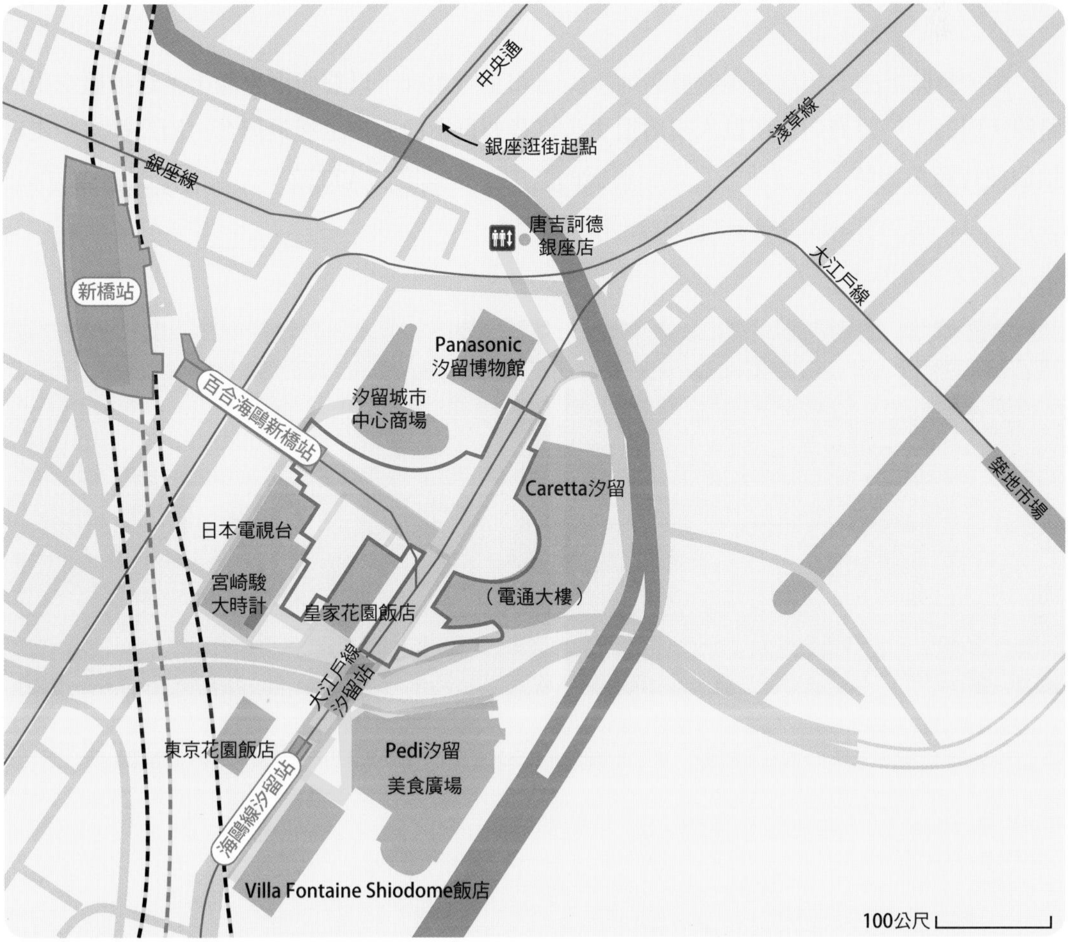

中央通
銀座逛街起點
淺草線
銀座線
唐吉訶德
銀座店
大江戶線
新橋站
Panasonic
汐留博物館
汐留城市
中心商場
百合海鷗新橋站
Caretta汐留
築地市場
日本電視台
宮崎駿
大時計
皇家花園飯店
（電通大樓）
大江戶線
汐留站
東京花園飯店
Pedi汐留
美食廣場
海鷗線汐留站
Villa Fontaine Shiodome飯店
100公尺

Play key Raiders

親子遊玩重點攻略

2012 年我帶孩子遊東京時便選擇住在汐留，因為這裡食衣住行樣樣都便利，住了 9 天 8 夜下來，我發現汐留的生活步調較悠閒，除了每天趕著上班的上班族，其他人似乎腳步沒有那麼急促，特別適合我們這種帶著小小孩的家庭。

從汐留一直到新橋有空中走廊連通，地面下還有連結起來的地下街道，孩子們可以很自由的在上面走動，完全沒有帶孩子走馬路邊的提心吊膽，汐留散步路真的是很棒呢！

▲ 連通到新橋端的空中走廊又大又寬，家長們可不必擔心車多的危險，孩子也能快樂的漫步，步伐不自覺都輕快了起來。

由海鷗號上拍的照片可同時看到地下街道和空中走廊，**以悠閒度來說，芊爸推薦空中的路線，因為兩旁沒商店，所以人真的很少，沒有要逛街的人走這裡最適合，因為從空中走廊拍的照片超美的唷！**汐留站一直走到新橋的空中步道長度約 400 公尺，往北走到銀座約 600 公尺，可利用空中走廊很快速的到達這兩個地方。

01 芊爸推薦空中的路線，因為兩旁沒商店，散步起來很悠閒。
02 空中走廊走到海鷗線新橋車站時往北看過去，銀座逛街起點中央通就在那了，利用週末步行者天國實施時到銀座逛街吧！

汐留地下街

住在汐留就算不安排行程也能有事做，出飯店往地下街走就行了！汐留到新橋兩旁都是高樓大廈，地下街有不少商店，行程玩累了想臨時放空一天絕對 OK，這麼近的點還是能滿足購物的需要。

宮崎駿大時計

汐留日本電視台 2 樓牆外掛著的大時鐘，是由宮崎駿親自設計，大時計其實不只是時鐘而已，而是由兩個家族組成的，左邊是「鐘一族」負責音樂，右邊是「鍛冶屋一族」負責動力。兩個家族各司其職，為大時計提供動力和音樂，整個宮崎駿大時計一如宮崎駿的動畫風格，給人神祕又充滿想像的感覺，而大時鐘也是有表演時間的喔！

NOTE

每日表演時間：

12：00、15：00、18：00、20：00，週六增加 10：00，表演長度為 3 分 40 秒。注意！表演時間並非整點開始，每次表演在整點前 2 分 45 秒就會開始，千萬別記錯時間了唷！

03 出飯店往地下街走，絕對也能滿足購物需要。
04 宮崎駿親自設計的大時計。
05 利用空中走廊到達，別忘了站在大時計前拍張照喔！

海龜汐留廣場（Caretta Shiodome）

海龜汐留廣場是一個以美食為主的商場地下街，為什麼我這麼推薦汐留？就是因為它在電車站附近、飯店住得舒服、有可購物的地下街，加上又有美食餐廳選擇很多的海龜汐留廣場，甚至還能由此搭電梯直達 46 樓看免費夜景……這裡可說是食衣住行需求全部滿足，我認為汐留本身就是個親子友善的小城市了。

一般店家　10：00～20：00
餐廳　11：00～23：00
（實際營業時間各店略有差異。）

NOTE

由 B2 進入 Caretta 汐留，這一整層樓幾乎都是美食餐廳，選擇多元，每餐都可嘗試不同口味。例如 B2 進入第一間店是我們熟知的丸龜製麵，以日本物價來說丸龜的東西算很便宜，很推薦來丸龜用餐。

冷冷的天，來一碗熱呼呼的咖哩烏龍麵超讚的呀！

01　住汐留，吃喝都在這，不管哪次來孩子們都好開心。
02　Caretta 汐留廣場很大，飽餐後孩子順便在這邊跑一跑發洩精力，累了就席地而坐，孩子們所想要的快樂旅行莫過於此了。
03　來 Caretta 汐留還有一件必做的事，那就是搭電梯直達 46 樓看免費夜景。

04 雖然免費的夜景只能看到東邊往築地、豐洲和台場的方向，但也夠我們滿足了，看到台場彩虹大橋了嗎？
05 46、47 樓是高級餐廳區，若您的預算比較高，可選擇其中一間進去用餐，享受更棒角度的東京夜景。

驚安殿堂・唐吉訶德

汐留空中走道的最北邊已經延伸到驚安殿堂・唐吉訶德銀座店了，還記得 2012 年來的時候，我搬推車搬得好辛苦呀，現在可以由空中走道從汐留推推車一直走去銀座，然後再搭電梯下去了，超讚的！

唐吉訶德是一間綜合類型的商店，食物、飲料、藥妝甚至電器都看得到，商品繁多、店內走道空間稍小，但是可以滿額退稅，並且不時還會在粉絲頁或官網發送外國人滿額折價券。滿額除了退稅＋折價外，還能獲得店家準備的禮物，更棒的是 24 小時營業，隨時都可來（當場吃掉、喝掉、用掉的東西無法退稅）。

06 唐吉訶德是一間綜合類型的商店。
07 我們開心採購，買到小孩都睡著啦！

整條馬路都是孩子的伸展台！

銀座步行者天國

■ 停留時間：4～6小時
■ 推薦店家：博品館、UNIQLO旗艦店、木村家麵包、GAP旗艦店、松本清、不二家甜品

芊爸帶著家人孩子旅行，總是會盡量避開擁擠的地區，一來推車不好走，二來孩子沒地方伸展，來到東京這寸土寸金之都，能夠擁有一整條馬路的路權，這是何等奢侈的事？「步行者天國」實現了我的夢想，而且是在有如台北信義區的東京銀座，說什麼也要帶著芊芊來銀座正大光明的「在馬路上跑跳」。

銀座中央通的路大，小朋友走起來安全，讓人有置身台場地大舒適逛街的感受，銀座步行者天國實施路線長達1公里，同時滿足逛街並帶小孩跑跳的願望。

▲ 銀座步行者天國，同時滿足逛街並帶小孩跑跳的願望。

INFO

步行者天國實施範圍：
僅於中央通上，由八丁目到四丁目（晴海通），跨過晴海通後再到銀座通。
注意！四丁目晴海通並沒有實施步行者天國，過馬路後才再有步行者天國。

步行者天國實施時間：
- 每週六、週日及國定假日
- 4～9月：12：00～18：00
- 10～3月：12：00～17：00

交通方式

銀座是東京很精華的區域，光是銀座的中央通四周 500 公尺內，就有 5 個以上的電車站，不過讀者不用擔心，其實南邊汐留與新橋彼此互相連通，中間日比谷、銀座、東銀座同屬日比谷線，北邊的有樂町和銀座一丁目同屬有樂町線，因此可把這 7 站濃縮成南邊的「新橋」、中間的「銀座」和北邊「銀座一丁目」3 站，無論從東京哪個方向過來，只要搭車到這 3 站下車即可。

銀座周邊車站與週末步行者天國實施區域圖

新橋出站步行路線
步行者天國實施範圍

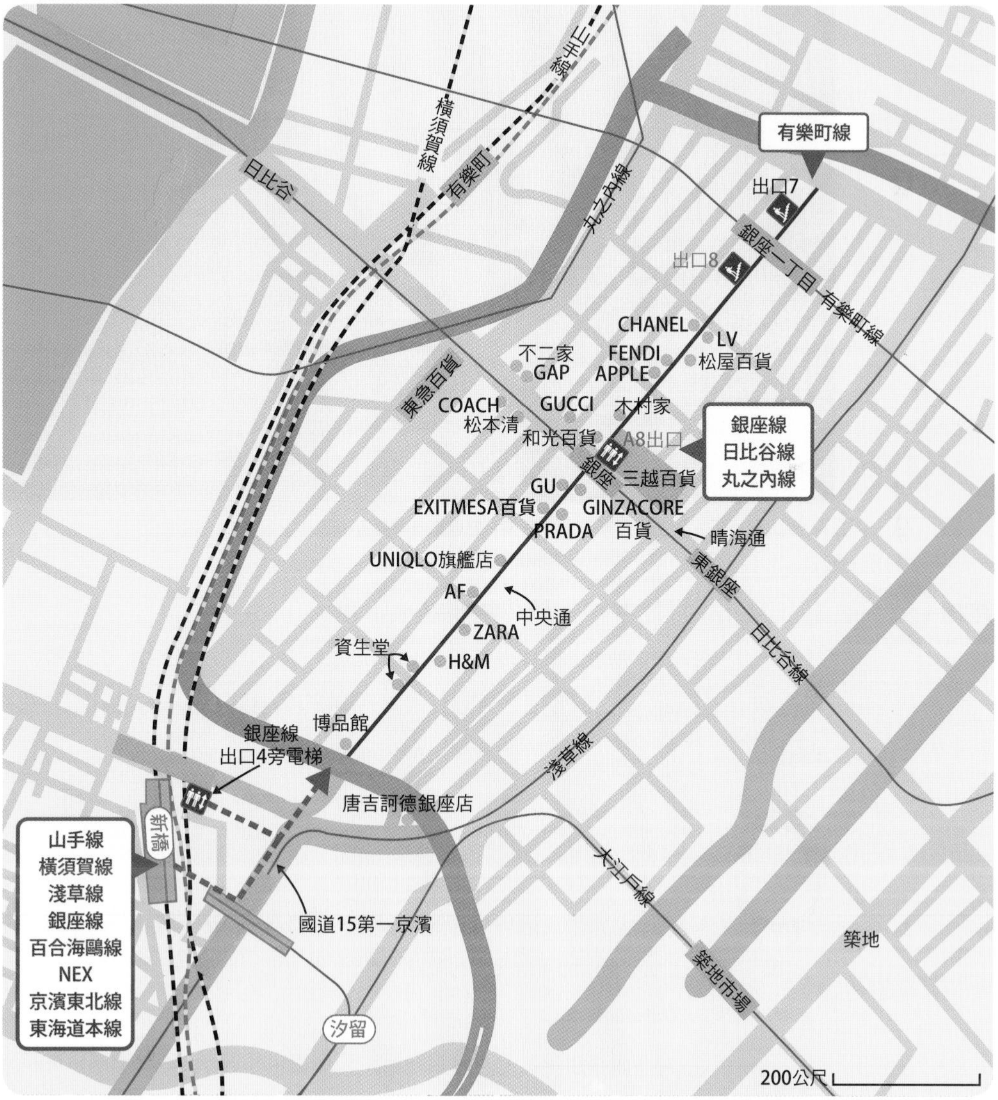

山手線
橫須賀線
有樂町
日比谷
丸之內線
有樂町線
出口7
出口8
銀座一丁目
有樂町線
東急百貨
CHANEL
LV
不二家
GAP
FENDI
APPLE
松屋百貨
COACH
松本清
GUCCI
和光百貨
木村家
A8出口
銀座線
日比谷線
丸之內線
銀座
三越百貨
GU
EXITMESA百貨
GINZACORE
PRADA
百貨
晴海通
東銀座
日比谷線
UNIQLO旗艦店
AF
中央通
ZARA
資生堂
H&M
博品館
銀座線
出口4旁電梯
唐吉訶德銀座店
新橋
淺草線
大江戶線
山手線
橫須賀線
淺草線
銀座線
百合海鷗線
NEX
京濱東北線
東海道本線
國道15第一京濱
築地
築地市場
汐留
200公尺

路線 1 → JR 各線列車、都營淺草線、東京 Metro 銀座線、百合海鷗線，於各自的「新橋站」下車：

出站方式及電梯 INFO 於本書百合海鷗號列車介紹過，請參考 P116，在新橋站出站後於「國道 15 號第一京濱」往北走即可到中央通。

NOTE

第一京濱為與海鷗線新橋站垂直交會的道路，往北直通中央通。

▲ 海鷗線新橋站下的國道 15 號第一京濱，北通銀座中央通。

→ 東京 Metro 日比谷線，於「銀座站」下車：

銀座站內同時有銀座線、日比谷線和丸之內線停靠，各線均為單一月台雙向行駛，上樓出站後請往「A 出口」方向的各出口走，這些出口都在中央通附近。

NOTE

1. 銀座站在中央通與晴海通交叉口，剛好在逛街路線正中間，搭乘銀座線不想走回頭路的人可於新橋站下車，就可從銀座八丁目與中央通起點開始逛。
2. 丸之內線銀座站的月台離銀座中央通出口非常遠，建議避開這條路線。

東京 Metro 銀座站電梯 INFO

銀座站各月台都有電梯上樓，出站後 A、B、C 方向出口均能找到上地面層的電梯，其中「A8 出口」電梯搭上樓就是中央通了，注意，A 出口方向除了 A8 外，其他出口皆為樓梯（無手扶梯）。

▲ A8 出口出來的樣子，電梯在旁邊三越百貨內。

路線 3 → 東京 Metro 有樂町線，於「銀座一丁目站」下車：

銀座一丁目 B3 層、B4 層各有一個月台單向行駛列車，抵達後上 B2 層出站，請走「出口 7 或 8」（僅樓梯無手扶梯）上樓就在中央通上了。

東京 Metro 銀座一丁目站電梯 INFO

B3、B4 月台均有一部電梯可上 B2 層車站，可惜出站後無電梯可上地面。另外，出口 5、6 方向有電梯，但僅能由 B2 層搭到 B1 層。

Play key Raiders

親子遊玩重點攻略

01

帶小孩當然也有逛街的權利！所以芊爸選在週末步行者天國有實施的時間帶孩子到銀座，基本上這時段到銀座是種享受，不必刻意一定要買到什麼，有機會大搖大擺的跟孩子一起走在東京最貴地段的馬路上，只有爽字可以形容。這時孩子沒有拘束整條馬路自在遊走，爸爸媽媽趁機輪流逛兩旁的商店囉！

另外，銀座雖然有很多百貨公司，但基本上芊爸並沒有很推薦，因為想逛百貨的話，有許多空間更大更適合帶孩子的選擇，像是台場。我覺得**來銀座可把目標放在特色店家，例如玩具專賣的博品館、UNIQLO 十多層的旗艦店、GAP 旗艦店、以及吃吃美食**。東西買不買倒是其次，重要的是和孩子一起體驗日本人的步行者天國，這絕對是很難得的日本逛街經驗，底下芊爸推薦了幾個店家供讀者參考（推薦店家在銀座地圖上都有標出）。

02

03

04

05

06

01 步行者天國實施後，機動車輛全部不可開進去，腳踏車也必須下車用牽的，對行人是完全友善的行走空間。
02 帶小孩也有逛街的權利，實施「步行者天國」後，孩子也能安全走在大馬路上了。
03 直接走在大馬路上不但孩子覺得新奇，我也不斷的拍照，銀座步行者天國一定要帶孩子來感受。
04 太酷了，行人最大！可以直接坐在馬路正中央的椅子休息喔！
05 晴海通並沒有實施交管，過馬路後才再度有車輛交通管制。
06 中央通從八丁目一直到最北的銀座通，長達 1 公里的步行者天國，是給帶孩子的各位家長，逛街購物順便遛小孩的最好選擇。

博品館（Hakuhinkan Toy Park）

1899 年開業的博品館，至今已經一百多年歷史了，是銀座最大間的玩具專賣店，地下 1 樓到 4 樓，一共有 5 層在賣玩具，地點就在銀座八丁目與中央通交叉口，是由南邊進入銀座第一間看到的店，也是小孩會「逗留」很久的一家店。銀座的商店普遍在 11 點後營業，建議可在這時先進博品館逛，等到中午出來後已經實施交通管制，就能悠閒走在大馬路上了。

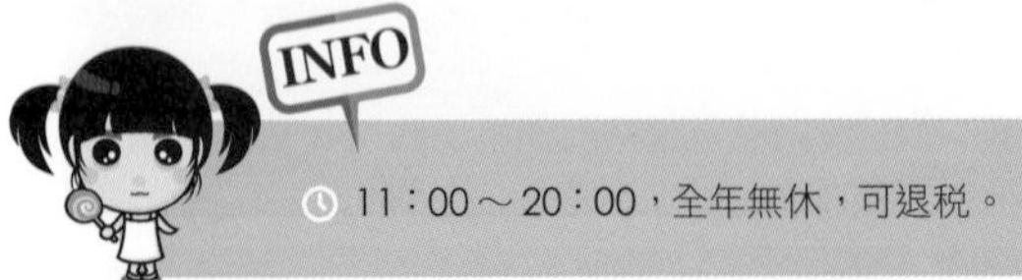

11：00～20：00，全年無休，可退稅。

NOTE

博品館內玩具售價並不一定有便宜，請自行比價後再購買。

01 由新橋車站走到銀座八丁目，第一個看到的，就是左邊的博品館了。

02 遊戲區有好多款娃娃可以玩，女孩們當場扮起家家酒來了。

03 博品館內玩具各區域區分清楚，各品牌也有區隔開，很容易找到想買的牌子。

04 這裡好多卡通動畫周邊商品，日本的娃娃都做得好精緻、好吸引人。

05 4 樓有個很大的軌道車賽車場，每次 ¥200 可玩 5 分鐘，芊大師超有架勢的駕馭賽車中！

推薦店家 2 UNIQLO 旗艦店

日本國民品牌 UNIQLO 銀座店在中央通靠近銀座五丁目路口，這棟 12 層樓的大樓裡面全是賣 UNIQLO 單一品牌商品，不單是銀座最大，更是全世界最大間的 UNIQLO，光是這個理由就夠吸引我踏入店裡了。

INFO

11：00～21：00，全年無休，可退稅。

06 這就是全世界最大間的 UNIQLO。
07 無論男裝女裝童裝，每一層都有大大的區域可逛，價位大多比台灣便宜又能退稅，值得購買。
08 孩子們有事可做嗎？當然有，每一樓都有超大窗戶，越高樓視野越好，媽媽選購衣服，我陪芊芊登高望遠中 XD。

推薦店家 3 壽司專賣店

銀座很靠近築地，因此這裡各大樓裡有許多壽司專賣店，午餐不妨就選其中一家用餐吧，推薦博品館 5 樓的「築地壽司清」，這間可是築地市場人氣店家的分店唷！

▶ 銀座很靠近築地，因此吃壽司也是很不錯的選擇。

推薦店家 4 木村家麵包

▲ 木村家麵包是銀座最老牌的麵包店。

中央通上四丁目的和光百貨隔壁，有一間人潮洶湧的麵包店「木村家」，1869 年創立到現在已經快 150 年了，是銀座最老牌的麵包店。木村家最有名的是紅豆麵包，搭配木村家的酒種麵團，是店內人氣 No.1 的商品，吃起來軟嫩順口不死甜，南瓜口味也不賴，口感樸實中能感受日本麵包的精華。木村家除了 1 樓麵包店外，2 樓是咖啡廳兼販賣輕食，3 ～ 4 樓為餐廳。

推薦店家 5 GAP 旗艦店（晴海通上／銀座四丁目）

地點在晴海通往有樂町站方向走 3 個路口的並木通，雖然晴海通並沒有實施交通管制，但這條路卻是中央通之外最大條的路了，這間 GAP 旗艦店於換季折扣時值得一逛，可買到不少便宜衣服。

▶ 就是這間 GAP 旗艦店，於換季折扣時來逛，會有不少驚喜喔！

推薦店家 6

不二家牛奶妹甜點專賣店（晴海通上／銀座四丁目）

好吃到一定不能錯過！這一間不二家不只賣糖果零食，櫥窗內那多款口味的超大泡芙更是吸引人，真心推薦必吃呀！另外，雖然這間商品可退稅，但請注意「當場吃掉的東西不可退稅」！

- 平日及週六：10：30～22：30
- 星期日及公眾假期：10：30 到 21：30
- 4 月～ 11 月：每個月第 3 個星期一公休

▲ 辛爸推薦必吃的甜點美食！

推薦店家 7

松本清藥妝（晴海通上／銀座四丁目）

松本清藥妝位於 GAP 旗艦店正對面，行程中還沒購足藥妝的人可在這買。

10：00～22：00，全年無休。

◀ 還沒購足藥妝的人，趕快在這採購吧！

TRAVEL
東京篇

東京的象徵與地標！

東京鐵塔

■ 遊玩時間：1～2 小時
■ 鄰近景點：汐留、銀座、海賊王樂園

1958 年建成的東京鐵塔，是包括我在內許多人對東京的第一印象，常在日本的節目中可看到，甚至動畫電影都以鐵塔為背景，塔高 333 公尺的東京鐵塔，是晴空塔（東京天空樹）落成前，東京主要的電波訊號發射塔。這裡距離銀座不遠，可於銀座逛街購物後，安排上塔看夜景的順遊景點。

▶ 東京鐵塔是晴空塔（東京天空樹）落成前，東京主要的電波訊號發射塔。

東京都港區芝公園 4-2-8 號
03-3433-5111
東京鐵塔商店：
9：00～20：00，全年無休
東京鐵塔開放時間：
9：00～23：00（22：30 最後入場），全年無休
大瞭望台（150 公尺）：成人（高中生以上）¥900，國中／國小生 ¥500，4～6 歲 ¥400，未滿 4 歲免費。
特別展望台（250 公尺）：成人（高中生以上）¥700，國中／國小生 ¥500，4～6 歲 ¥400，未滿 4 歲免費。
★ 特別展望台需購買大瞭望台門票才可進場。
★ 亦有兩個展望台套票，價錢為相加，沒有優惠。
★ 250 公尺特別展望台為了迎接 2018 年東京鐵塔 60 週年，目前全面施工不對外開放，預計 2017 年夏天重新開放。

▶ 東京鐵塔以巴黎艾菲爾鐵塔為範本設計，官方名稱為日本電波塔，此為由六本木之丘 Hills 大樓 52 樓觀景台所拍攝到的東京鐵塔及其附近景觀。

交通方式

往東京鐵塔各站出站路線圖

路線1　路線2-1 / 2-2　路線3-1 / 3-2

出口2
神谷町
日比谷線
A6出口
御成門
A1出口
三田線
東京鐵塔
(Tokyo Tower)
中之橋口
赤羽橋
赤羽橋口
大江戶線
200公尺

路線 1 → 搭乘東京 Metro 日比谷線，於「神谷町站」下車：

神谷町站有兩個月台單向行駛列車，抵達後上 B1 層出閘口，由「出口 2」上樓（出口 1 也可以，但目前工地施工中封閉），上樓後右轉沿著櫻田通緩坡向上走約 300 公尺左轉東京鐵塔通，直行約 250 公尺可到達。

日比谷線神谷町站電梯 INFO

神谷町兩月台各有一部電梯，但請注意電梯在完全反方向的出口 3、4，不如直接由出口 1、2 方向的手扶梯上去出站，再走樓梯上樓（無手扶梯推車需用搬的），這樣出站後可少走很多路。

▲ 神谷町出站後，順著櫻田通走，可看到路牌指示往東京鐵塔的方向。

路線  **→ 搭乘東京 Metro 三田線，於「御成門站」下車：**

御成門站只有一個月台雙向行車，這個車站無論哪個出口出來都可看到東京鐵塔。

路線 2-1 近

沒有推車的人從「A1 出口」（樓梯）出來，上來後先找到東京鐵塔方向，看著東京鐵塔走就可以了，約 600 公尺。

路線 2-2

有推車的人請從「A6 出口」出來（此出口於站內會多繞一點路），上來後先找到東京鐵塔方向，看著東京鐵塔走就可以了，約 700 公尺。

三田線御成門站電梯 INFO

B2 層月台上有一部電梯上 B1 層，出站後 A6 出口有電梯上地面層。

路線 3 → 搭乘都營地下鐵大江戶線，於「赤羽橋站」下車：

路線 3-1 近

赤羽橋站有一個月台雙向行車，上樓後沒帶推車的人走「赤羽橋口」出站上樓，往右邊馬路口可看到東京鐵塔，看著東京鐵塔走約 500 公尺可到達。

路線 3-2

有推車的人走「中之橋口」，上地面後左轉直行約 150 公尺可到赤羽橋口，此時往左邊可看到東京鐵塔，看著東京鐵塔走約 500 公尺可到達。

大江戶線赤羽橋站電梯 INFO

抵達後月台有一部電梯上 B1 層，出閘口後往中之橋口有電梯上地面層。

NOTE

在東京有些車站出口電梯在相反方向，為了要搭電梯可能得多走許多路，這時我會權衡情況選擇搬推車上樓。

Play key Raiders

親子遊玩重點攻略

東京鐵塔可說是代表東京的象徵，也是日本永遠的地標，第一次帶孩子來東京玩就安排到這邊，雖然高度被新蓋好的晴空塔追過很多，但有到過東京鐵塔，光是意義就很不同。「那一年，我也曾經和孩子一起在東京鐵塔上俯瞰東京夜景」，這樣的回憶無可取代，也永遠不會忘掉。

★★★★★芊爸建議 1 日路線

汐留散步路（宮崎駿大時計）⇨ 銀座步行者天國逛街購物 ⇨ 東京鐵塔看夜景

★這條路線景點都很近，搭電車也不必轉車，是個很不錯的親子行程安排方式。

01 東京鐵塔高 333 公尺，四周沒有大樓遮蔽下，都能很清楚的看到高塔塔尖。
02 東京鐵塔可說是代表東京的象徵，也是日本永遠的地標。

NOTE

芊爸推薦的 JCB 信用卡，可憑卡換取一張免費的 150 公尺瞭望台門票，價值 ¥900，限持卡人本人換取，省很大喃！

★ JCB 優惠網頁：
http://www.jcb.tw/campaign/tokyotower.html

拍東京鐵塔小祕訣

如果想要完全無遮蔽物的拍下整座鐵塔，不妨到後方停車場，像我就在夜晚拍下了孩子們手拉手開心跳躍的照片，珍藏一輩子呀！而上瞭望台後，可拍到往南邊赤羽橋一帶的風景，往北邊拍去，仔細看，遠方還能看到藍白色燈光的晴空塔呢！

03 仔細看，遠方有沒有看到藍白色燈光的晴空塔？
04 走到後方停車場，就能完全無遮蔽物的拍下整座鐵塔！
05 孩子們手牽手和小東京鐵塔一起拍照。

NOTE

特別展望台必須從 150 公尺瞭望台轉搭電梯上去，預計 2017 年夏天重新對外開放。

鄰近景點順遊 —— 海賊王樂園

這是 2015 年開幕的園區，佔地很大一共有 4 層，1 樓為餐廳和商店，3～5 樓為樂園。因為海賊王樂園的開幕，讓東京鐵塔再度成為人氣景點，這裡適合小學以上喜歡海賊王卡通的孩子。

- **官網網址**：https://onepiecetower.tokyo/?lang=zh-tw
- **電話**：03-5777-5308
- **地址**：東京都港區芝公園 4-2-8 號
- **營業**：10：00～22：00，21：00 最後入場
- **門票**：成人（19 歲以上以上）¥3200、國中／高中生 ¥2700、4～12 歲 ¥1600，未滿 4 歲免費。

  與東京鐵塔 150 公尺瞭望台套票

  大人（19 歲以上以上）¥3900、高中生 ¥3500、國中生 ¥3100，小學生 ¥2000，4～6 歲 ¥1900，未滿 4 歲免費。

佔地廣大的賞櫻名所！

新宿御苑

■ 遊玩時間：3～5 小時
■ 順遊景點：新宿三丁目逛街

東京人心目中看櫻花最想去的前三名，一定有新宿御苑，因為這裡的櫻花季真的太美了！新宿御苑前身原是德川家康幕府時期授與家臣內藤的土地，1879 年該地成立宮內省管轄的「新宿植物御苑」，20 世紀初則邀請凡爾賽園藝學校的馬丁，將御苑改造為景觀公園。

新宿御苑初期乃是作為皇家庭院，後成為東京的觀櫻會以及觀菊會的場所，1947 年政府決定將御苑開放為「國民公園」，所以我們今天才能有這麼棒的地點賞櫻，能在人口超多的東京都擁有這麼大片的公園，非常難得呀！

▶ 東京人心目中看櫻花最想去的前三名，一定有新宿御苑！

INFO

東京都新宿區內藤町 11 號
03-3350-0151
開園時間 9：00～16：00（16：30 閉園）
溫室 9：30～15：30（16：00 閉館）
食堂 9：00～16：00
茶室 10：00～16：00（根據情況可能休館）
訊息中心（美術館） 9：00～16：30
新宿門→大木戶門行人步道 9：00～16：30
休園日：每週一及年末 12 月 29 日～1 月 3 日
★ 3 月 25 日～4 月 24 日、11 月 1 日～11 月 15 日間的週一不休園
大人 ¥200、國中生／小學生 ¥50，未滿 6 歲幼兒免費

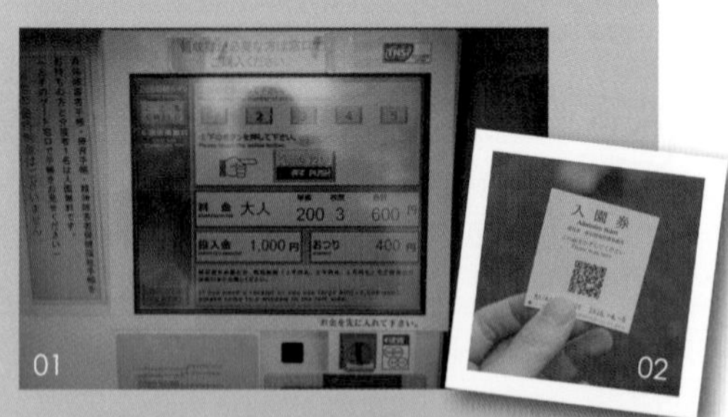

01 現場購票方式很簡單，和買車票一樣，選擇大人或小孩，然後按張數投幣後就會出票了。
02 入園券上的 QR Code 給機器掃瞄後即可進場（部分日子買票前必須先過安檢）。

交通方式

新宿御苑附近有 3 個站，分別是新宿御苑前站、千駄谷站、國立競技場站，這 3 條路線都有在新宿或東京車站交會，由於後面兩站都在新宿御苑南邊，出站後必須走公路及鐵路下的涵洞，並有一小段爬坡，出站後路線較長且帶推車者會較累。因此**羊爸建議統一於東京或新宿方向，選搭會停靠新宿御苑前站的丸之內線**。

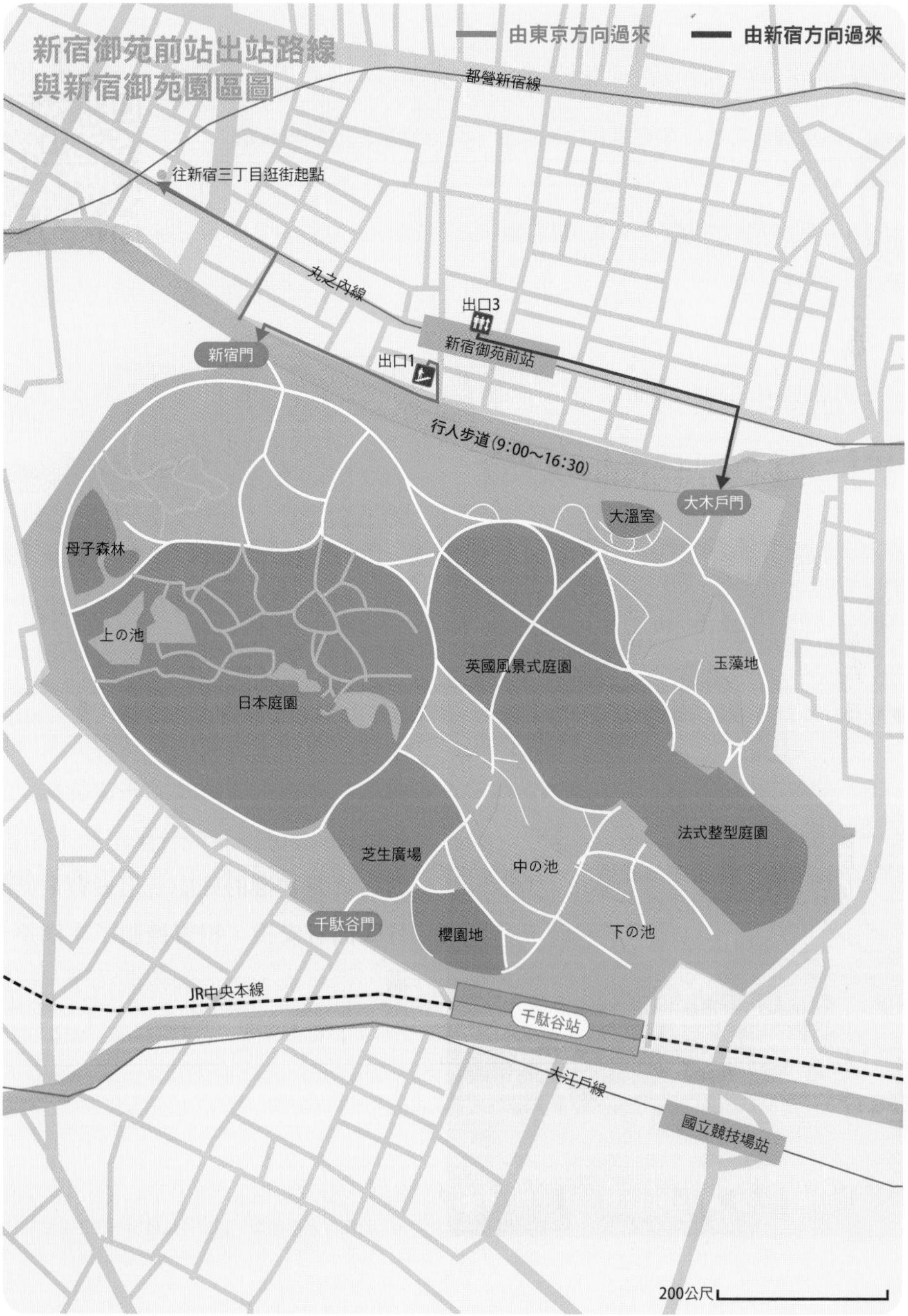

新宿御苑前站出站路線
與新宿御苑園區圖

由東京方向過來
由新宿方向過來
都營新宿線
往新宿三丁目逛街起點
丸之內線
出口3
新宿御苑前站
出口1
新宿門
行人步道(9:00～16:30)
大木戶門
大溫室
母子森林
上の池
日本庭園
英國風景式庭園
玉藻地
法式整型庭園
芝生廣場
中の池
千駄谷門
櫻園地
下の池
JR中央本線
千駄谷站
大江戶線
國立競技場站
200公尺

搭乘東京 Metro 丸之內線，於「於新宿御苑前站」下車：

新宿御苑前站有 2 個月台於 B1 層單向行駛，有 2 個方向到新宿御苑。

- **由東京方向過來的人：**由「出口 1」出閘口上樓（僅樓梯無手扶梯），上去後原地向後轉可看到新宿御苑圍牆，走過去右轉直走可到新宿門，約 300 公尺。
- **由新宿方向過來的人：**走「出口 3」出閘口上樓，上去後左轉沿著新宿通走約 400 公尺，可在右邊看到大木戶門。

東京 Metro 新宿御苑前站電梯 INFO

本車站僅有出口 3 有電梯上地面層，但建議東京方向過來的人，請不要為了搭電梯而往出口 3 走，因為得先上下樓梯 2 次，到對向月台出閘口才是出口 3，太累了！

Play key Raiders

親子遊玩重點攻略

新宿御苑其實四季都適合來，除了春天賞櫻外，夏天長滿綠葉、秋天法式庭園賞梧桐、冬天有繁華落盡的雪景。我們第一次到新宿御苑就是帶孩子們去看最有名的櫻花季，更幸運的看到春天東京盛開的櫻花，來到滿開櫻花的新宿御苑只有感動無比可以形容。相較於東京其他賞櫻地點，**新宿御苑賞櫻的好處是這裡有收門票，並且入園有安檢，相對控制了人潮不至於爆滿**。相信我，新宿御苑櫻花季，絕對可以列為一生中必訪的賞櫻地點！

◀ 新宿御苑櫻花季，絕對可以列為一生中必訪的賞櫻地點！

芊爸賞櫻路線大公開

新宿御苑雖然是東京賞櫻的熱門地點，但人潮管制得宜加上佔地非常的大，因此遊客進入後幾乎都分散掉了，孩子們來這裡除了看櫻花，還能有寬廣的活動空間，這對精力充沛的小朋友絕對是最棒的地方，能跑能跳又很安全。3 月底 4 月初春假時過來，滿開的櫻花讓人感動不已，是春天來東京的必排行程！

底下推薦的賞櫻路線是順路的方向，因為沿途都有櫻花樹可看，路線也很順暢不會走回頭路（參觀路線主要由從哪個門進入來安排）。

★★★★★建議賞櫻路線

由大木戶門進入 ⇨ 參觀溫室 ⇨ 英國庭園草地野餐 ⇨ 中央池塘 ⇨ 芝生廣場 ⇨ 日本庭園 ⇨ 新宿門（若由新宿門進園則反方向走）

01 入園前實施安檢，不可攜帶酒類進入，其他食物飲料則可以。
02 我們是在春假時到新宿御苑的，正好碰上櫻花滿開期，每年最適合來此看綻放吉野櫻的日子為 3 月底到 4 月初。
03 御苑內的櫻花白中略帶粉，大多齊聚呈球狀開花，大量盛開的時候不管怎麼拍都超級美。
04 落櫻繽紛就是如此呀，整個地上都是櫻花花瓣，孩子樂得撿著掉落的花瓣。

01 被許多盛開櫻花樹圍繞的中央池塘，像極了一幅畫。
02 日本人喜歡在櫻花季時野餐，邊吃東西邊聊天邊看美麗的櫻花，人生一大享受！
03 新宿御苑佔地廣大，是我特別推薦親子同遊的原因，而英國庭園內的草地超級大，孩子可在上面活動，是絕佳的戶外場所。
04 孩子們滿足欣賞美景的背影，這些照片都是我最珍惜的寶藏，也是親子旅遊我們所能回味永久的紀念。
05 中央池塘的小橋上都是櫻花花瓣，頭頂上則是滿滿綻放的櫻花，名副其實的櫻花步道。

06 日本庭園及休憩所，園內多個休憩所都有販賣食物和紀念品，供遊客購買。
07 芊芊：爸爸，我是翩翩起舞的櫻花仙女！
08 往芝生廣場走去完全像走在櫻花地毯上，一點也不誇張。
09 芝生廣場的草地雖沒英國庭園大，但這邊人潮相對較少，更為謐靜。

鄰近景點順遊 —— 新宿東口逛街

都到新宿了，怎麼能不逛街，來一趟新宿購物呢？基本上想買的全部都買得到，孩子們也有得玩，看這一整排的轉蛋機就知道，這是多麼讓大人小孩瘋狂的地方了。本書 P222 也有介紹芊爸規劃的新宿東口（新宿三丁目）親子逛街路線，讓您購物＋遛小孩全都滿足！

東京郊區秋末賞銀杏騎腳踏車！

昭和記念公園

■ 遊玩時間：1 日

原為美軍戰後基地的昭和記念公園，位在東京都郊區的立川市，後美軍歸還土地撤離後，為紀念昭和天皇在位 50 年所建造的公園。這裡距離東京市區約 40 公里，佔地有新宿御苑的 3 倍大，交通方便，可從市區搭 JR 中央線快速青梅行的列車直達。

園內有腳踏車租借也可划船，還有遊園小火車，來此可以享受多種遊覽公園的方式。佔地廣大的昭和記念公園，春季可賞櫻、秋季可看銀杏，其他季節也有不同花種綻放，是個可安排一整天停留的景點。

▶ 面積廣達 165 公頃的昭和記念公園，春夏秋冬各有不同的美，多種遊園方式與園內清新的空氣，最適合安排一整天來此賞花或看銀杏了。

- 東京都立川市緑町 3173 號
- 03-3350-0151
- **▪3 月 1 日～ 10 月 31 日**：9：00 ～ 17：00
  ▪4 月 1 日～ 9 月 30 日，週六、週日及公眾假期：9：30 ～ 18：00
  ▪11 月 1 日～ 2 月底：9：30 ～ 16：30
  ★不同日的開園時間，可能略有調整。
- 休 12 月 31 日～ 1 月 1 日、2 月第四個週一和週二
- 大人（15 歲以上）¥410，國中生／小學生 ¥80、65 歲以上 ¥210，未滿 6 歲幼兒免費。

免費入園日

▪4 月 29 日昭和日全員免費
▪5 月 5 日兒童節國中國小生免費
▪9 月第三個禮拜一敬老節老人免費
★另有都市綠化運動日、國土交通日等免費入園日，每年另行公告時間。

◎ 各入口有免費推車租借，但數量有限。

昭和記念公園園內圖

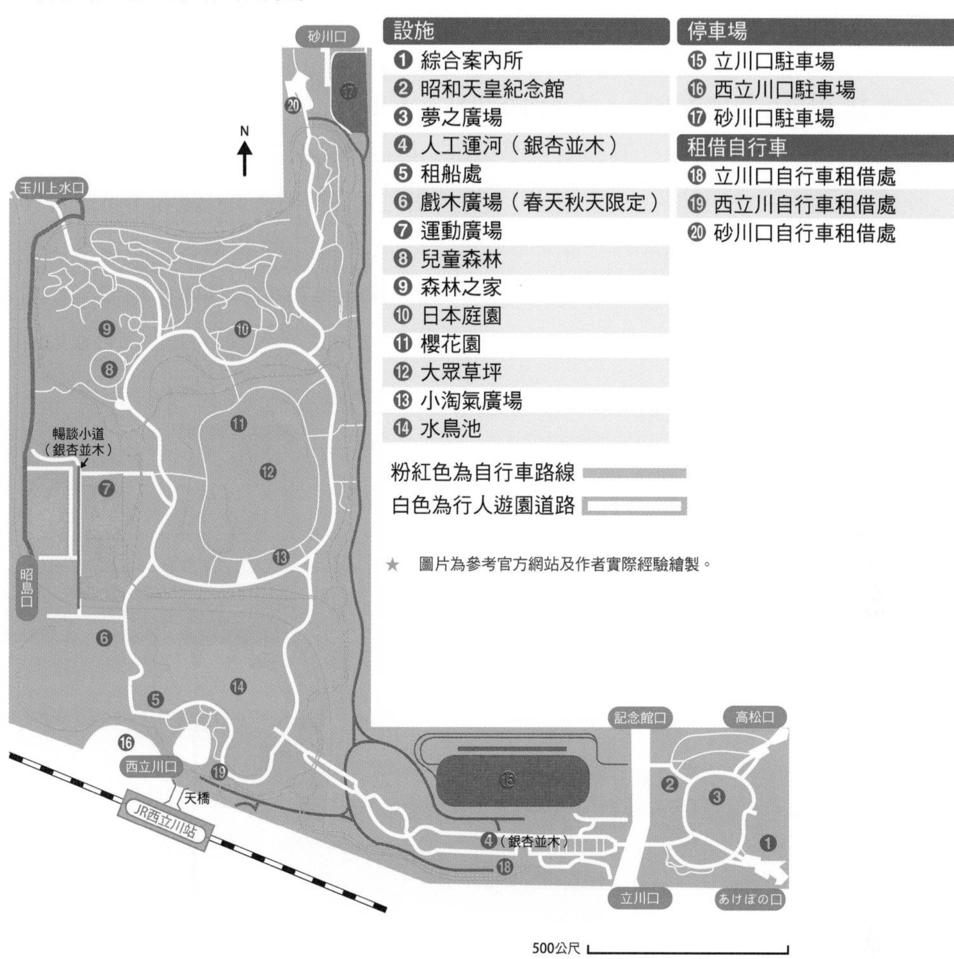

◎遊園交通工具費用

交通工具	說明
腳踏車	**腳踏車租借費用（立川口、西立川口、砂川口可租借）** 使用時間：9：30～閉園前1小時 ・大人（15歲以上）3小時 ¥410（每超過30分加收 ¥70）、1日票 ¥520 ・國中／國小生3小時 ¥260（每超過30分加收 ¥30）、1日票 ¥310 *車款有大小車之分，以及有加兒童座椅的車，價錢依照騎乘者年紀收費，無關車種。 *花季期間遊客較多，請提早來否則容易租不到車。
遊園小火車	・大人（15歲以上）每次 ¥310、4～15歲每次 ¥150 ・一日票（無限搭乘）¥510、4歲以下免費 *小火車路線隨時變動，請於現場確認。
船	・划船（3個座位）60分鐘 ¥700（每超過30分加收 ¥300） ・腳踏船（2個座位）30分鐘 ¥700（每超過30分加收 ¥700）

交通方式

搭乘JR中央線快速青梅行，於「西立川站」下車：

由東京市區到昭和記念公園相當方便快速，可從東京車站或新宿車站搭乘「JR中央線快速」，其中部分列車顯示「青梅行」，將會在到達立川站後直通運轉變成JR青梅線（免換車），一站就到西立川站，東京市區到西立川約1小時可到。車站本身就跟台灣鄉下的台鐵月台很像，只有一個月台雙向行車，月台有電梯上樓，走公園口出站就有天橋可直達昭和記念公園西立川口。

NOTE

並非所有中央線快速列車都直達西立川，若沒搭上青梅行列車，請於前一站立川站轉乘青梅線。

▶ JR中央線快速青梅行列車和一般中央線快速列車長得一樣，車身都有橘色條紋，搭車前請留意列車螢幕顯示。

Play key Raiders

親子遊玩重點攻略

如果在秋末11月中以後計劃到東京，昭和記念公園是一個很值得去賞銀杏的地點，雖然這裡仍在東京都內，但其實已經遠離都市。公園佔地很大，有多種遊園方式可選擇，可和孩子一起騎腳踏車，享受樹木散發出的芬多精，也能輕鬆搭小火車逛公園。

01 黃色的樹葉配上藍色的天空，超殺相機的記憶卡。
02 園內最大的水鳥池划船遊湖，能以不同角度欣賞公園之美。
03 騎腳踏車賞銀杏和楓葉是最受遊客歡迎的方式，公園範圍很大，建議安排一整天時間停留，才不會太趕。

銀杏大道賞美景吸收芬多精

公園內有長達 200 公尺以上的銀杏大道兩處，並且整個園內處處可見銀杏樹，秋末轉黃的銀杏樹，景緻相當震撼。園內還有溜滑梯、盪鞦韆等兒童遊樂設施，非常適合親子同遊。這裡就像一座小森林，帶孩子來真的很棒，滿地的落葉孩子們樂得撿拾，大大的林間步道孩子們活動空間足夠，公園就像東京人的後花園一樣，四季都值得過來，話說春天櫻花盛開時那整排的櫻花樹也很美麗，這是個可來很多次的公園，趕快來安排一日昭和記念公園的野餐之旅吧！

04 公園內有數個湖泊池塘，其中北邊靠近砂川口的日本庭園有小橋和亭子，加上湖面的倒影簡直是人間仙境。
05 好大一顆銀杏樹，滿地都是銀杏的黃色落葉，東京的紅葉季和櫻花季一樣吸引人呀！
06 快來和孩子一起騎腳踏車，享受樹木散發的芬多精吧！
07 泛黃的銀杏樹和黃中帶紅的楓樹，這紅葉森林讓人震撼無比。
08 公園內有如一座小森林，帶孩子來真的很棒。

園內設有孩子最愛的遊樂設施

昭和記念公園內的小淘氣廣場有溜滑梯、盪鞦韆（遊樂設施在園內中央大眾草坪的南邊的小淘氣廣場），還有一個圓圓大大的彈跳設施，小朋友在這裡可以玩好久，大人也有機會坐下休息，順便享受被泛黃的樹木所圍繞的快感。

01 好紅的楓樹，秋天來昭和記念公園絕對不會失望。

02 落葉遍地的銀杏樹群，這裡太適合情侶或親子來拍寫真照片了。

03 一生一定要來踩過一次這撲滿銀杏落葉的路呀！

04 園內中央大眾草坪南邊的小淘氣廣場，有孩子最愛的遊樂設施。

東京橫濱一線就到免轉乘！

親子黃金電車路線

對於帶小孩到東京旅行的新手，如果有一條電車路線涵蓋許多想去的景點，那一定是很棒的事！東京有許多條這樣的電車路線，但要能從北東京池袋一直到南橫濱中華街，串連近40公里完全不用轉車，那就只有這一條「副都心線→東急東橫線→港未來線」。這條可謂親子版的黃金電車路線，帶著孩子的爸爸媽媽，無論從最南邊或是最北邊搭車，都只要1個小時左右就能到達目的地。

「副都心線→東急東橫線→港未來線」是3條路線互相直通運轉，**什麼是直通運轉呢？意思是指不同鐵道業者、不同路線行駛的列車，在不更換列車的狀況下，由自有線路直接開往原本不屬於該業者及路線的線路**。故旅客可以在不轉車的情況下，抵達不同路線的車站，這條親子黃金電車路線，將最北的池袋和最南端的元町中華街完整連接起來。

▲ 無論從最南邊或是最北邊，都只要一台列車完全免轉乘，可說是親子版的黃金電車路線。

芊爸推薦黃金電車路線

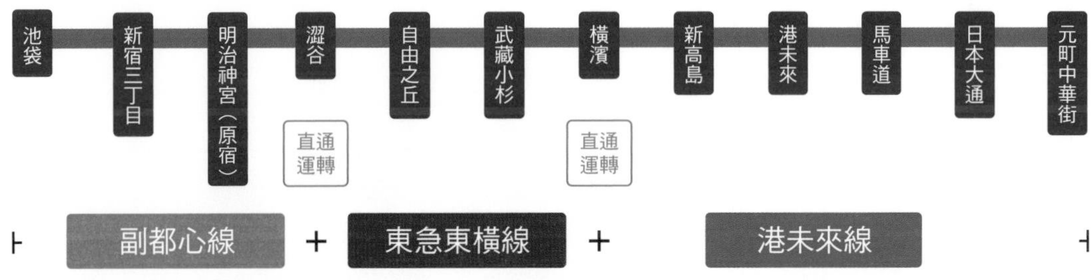

★本表僅列出部分車站，並非所有車站

01 住在這條黃金路線沿線，從東京市區不用15分鐘就可到新宿逛街，就算在橫濱也只需30分鐘，血拼完一趟列車回飯店，不用提著大包小包轉車。

02 不用轉乘，孩子們多很多在車上的玩樂時間，大人也能休息一會，不用擔心要在哪裡轉車。

「副都心線 ⇨ 東急東橫線 ⇨ 港未來線」路線特色

1. 沿線串連許多大的逛街點，如新宿、池袋、原宿、澀谷、自由之丘等。
2. 住在沿線飯店，每天出門不必趕車，回飯店又很快速。
3. 由橫濱到新宿三丁目逛街，搭特急列車只需 30 分鐘就到。
4. 橫濱的麵包超人博物館、日清拉麵博物館，都可透過直通運轉輕鬆到達。
5. 武藏小杉有很大間的親子親善百貨。
6. 一條路線沿線景點就可玩好多天，適合親子旅遊。
7. 直通運轉省下很多轉乘、找搭乘方向、上下樓梯（電梯排隊）以及等列車的時間。
8. 到橫濱中華街吃東西看棒球比賽超便利，結束後可迅速回到東京。

黃金路線沿線推薦景點

芊爸寫書目的在提供比坊間旅遊書更多元的親子玩法和點子，相信讀者們實際搭過直通運轉的電車路線，融會貫通後就能大幅增加經驗值，並在未來更多次的親子旅遊中，玩出更多屬於自己家的專屬路線！

01 東京都和神奈川交界的**武藏小杉**，近年來發展迅速，車站周邊不少百貨商場，最大優點是人行道都很新穎寬廣，走在上面很安全。

02 **日清拉麵博物館**也在港未來沿線上，在這裡孩子們可親手從麵粉、桿麵壓麵糰、一直到製作出屬於自己的拉麵，非常有意思。

03 **橫濱**雖然在東京市中心以南 30 公里，但拜了這條黃金電車路線之賜，將兩個城市串連起來，港都橫濱之美值得帶著孩子來感受。

04 這應該是爸爸和兒子們最愛的行程，**橫濱海灣之星棒球場**也能利用芊爸推薦的這條黃金路線，於港未來線的日本大通車站下車步行後到達。

05 東急東橫線在橫濱車站直通運轉變為港未來線，一站就可到超適合孩子遊樂的**麵包超人博物館**，這部卡通也是陪著芊爸長大的呢！

06 **橫濱中華街**是電車的最終站，也是日本最大的唐人街，總數500家以上的商店，大部分都是賣吃的，就算是在新宿或池袋肚子餓了，也可以瞬間跑來這邊吃東西呀！

黃金電車路線景點推薦 1 獨家親子逛街路線大公開！

新宿東口

■ 停留時間：半日～1日
■ 推薦店家：BICQLO、H&M、伊勢丹地下街、藥妝店、水山定食、一蘭拉麵

2016年寒假東京親子旅遊我選擇住橫濱，特別利用了黃金電車路線安排一整天到新宿逛街，由橫濱搭特急電車30多分鐘就到了，超級快速！新宿非常大，是大部分的人來東京必逛的地方，數不清的商店和百貨，逛個7天7夜都逛不完，但芊爸推薦的這個「新宿東口」親子逛街路線，搭配週日步行者天國的實施，可以輕鬆買到所有想買的東西，孩子還可自在的走在大馬路上，完全不無聊！

INFO

步行者天國實施時間：
- 每週日及國定假日
- **4～9月**：12：00～18：00
- **10～3月**：12：00～17：00

▶ 「新宿東口」親子逛街路線，配合週日步行者天國，大人小孩都滿意！

交通方式

搭乘東京Metro副都心線，於「新宿三丁目站」下車：

可由澀谷以南直接搭乘東急東橫線直通運轉為副都心線過來，副都心線新宿三丁目站僅有一個月台，列車於B3層雙向行駛，上B2層出閘口後再往「E1～E4、A、B、C出口」這個看板的方向上B1層，後可由「B4或E4出口」上地面層，就在芊爸的新宿東口逛街起點了。

▲ 「E1～E4、A、B、C」看板指示很明顯，循著方向走，電梯在旁邊。

▲ 由 E4 出口上來有個蠻大有遮蔽的空間，如家人朋友想分開逛，約這邊集合蠻不錯的，冬天躲冷風、夏天躲太陽。

NOTE

- B4 出口會在新宿通伊勢丹百貨，E4 出口則在明治通 H&M 旁。
- 新宿三丁目車站有東京 Metro「副都心線」、「丸之內線」及都營地下鐵「新宿線」交會，基本上出站方式相同，月台也都有電梯上樓，不是搭乘黃金電車路線過來的人也可利用這兩條電車路線來此。

新宿三丁目站電梯 INFO

車站月台有電梯可上樓，出站後各方向出口亦能找到上樓的電梯，但是請注意：搭副都心線出站上 B1 層後，B4 出口電梯左轉後便可找到；如選擇從 E4 的電梯上地面層，則需直走後在 B2 出口旁，多搭一次電梯下 B2 層，才能走到 E4 出口電梯。

芊爸經驗談

為什麼不在新宿車站下車？

有些人認為，逛新宿東口一定要從新宿車站下車，這是錯誤的觀念，**因為新宿車站人流量幾乎可和東京車站相比，而且出口跟東京車站一樣很多，轉乘路線非常複雜**。日本人甚至還製作節目，專門剖析在新宿車站迷路的原因呢！因此芊爸建議可避開大站新宿車站，從新宿三丁目站出來會順利很多，而且直接就在新宿步行者天國實施的範圍內了。

▲ 新宿車站（右邊）外拍攝的畫面，光是一個新宿車站，最南最北就長達 500 公尺以上，相對的，由新宿三丁目出站會簡單很多。

芊爸推薦！一日遊行程規劃

新宿東口的步行者天國於週日中午過後實施，如同銀座步行者天國，此時整條馬路路權全部還給行人，帶著孩子的我們可以悠閒的牽著他們隨意穿越馬路，甚至直接走在馬路上，新宿步行者天國交管的範圍比銀座更大了，絕對是親子逛街最佳選擇。

底下地圖上所推薦的親子一日逛街路線，雖然列出的店不多，但都是我實際有走過的地方，光走完這些地方就花了一整天了。所以各位在逛新宿前，建議稍微擬定一下購物計畫，將會對當天逛街的時間分配更能掌握。

新宿三丁目逛街地圖、週日步行者天國範圍圖

★ 黃色螢光：周日步行者天國範圍

路線 1

由 E4 出口上來 ⇨ 先逛 H&M 旗艦店 ⇨ 伊勢丹百貨／ OIOI 百貨／紀伊國屋地下街用餐 ⇨ BICQLO 買電器／衣服／玩具 ⇨ 對面松本清藥妝 ⇨ 沿著新宿三丁目往車站逛 ⇨ 轉進巷子內繼續買藥妝 ⇨ 靖國通（無交管）⇨ 唐吉訶德 ⇨ 無印良品 ⇨ 轉回明治通由 E4 入口搭車回飯店

路線 2

由 B4 出口上來 ⇨ 伊勢丹百貨／ OIOI 百貨／紀伊國屋地下街用餐 ⇨ BICQLO 買電器／衣服／玩具 ⇨ 對面松本清藥妝 ⇨ 沿著新宿三丁目往車站逛 ⇨ 轉進巷子內續買藥妝 ⇨ 靖國通（無交管）⇨ 唐吉訶德 ⇨ 無印良品 ⇨ 轉回明治通最後逛 H&M 旗艦店 ⇨ 回三丁目由 B4 入口搭車回飯店

01

02

03

01 由 B4 伊勢丹百貨出口搭電梯上來所看到的景象，對面為 OIOI 丸井百貨，走此出口的人建議把 H&M 留到最後逛。這兩間百貨中 OIOI 適合女生逛，伊勢丹甜點美食多，各擅勝場。

02 新宿步行者天國實施後，馬路上所有車輛一律禁止進入。

03 新宿東口開始實施步行者天國後，整條馬路全部讓給行人通行了。

Play key Raiders

親子遊玩重點攻略

帶孩子逛街，基本上難度很大，若沒有可以打發時間的東西，孩子一下就會無聊。除此之外，孩子們的體力沒有大人好，所以我不建議第一次逛新宿，就拼命把網路查到好像不錯的店都排到行程裡面。若是太貪心的想把東口、西口一次走完，甚至想把與新宿車站相連的幾棟百貨全逛透，除非是超人，不然這是不可能的。

若是把所有行程排滿，除了小孩子累壞以外，每個點只能蜻蜓點水走過，要能逛到、買到東西很難。因此**第一次帶孩子逛新宿，可以照著芊爸介紹的路線走，這條路線涵蓋了新宿步行者天國大部分的範圍**，孩子能有地方伸展玩耍，這點是親子逛街很重要的一點喔！

▶ 帶孩子逛街的難度很高，但照著芊爸規劃的一日逛街路線，相信能讓大人小孩都滿足。

H&M 旗艦店

新宿東口的 H&M 旗艦店一共有 4 層樓，店內男裝女裝童裝都有，種類蠻齊全的，價格大多比台灣售價便宜一些，可惜沒有配合日本退稅新制。

01　店內有手扶梯也有電梯，推推車的家長來此也不用擔心。
02　童裝大約 ¥500 ～ ¥1000 的價位最多，有比台灣便宜一些。

INFO

週一～週六 10：00 ～ 22：00
週日 10：00 ～ 21：00、全年無休。

伊勢丹百貨

到伊勢丹百貨必逛 B1 的甜點店鋪以及買回台灣的手信，而且好多品牌齊聚的地下街、美食街也在 B1，可順便於此用餐。但由於百貨公司內空間不大，若要帶孩子逛百貨則不是很推薦。

週一～週六 10：30～20：00、全年無休。

▶ 伊勢丹百貨必逛 B1 的甜點店鋪以及買回台灣的手信。

新宿地下街：和幸豬排、水山定食

新宿的地下街和地上一樣熱鬧，能透過地下通道在各商場間互相往來，或是前往車站內搭車，許多有名的美食店家藏身其中，紀伊國屋書店 B1 的和幸豬排、水山定食專賣店都很推薦。

03 紀伊國屋 B1 的美食和幸豬排。
04 紀伊國屋 B1 的美食，這間水山定食專賣店午間套餐滿滿的天婦羅蓋飯加熱烏龍麵 ¥1100 有找。

BICQLO 旗艦店 大推

BICQLO 旗艦店可說是新宿東口逛街重點，位於 B3 到 8 樓共 11 層。BICQLO 是由專賣相機、電器的 BIC CAMERA 與專賣衣服的 UNIQLO 合作開設的，不只賣電器和衣服，連藥妝、玩具、零食、玩具、雜貨、生活用品全都能買到，基本上大部分到日本想買的東西這裡都有，而且全店配合日本新制退稅，網路上更不時提供額外優惠券可下載！

＊ UNIQLO 及 GU 服飾適用日本新制退稅，但不適用 BIC CAMERA 額外折扣。

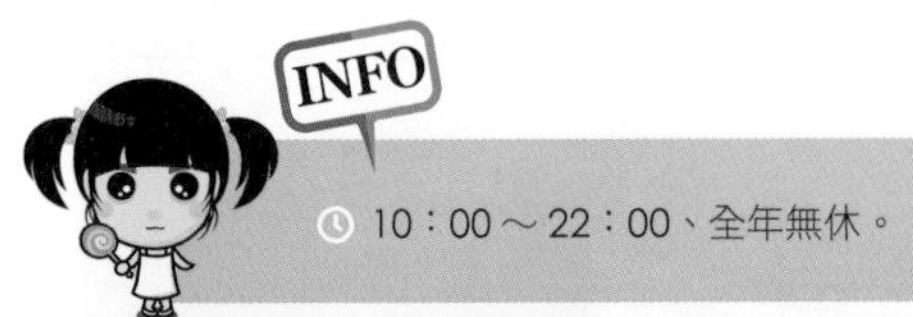

INFO

10：00～22：00、全年無休。

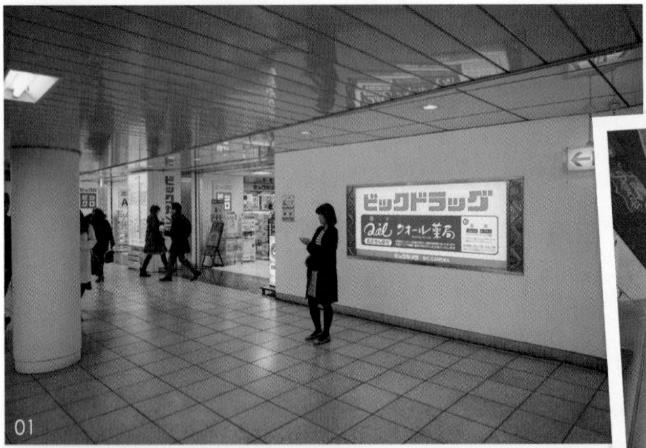

01

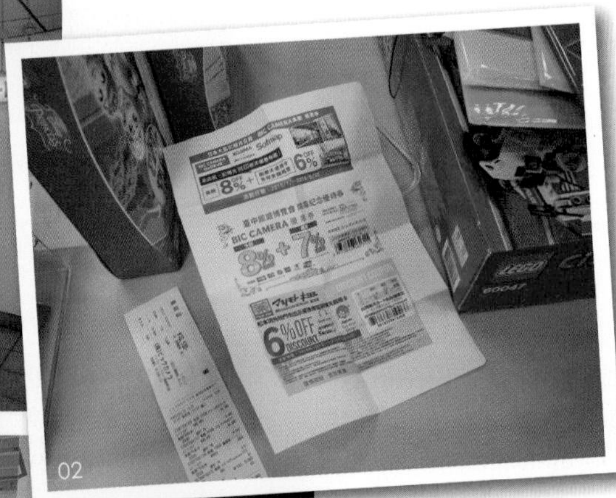

02

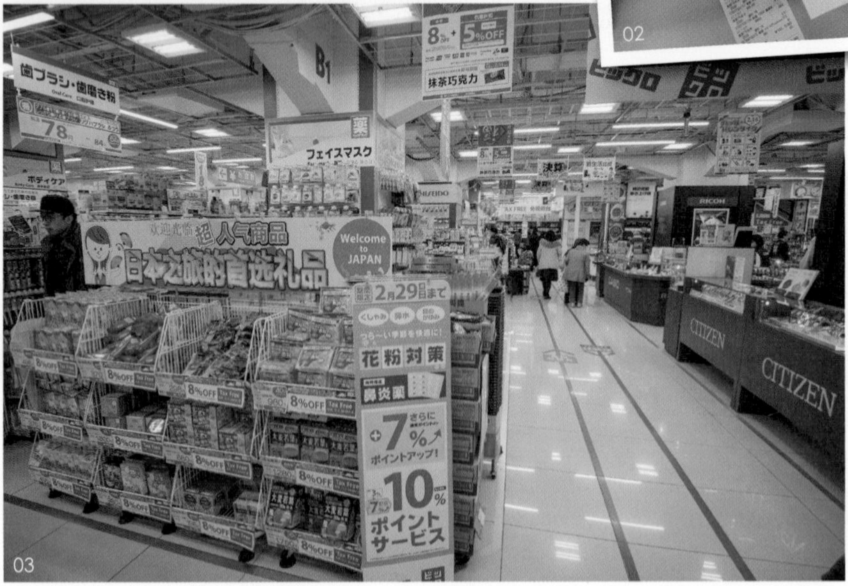

03

01 由地下通道可直接從賣場地下室進去逛，很方便。

02 出發前請先上 Google 搜尋 BIC CAMERA 的優惠券，就能退 8% 消費稅再額外享有 3～8% 不等的折扣。

03 雖然藥妝種類沒有唐吉訶德或松本清多，但也不錯了，可退稅加額外折扣，換算起來省下很多錢。

BICQLO 旗艦店 6 樓玩具區

BIC CAMERA 旗艦店 6 樓的玩具區，這邊的樂高普遍訂價稍微比東京其他有販賣樂高的地方低，加上配合退稅以及 BIC CAMERA 提供的優惠券額外折扣，換算入手價約是台灣的 7 ～ 8 折，樂高迷不能錯過！除此之外，這層樓其他玩具一樣都有退稅＋折扣，買起來也是相當划算！

NOTE

還記得本書 P211 新宿御苑最後放上的轉蛋機照片嗎？就是在這邊 6 樓拍的，這一層樓竟然有 100 多台轉蛋機，孩子們看到眼睛都閃閃發亮了！BICQLO 大人有得買、小孩有得玩，我覺得是帶小孩兼逛街很完美的地點，由新宿御苑走過來不用 10 分鐘，新宿御苑賞花＋三丁目逛街也是個不錯的一日遊排法。

▲ BICQLO 6 樓，這一層樓竟然有 100 多台轉蛋機，孩子們看到眼睛都閃閃發亮了！

10：00～22：00、全年無休。

04 這層樓玩具都有退稅＋折扣，尤其是樂高，買起來相當划算！
05 BICQLO 內您所能想到的電器，舉凡相機、手機、電視機、神級吹風機（Panasonic）、神級吸塵器（Dyson）、冰箱、燈泡……，甚至連暖座馬桶蓋都有賣。
06 除了 UNIQLO，這裡也有賣 GU 的服飾，都有配合日本新制退稅，好幾層的賣場空間，逛得很過癮。
07 幾乎每層樓都專門設有外國人專用的退稅櫃台，方便外國人結帳。

步行者天國周邊逛街

步行者天國為每周日中午 12 點後實施，但一般我們會在中午前就到達，建議先去逛幾間百貨或商店，逛完出來後，就開始實施步行者天國了。跟著芊爸的推薦路線走，孩子們剛剛已在 BICQLO 玩過一陣子，開始愛睏想睡覺，不過出百貨公司後時間已經過中午，開始實施步行者天國的交通管制囉！

瞧～芊爸把孩子帶到馬路上，女孩們樂得把整條馬路當作伸展台跳起舞來，完全旁若無人。因為不用擔心會有車，孩子們的活動空間無限延伸，我們也有喘息的機會，帶孩子旅遊需要體力、耐力與精神，妥善的安排行程便可減輕旅遊的疲累。

01 孩子們把整條馬路當作伸展台跳起舞來，好快樂呀！
02 帶好動的孩子真的要時時留意，步行者天國實施後我們就能和孩子安心的走在馬路上了。
03 新宿實施步行者天國的範圍比較大，許多鄰接的小路都有管制車輛進入。

周邊逛街圖解

▲ BICQLO 正對面有一間**松本清藥妝**，不過這一間外國遊客很多，退稅會花很久時間，建議可到地圖上的另一間。

▲ **SUN DRUG** 也是到日本買藥妝的不錯選擇，很多商品賣的比松本清還便宜，值得一逛。

▲ 走到靖國通後有一間很大間的**唐吉訶德**，很可惜店內走道超小，推車幾乎移動不了，帶小孩很不方便。

▲ 這一間接近靖國通的**松本清**，外國遊客比較少，建議選這一間買。

▲ 很有名的**歌舞伎町**就在靖國通再走進去了，但此地比較適合大人。另外提醒，為了安全，深夜後盡量避免在此逗留。

▲ **靖國通上並沒有實施交管，因此車輛相當多，建議把大部分時間留在有交管的三丁目，這裡拍拍照走過一遍即可。**

黃金電車路線景點推薦 2 親子親善的購物環境！

豪華的樹購物中心（Grand Tree）

■ 停留時間：3～4 小時

■ 推薦店家：goodday park、阿卡將、GAP、KID-O-KID、活美登利壽司、喜助牛舌

透過副都心線→東急東橫線→港未來線直通運轉，將許多景點連結起來，就能跟著芊爸腳步，開心的帶孩子愉快玩樂！在介紹「武藏小杉／豪華的樹」之前，先讓我們了解一下這一區的親子景點與特色吧！

◎神奈川縣與武藏小杉

景點	說明
神奈川縣	神奈川縣北與東京都相接，是廣義的東京首都圈三縣一都的其中一縣，人口 910 萬人僅次於東京都，比大阪府人口還多。神奈川縣地理位置極佳，有親子友善的豪華的樹購物中心、麵包超人博物館、日清拉麵博物館、橫濱港、紅色倉庫、中華街、棒球場，太多值得帶孩子前往的景點了！
武藏小杉	一川之隔到東京！武藏小杉在神奈川縣川崎市內，只與北邊的東京隔著多摩川而已，因為鄰近東京，近年來發展快速，就好像台灣的林口一樣，曾入選日本人在關東十大最想居住的城市。車站附近許多商場和大樓，而且機場快線 N'EX 竟然有停武藏小杉這一站，住這裡不但來往成田機場快速，還能利用東急東橫線黃金電車北到東京南達橫濱，是一個蠻不錯的區域！

位於武藏小杉的「豪華的樹」，於 2014 年開幕，號稱最適合帶小孩子去的百貨，搭乘東急東橫線由武藏小杉出站 5 分鐘就到了。北邊的池袋、新宿則可由副都心線直通運轉抵達，南邊橫濱可由港未來線直通運轉到達，無論由北由南過來豪華的樹購物中心，其所在的武藏小杉都在中間，30 分鐘就能到達。這裡有明亮寬闊的賣場空間，是芊爸覺得很適合親子前來的室內購物中心。

01 神奈川縣地理位置極佳，有許多值得帶孩子前往的景點。

02 「豪華的樹」是很適合親子前來的室內購物中心。

- 神奈川縣中原區川崎市新丸子東 3-1135 號
- 044-411-7111
- **1～4F 店鋪：10：00～21：00**
  4F 餐飲大廳：10：00～21：00
  1F 餐廳：11：00～23：00
  1F 咖啡：10：00～22：00
  Ito-Yokado（伊藤洋華堂百貨）10：00～22：00
- ・賣場有免費 Wi-Fi，SSID：7SPOT，連上後註冊 E-mail 就能開通使用。
  ・1 樓大廳服務台提供免費嬰兒車租借。

交通方式

往武蔵小杉豪華的樹出站路線圖

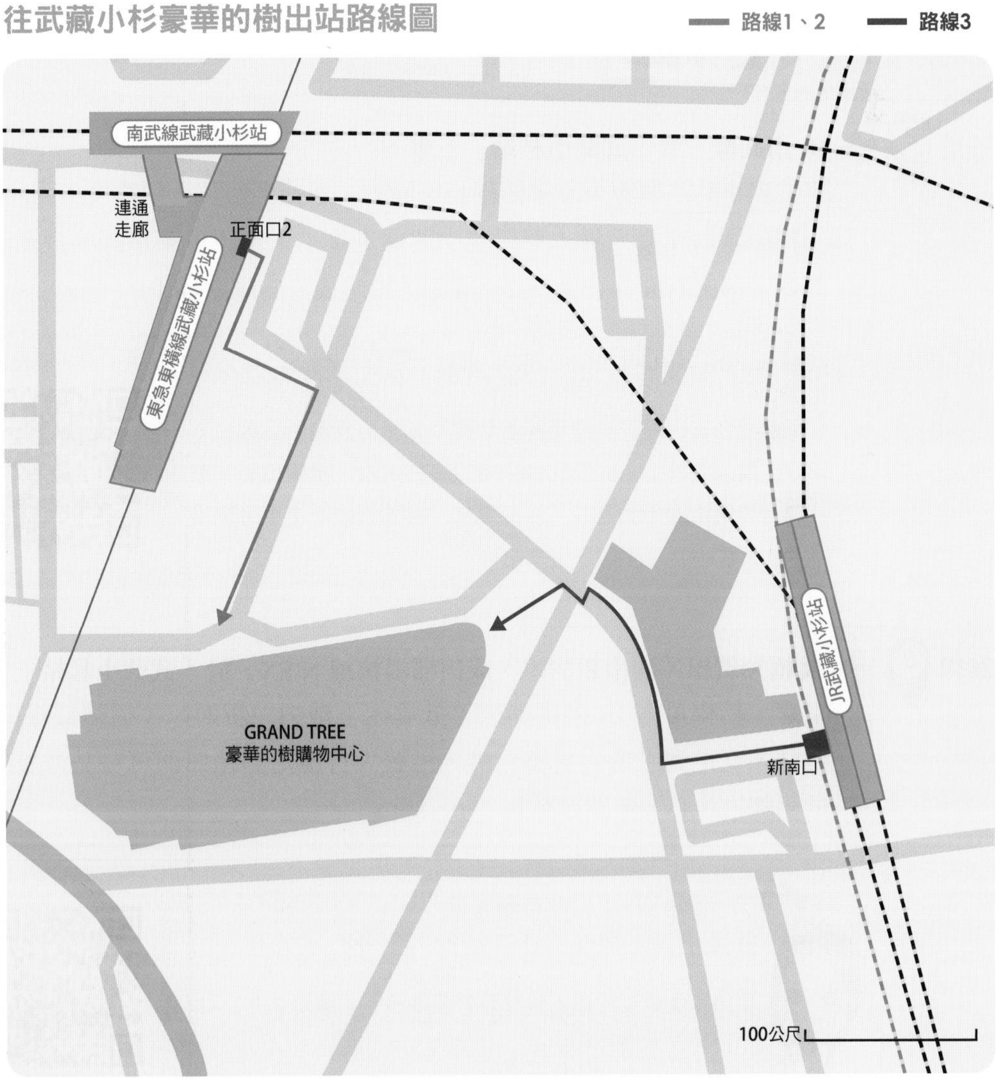

路線1、2　路線3

南武線武藏小杉站
連通走廊
正面口2
東急東橫線武藏小杉站
JR武藏小杉站
GRAND TREE
豪華的樹購物中心
新南口
100公尺

路線 1 **東急東橫線，於「武藏小杉站」下車：**

利用直通運轉優點，由新宿、池袋或橫濱等地搭車到武藏小杉下車，由 2 樓月台下 1 樓車站，走「正面口 2」離開，出站後右轉走到底，再左轉走到路口，不要過馬路右轉直走就可看到豪華的樹購物中心，走路距離約 250 公尺。

東急東橫線武藏小杉站電梯 INFO

兩個月台皆有一部下樓電梯下 1 樓車站。

01 東急東橫線武藏小杉車站蠻新穎的，左右兩邊月台都有電梯，非常便利。
02 正面口 2，指標大又清楚。

路線 2 **JR 南武線，於「武藏小杉站」下車：**

南武線車站站體與東急東橫線是不同的，請務必留意。到達後由「北改札」上樓出閘口左轉，從「東口空中連通走廊」下至東急東橫線的武藏小杉車站內，再由對面「正面口 2」離開，出站後方向同路線 1。

JR 南武線武藏小杉站電梯 INFO

兩個月台皆有兩部上樓電梯上 2 樓車站，分別為「北改札」和「橫須賀線」，北改札會少走很多路，由此出閘口後在東口旁連通走廊走到底有另一部電梯，搭下去後可由東急東橫線的武藏小杉正面口 3 進車站。

路線 3 **JR 橫須賀線、湘南新宿線、成田機場快線 N'EX，於「武藏小杉站」下車：**

東京、新橋可搭 JR 列車過來，抵達後下樓由「新南口（橫須賀線口）」出站，直走到底看到馬路右轉，沿著人行道走到路口即可在左方看到豪華的樹購物中心，走路距離約 250 公尺。

JR 橫須賀線、湘南新宿線武藏小杉站電梯 INFO

車站內僅單一月台，有一部下樓電梯下 1 樓車站。

Play key Raiders
親子遊玩重點攻略

「武藏小杉豪華的樹」是少有讓我印象深刻的購物中心，雖然這裡是室內空間，但賣場整齊光線充足，動線和指標都很清楚，整體環境對於帶著孩子逛街的家庭相當友善，哺乳室有小桌椅供孩子使用、兒童廁所大小高度依照孩子身高設計，並且有多家孩子們可活動遊戲的店家，這些友善親子家庭的設施，值得我們帶孩子來逛逛。

NOTE

購物中心頂樓 5 樓有個 4300 平方公尺日本最大的屋上庭園，有蠻多孩子可以玩的遊樂設施，完全免費，開放時間 10：00～18：00。

03 來到「豪華的樹」孩子們很多事可以做，因此我很推薦這間購物中心，看著孩子們能在大人購物時也開心的笑，就是我安排來這邊逛街最大的滿足了！
04 賣場內的指標都用大又易懂的圖示標明，並且走道寬敞無比，這是東京市區所難有的購物環境。

1樓 逛超市及享用美食

1 樓有一間非常大的超市「Grand Tree Marche」，可在此補足民生用品。除此之外，餐廳區推薦一定要吃仙台牛舌名店「喜助牛舌」、活美登利迴轉壽司，壽司便宜新鮮又好吃。

05 1 樓餐廳區，推薦一定要吃仙台牛舌名店「喜助牛舌」。
06 喜助牛舌旁邊的活美登利迴轉壽司，便宜新鮮又好吃。
07 沒時間的人，也可和我一樣把壽司買回飯店吃，有大蝦、干貝、海膽、星鰻、鮭魚卵，¥1700 不算貴。

2樓 GAP

換季時記得來逛 GAP 撿便宜，常有驚喜價喔！當時我們是在寒假即將換季時來逛，碰到 2 樓 GAP 歲末出清，鋪毛外套竟然只要 ¥990 再打 9 折（GAP 無法退稅），在台灣大概 990 台幣還買不到。

3樓 Snow Peak

最近很多瘋露營的人都跑來日本添購裝備，3 樓有一間 Snow Peak 露營用品專賣店不可錯過唷！

01 換季時可以來逛 GAP 撿便宜，常有驚喜價喔！

02 喜歡露營的人，別錯過 Snow Peak 露營用品專賣店。

4樓 goodday park

伊藤洋華堂百貨（Ito-Yokado）旗下的 goodday park 必逛！伊藤洋華堂在豪華的樹 1、3 及 4 樓各有附屬的櫃位，其中 4 樓的 goodday park 有賣玩具、兒童用品、衣服、文具、鞋子等，品項和阿卡將多有不同，而且滿額可以退稅（統一出示護照結完帳後，於 1 樓伊藤洋華堂專屬退稅櫃台辦理現金退稅），蠻適合來此挖寶的。

03 空間超大，兒童商品超多，仔細找找能找到很多特價品。

04 MoonStar5 折的鞋子再打 5 折，等於 1/4 的價錢就可入手。

05 goodday park 有專屬孩子遊戲的區域又有轉蛋機，擺放許多玩具讓孩子玩樂，芊芊又黏住了。

4樓 阿卡將

4 樓可說是豪華的樹最重點區域，有 goodday park 也有阿卡將，店面都非常大，還有數間兒童幼兒商品及幼兒遊戲的店，光是這一層就可逛好久。之前介紹過錦糸町阿卡將，錯過的人來這裡還是逛得到，商品數量種類超級多，加上可以退稅，不小心又手滑了一大堆東西回家。

06 店內空間大走道寬，推推車也很容易走動。
07 阿卡將的衣服也太多了，都可以另外開一間童裝專賣店了。
08 阿卡將店內嬰幼兒用品數量驚人，而且可以退稅，一定要逛！

4樓 KID-O-KID

KID-O-KID 是 Børnelund 旗下類似愛樂園的兒童室內樂園，在阿卡將隔壁，不過有更多強調幼兒體適能的東西，店內並販賣幼兒玩具與教具，可買到不少日系幼兒的專門玩具。

09 KID-O-KID 是類似愛樂園的兒童室內樂園。
10 KID-O-KID 就在阿卡將隔壁。

★ 費用：
- 入場費成人¥500
- 6個月～12歲前30分鐘¥600，之後每10分鐘¥100

＊6個月以下嬰兒無法進入、大人不需收延長費。

4樓 其他特色店家簡介

01 4 樓的 **Rainbow SPECTRUM** 以販賣色彩繽紛的生活雜貨聞名。

02 **mano creare** 是間手作材料店，除了大人的手作材料外，也販賣小學生美術美勞需要的材料及相關用品。

03 買玩具、玩偶、卡通周邊商品不可錯過這間 **KIDDYLAND**。

04 這裡還有專屬**孩子的理髮店**，就算只有媽媽帶小孩逛街，也可以很放心把孩子留在這。

05 **My Gym** 標榜小孩專屬的健身房，有老師從旁協助幼兒體適能及運動，幫助肌肉發展與協調性。

從東京玩到橫濱！橫濱市簡介

跟著芊爸的黃金電車路線遊玩，東京橫濱一線就到免轉乘！接下來主要以橫濱市景點來介紹。橫濱市與東京市均臨東京灣，中間隔著川崎市，橫濱人口在日本國內僅次於東京 23 區排名第二，為神奈川縣東部的港都，且是神奈川縣廳所在地。

橫濱港同時也是東京港的外港，兩個城市交流密切，橫濱主要適合親子觀光的景點多集中在港灣附近，這邊有東急東橫線直通運轉的港未來線通過，藉由沿線的 5 個車站可規劃出許多玩法唷！

黃金電車路線景點推薦 3 與孩子一同回味童年卡通！

橫濱麵包超人博物館

■ 遊玩時間：4 ～ 5 小時
■ 鄰近景點：西松屋、橫濱地標塔、皇后廣場、Mark is 百貨

麵包超人博物館位於橫濱市內，說起麵包超人，那可是無人不知無人不曉，是連爸爸我這一代都知道鼎鼎大名的卡通人物。話說小時候放學回家就趕緊把電視打開，不是哆啦 A 夢就是麵包超人，每次看電視，總是期待麵包超人和夥伴們，打敗細菌人等壞蛋，現在有了孩子，一定要帶孩子到麵包超人博物館朝聖一下！ 2007 年開幕的橫濱麵包超人博物館，裡面有室內樂園、商店街和不二家牛奶妹聯名的餐廳，跨世代的超級偶像，大人小孩都著迷。

INFO

- 橫濱市西區みなとみらい 4-3-1 號
- 04-5227-8855
- ・**博物館** 10：00 ～ 18：00（17：00 最後入場）
  ・**購物中心** 10：00 ～ 19：00
  ・**麵包超人＆牛奶妹的廚房（餐廳）**
  10：00 ～ 20：00（19：00 最後點菜）
  ★元旦休館
- 滿 1 歲～成人 ¥1500、小學生（含）以下購票額外贈送小禮物
  ★博物館外的商店街及餐廳不需購票。

▲ 麵包超人的門票設計的很可愛，12 歲以下加贈小禮物喔！

交通方式

底下只列出港未來線新高島站的路線，因為雖然可由附近的高島町站抵達，但該車站僅一條橫濱電車藍營線運行，東京方向過來的人需要在橫濱車站換車，並且出站後還要走天橋或鐵路地下道，路線不順、第一次走易迷路，故不寫出這條路線出來。

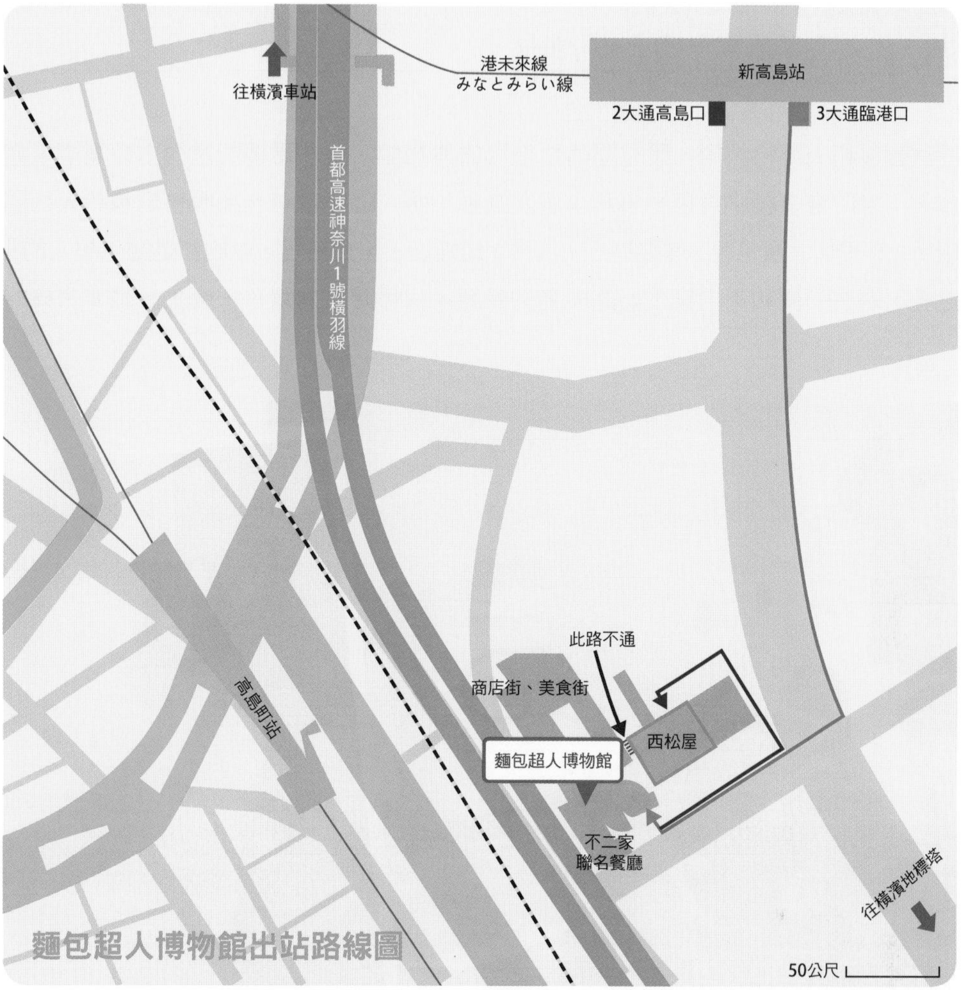

麵包超人博物館步行路線圖　往西松屋

港未來線
みなとみらい線
新高島站
往橫濱車站
2大通高島口
3大通臨港口
首都高速神奈川1號橫羽線
此路不通
商店街、美食街
西松屋
麵包超人博物館
高島町站
不二家
聯名餐廳
往橫濱地標塔
50公尺

麵包超人博物館出站路線圖

搭乘港未來線，於「新高島站」下車：

利用直通運轉優點，由東京市區搭乘副都心線，直通運轉為東急東橫線，於橫濱車站後再轉為港未來線，過一站就到新高島。車站為單向雙月台，抵達後上 B2 層出站，由閘口外「3 大通臨港出口」上地面層，之後左轉沿著馬路走，第二個路口右轉過馬路直走即可看到麵包超人博物館，約 500 公尺。

港未來線新高島站電梯 INFO

兩個月台都有電梯上 B2 層車站，出閘口右邊有電梯可搭上地面層（3 號大通臨港出口有樓梯但無手扶梯）。

NOTE

雖由 2 號大通高島口出來會在馬路另一邊比較近，但得於 B1 多轉一次電梯，時間上並沒有比較省。

Play key Raiders

親子遊玩重點攻略

橫濱麵包超人博物館內，設有需購票進場的博物館，是 3 層樓的室內主題樂園，亦有劇場演出，不定時會有劇中角色出場和小朋友互動拍照。這裡也有全部販售麵包超人相關商品的商店街，有書店、麵包店、理髮廳、文具店、娃娃店、美食街等，賣的都是麵包超人的東西。除此之外，還有一間和不二家牛奶妹聯名的餐廳，我那時來此幫孩子慶生，是非常棒的回憶呢！

01 劇中角色不定時會出場，和小朋友互動拍照。
02 一進場就看到果醬叔叔迎接，芊芊好開心。
03 連垃圾桶都有麵包超人的可愛彩繪，一看就知道如何分類。
04 麵包超人博物館內的寄物櫃每次收費 ¥100，但可以退費，等於是免費。

1樓 人形劇場看表演

1 樓最重點就是每天數場演出的人形劇場了，表演時間會在入口處公告，演出中將有麵包超人本尊和夥伴一起出來跳舞，15 分鐘的表演中間有數次穿梭於觀眾之中，驚喜歡樂讓孩子們難忘不已。建議演出前 15 分鐘，先於劇場前排隊等待，劇場內座位不多，否則晚來了可能看不到或是得站在最後排看。

05

06

07

08

05 演出中將有麵包超人本尊和夥伴一起出來跳舞。

06 旁邊的小商店賣的是館內限定的周邊商品，外面商店街買不到。

07 1 樓是個很大的活動空間，其中彩虹溜滑梯最受孩子歡迎，玩到欲罷不能。

08 1 樓另有個區域專門讓卡通裡的人物出場和小朋友們同樂，瞧我們家亭亭和紅精靈抱好久，完全不想離開。

2樓 小藝廊回顧繪本歷史及玩 DIY

小藝廊

麵包超人是漫畫家柳瀨嵩筆下的人物，初期僅是繪本「十二の珍珠」裡面的一則故事，敘述有一位圓臉男人不顧自身危險，送麵包幫助貧苦飢餓的孩子，而後將之設定為虛擬人物推出童話繪本。

從 1973 年初登場至今已經超過 40 年，動畫卡通更從 1988 年連續播放到現在近 30 年，並不斷新增新的角色，成為金氏世界紀錄最多角色的動畫！有別於一般卡通，麵包超人透過劇情傳達吃的美好、食物的重要、分享的快樂，對孩子來說都是很正面的，2 樓的小藝廊可回顧這經典繪本的歷史。

▲ 2 樓的小藝廊，可以回顧麵包超人故事歷史。

麵包超人掛飾 DIY

2 樓還有麵包超人掛飾的 DIY，有指導員從旁教學，讓孩子看著選定的人物描繪出五官，並且將各部分黏貼起來，完成屬於個人的麵包超人，當然也可選擇紅精靈、吐司超人等經典角色，陪著孩子一起創作吧！

▲ 完成了紅精靈掛飾，芊芊非常滿意的對我展示成品。

角色扮演和幼兒遊戲區

2 樓還有角色扮演、幼兒遊戲區，無論是兒童或是幼兒都很喜歡。

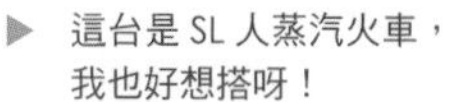

▶ 這台是 SL 人蒸汽火車，我也好想搭呀！

3樓 博物館展示區

3 樓的博物館展區裡展示了許多麵包超人登場過的角色，看到這麼多排排站的「食物」超人，勾起了我小時候的回憶，好像瞬間搭乘時光機回到童年，所有當時觀賞卡通的感動都回來了呢！

01 好多食物超人呀，勾起了我小時候的回憶！

02 場景設定在麵包超人所居住的村莊，孩子們可以在裡頭冒險。

03 果醬叔叔正在烘烤麵包，3 個女孩超好奇的圍在爐邊觀看。

博物館後方 麵包超人與不二家 Peko 牛奶妹的餐館

這是間和不二家聯名的餐廳，除了用餐外我覺得最棒的是壽星專屬慶生活動，如果是當月的壽星到餐廳用餐，就能有一個專屬的生日禮！我覺得很值得，人在國外還能幫孩子慶生，小瑪超級開心，光是這麵包超人的玩具蛋糕，就讓小壽星開心不已。

01 來這裡幫小瑪慶生，她超級開心！
02 只要 ¥550 的生日快樂餐，含氣球、冰淇淋鬆餅和紀念照一張，以及工作人員端出的麵包超人慶生蛋糕，推薦壽星必來！
03 兒童全餐有焗烤、蛋包飯、小肉排、炸蝦、炸雞、鬆餅、果凍，一份就夠我們家 3 個女孩享用，¥2500 雖不便宜但內容可以接受。

博物館外 逛商店街

博物館外的廣場有非常多的商店，單逛商店街是不用買票的，這裡全都是麵包超人的周邊商品，右邊照片裡看到的是衣服店和理髮廳，沒錯！這裡竟然還有兒童專屬剪頭髮的地方呢！除此之外，最裡面的 Anpanman Terrace 有美食街及各種麵包超人禮品，完全就是一個爸爸媽媽不花錢小孩會生氣的地方嘛！整體來說，橫濱麵包超人博物館交通方便又好玩，0 ～ 12 歲小孩都推薦來玩！

04 這裡竟然還有兒童剪髮的地方。
05 書店裡每一本都是麵包超人的書，學數學、學英文都能有麵包超人陪伴，太幸福了。

06 娃娃店裡可愛的布偶讓人好心動，帶一隻回家留念吧！
07 Anpanman Terrace 有美食街及各種麵包超人禮品。
08 連嬰兒奶嘴都有麵包超人，日本人真的很會行銷。
09 一定要光顧果醬叔叔的麵包店，店內一共有 18 種不同角色的麵包，均一價每個 ¥310。

鄰近景點順遊 —— 西松屋橫濱港未來店

到日本購買嬰幼兒用品，除了阿卡將外，許多人想到的就是西松屋，這也是一間以平價商品為主打的嬰幼兒用品專賣店，而且種類品項和阿卡將不相上下，價錢也互有高低，比較可惜的是西松屋還沒有辦法退稅。這間西松屋就在麵包超人博物館旁邊，步行距離 150 公尺，超近的！

INFO
■時間：10：00～20：00，全年無休。

10 西松屋是一間以平價商品為主打的嬰幼兒用品專賣店。
11 童裝是西松屋的強項，數量比阿卡將更驚人，價位普遍在 ¥500～¥1000 之間。
12 各式嬰兒用品都有，這些日系品牌在台灣單價都蠻高的。

黃金電車路線景點推薦 4 親子一日輕鬆散步去！

港未來 21 周邊

橫濱車站東南，港未來線新高島和港未來兩個車站沿線附近 186 公頃的土地，是一塊再開發的新興海濱城市，被稱為「港未來 21」。近年來發展迅速的港未來 21，在港未來車站旁有 3 間大型購物中心：皇后廣場（Queen's Square）、地標塔（The Landmark Tower）、Mark is Minatomirai。

這裡飯店林立，芊爸 2016 年寒假就住橫濱格蘭洲際飯店，生活機能相當優異，一點都不輸東京，而且麵包超人博物館正位於港未來 21 內，將周邊景點和商場串接起來，將會是個很不錯的一日親子散步路線。

01 港未來 21 景點與百貨間距離不遠，能串成很不錯的一日親子散步路線！
02 皇后廣場由橫濱灣東急飯店、音樂廳和商場共同組成，和最後面橫濱最高的地標塔商場彼此互相連通，來往方便。
03 皇后廣場內，與東急飯店乃至於港灣邊的格蘭洲際飯店都可由 2 樓的走道連通，可快速回到飯店。

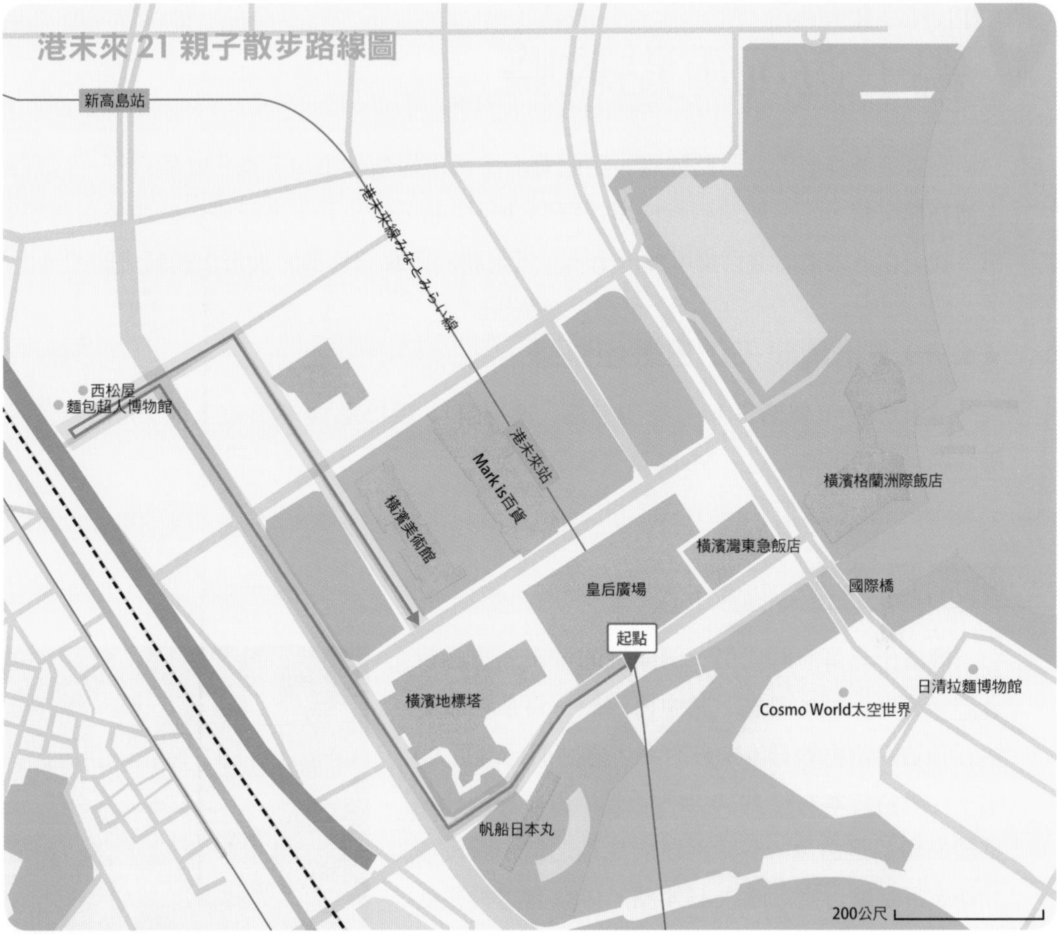

港未來 21 親子散步路線圖

新高島站
港未來線みなとみらい線
西松屋
麵包超人博物館
港未來站
Mark is百貨
橫濱美術館
橫濱格蘭洲際飯店
橫濱灣東急飯店
皇后廣場
國際橋
起點
橫濱地標塔
Cosmo World太空世界
日清拉麵博物館
帆船日本丸
200公尺

交通方式

搭乘港未來線，於「港未來站（みなとみらい）」下車：

利用直通運轉優點，由東京市區搭乘副都心線，直通運轉為東急東橫線，於橫濱車站後再轉為港未來線，過 2 站就到港未來。車站為單月台雙向行駛，抵達後上 B3 層出站，閘口正前方就是 Mark is 百貨的地下樓層，左轉 50 公尺上樓可到皇后廣場購物中心，地標塔商場與之相連互通，3 個百貨近在咫尺。

港未來線港未來站電梯 INFO

月台有電梯和手扶梯上 B3 層車站，閘口就在電梯旁，出閘口直通 Mark is 百貨上樓，或是左轉直走 50 公尺可搭電梯或手扶梯到皇后購物中心。

Play key Raiders
親子遊玩重點攻略

照著芊爸推薦的散步路線走，可飽覽海洋城市橫濱的港口美景，並與孩子一起到麵包超人博物館玩樂，逛完順路到西松屋採買嬰幼兒用品，然後登上地標塔由空中俯瞰美麗的橫濱市。晚上在港未來周邊百貨用餐逛街，一天走路的距離不算長，大人小孩都盡興！

★★★★★推薦親子 1 日散步路線

港未來站 ⇨ 帆船日本丸 ⇨ 麵包超人博物館 ⇨ 西松屋 ⇨ 傍晚登上地標塔展望台 ⇨ 地標塔商場／皇后購物中心／ Mark is 百貨逛街晚餐

帆船日本丸

橫濱作為幕府時代第一個開港的城市，想必留有許多有歷史性的船艦，其中停泊於一百多年歷史舊石造船塢的帆船日本丸最有名，這艘船已經近 90 歲了，帆船日本丸於 1930 年代被起用做航海訓練，整艘船體都是白色，有太平洋的白鳥之稱。服役期間總航行距離可繞行地球 45.4 圈，1985 年退役後就在這裡展出，除甲板外共有 3 層可以參觀，而舊石造船塢周邊萬坪腹地，被規劃為港未來的綠地公園。

01

02

INFO

神奈川縣橫濱市西區港未來 2-1-1 號
045-221-0280
10：00～17：00（16：30 最後入場）
3 月～11 月：成人（18 歲以上）¥400、65 歲以上 ¥250、小學／中學／高中生 ¥200
12 月～2 月：成人（18 歲以上）¥200、65 歲以上 ¥150、小學／中學／高中生 ¥100
每週一（遇國定假日則會開放）
臨時休館日請上官網查詢
http：//www.nippon-maru.or.jp/info/index.html

03

01 停泊於一百多年歷史舊石造船塢的帆船日本丸。
02 沿著海岸邊散步過來，感受橫濱建築之美與港口風光。
03 長 97 公尺寬 13 公尺，在帆船旁邊好能感受這艘船的巨大，可想見其曾經擁有的風光。

橫濱地標塔與商場（The Landmark Tower）

04

港未來車站周邊有 3 個購物商場，其中以好逛度來說，我覺得 Mark is 百貨和地標塔商場最棒。商店的走向比較多親子家庭適合的店，共同優點是賣場走道空間都很大，非常適合帶小孩，是結束一天橫濱行後，最佳的休息用餐與購物點。

- 神奈川縣橫濱市西區港未來 2-1-1 號
- 045-222-5030
- **商場營業時間** 10：00～20：00
  咖啡、餐廳 11：00～22：00
  船塢公園餐廳 11：00～23：00
- 賣場有免費Wi-Fi，SSID：JAPAN-FREE-WIFI，登錄資訊後就能開通使用。

05
06

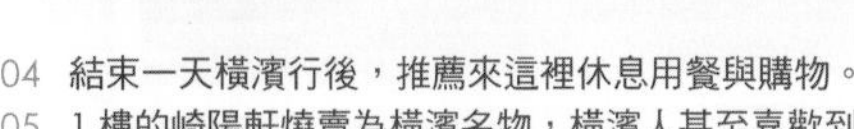

07

08

04 結束一天橫濱行後，推薦來這裡休息用餐與購物。
05 1 樓的崎陽軒燒賣為橫濱名物，橫濱人甚至喜歡到看棒球也要吃它，而和幸豬排、喜助牛舌也都在 1 樓。
06 1 樓還有個成城石井超市和星巴克。
07 H&M、UNIQLO、GAP、TOMICA 玩具等這邊都有。
08 橫濱地標塔大樓高 296.3 公尺，為橫濱第一高樓，在日本僅次於大阪的阿倍野大樓為第二高，為辦公、旅館、醫療、展覽、百貨綜合的商場。

地標塔 69 樓空中展望台

芊爸喜歡由各種角度欣賞城市之美，來到橫濱最高的地標塔不免俗也要登頂！ 69 樓的空中展望台 273 公尺，搭乘超快速電梯 40 秒可到，上去後可 360 度盡享橫濱美景，天氣好的話還有機會看到富士山，最推薦和我一樣算好時間傍晚上去，可同時飽覽日夜不同的橫濱風光。

▲ 登頂後往北邊可看到港未來 21 數棟新興高樓，眼尖的人還能看到麵包超人博物館和橫濱車站。

NOTE

空中展望台售票口在 3 樓，別忘了買票前先在售票口外的機台拿「整理券」，有幾個人就拿幾張。憑券購買空中展望台門票，每張票可現折 ¥200，整理券乃是晚上於地標塔旁，船塢公園的夜間投影秀的免費入場券（上面會顯示表演時間）。

▲ 別忘了 3 樓售票口外機台的整理券，憑券享有門票優惠！

01

01 孩子們興奮的期待日落，一起倒數迎接夜晚的到來。
02 展望台上每一面角度都有這樣的景點對照實景圖，可和孩子一同邊看邊認。
03 地標塔是橫濱最高樓，吸引許多攝影迷登頂拍照。
04 入夜後的港未來點上美麗的燈光，與孩子一起盡享橫濱港灣夜晚的華麗，左邊為港未來 21，右邊日清拉麵博物館、紅色倉庫等景點都在那裡。
05 由 1 樓走出地標塔可到船塢公園，可憑剛剛拿到的整理券欣賞約 10 分鐘的夜間投影演出，完全免費不可錯過。

02

03

04

05

神奈川縣橫濱市西區港未來 2-1-1 號　045-222-5030
10：00～21：00，週六及暑假延長至 22：00，最晚入場時間為關門前 30 分。
成人（18 歲以上）¥1000、小學生／中學生 ¥500、高中生／ 65 歲以上 ¥800、4～6 歲 ¥200

Mark is Minatomirai 百貨

Mark is Minatomirai 百貨中的「Minatomirai」，意思就是港未來，所以也可叫 Mark is 港未來百貨。這間 2013 年開幕的商場，最大優勢是和港未來車站相連，出閘口就到百貨，而且賣場走向很類似武藏小杉的 Grand Tree，非常適合親子家庭來逛。**這裡的美食街選擇多元豐富，地下 1 樓還有大間超市，是港未來車站 3 間百貨中最新的**，也是芊爸在港未來 21 最喜歡的一間購物中心。

除此之外，走進 Mark is 港未來百貨的兒童專屬洗手間不僅是大開眼界，其空間寬敞明亮更讓人印象深刻，這麼大又專門給親子使用的廁所在東京市區的百貨是很難見到的，就算不上廁所，光是和孩子一起在沙發上休息就很棒了呢！

神奈川縣橫濱市 3-5-1 號
045-224-0650
- 週一～週五 10：00～20：00
- 週六、週日、國定假日 10：00～21：00
- 美食街、餐廳 11：00～23：00

01

02

B1 京急超市

03
04

B1 有一間大間的京急超市，基本上我們住橫濱時的生活所需都在這間採買了。這裡除了有零食餅乾泡麵外，還有便當、飯糰、水果、生菜沙拉、壽司、麵包，連和牛都買得到，港未來因為有了這 3 個購物中心，生活機能大大提升，推薦親子家庭可住這邊。

01 兒童專屬洗手間空間寬敞明亮。
02 換尿布台和兒童廁所，好像走進幼兒園一樣，小朋友特別開心能在小馬桶上廁所呢！
03 京急超市可以採購生活所需，非常推薦親子家庭住在這附近。
04 超市內有賣日本起司，每天還能換一個日本不同地點產的起司吃，連豆漿、牛奶都有不同產地，每天早餐可吃得很營養。

其他店家推薦

05

06

07

08

09

05 Mark is 港未來百貨 3 樓的 **motherways**，是一間日系童裝專賣店，款式眾多價格平價，許多媽媽都專門來這一間掃貨。
06 3 樓有**玩具反斗城**，住橫濱的家庭不妨就近在這邊買玩具。
07 似乎親子走向的百貨都看得到**Børnelund**，還記得武藏小杉豪華的樹有介紹過嗎？非常推薦這間販售的幼兒知育玩具，也可讓孩子到附屬的KID-O-KID室內樂園玩。
08 **4 樓美食街**很大座位蠻多的，餐點有中式、西式、日式，平均起來 ¥1000 就能吃飽。
09 4 樓美食街的**三浦三崎港迴轉壽司**（まぐろ問屋），平價新鮮的迴轉壽司孩子很喜歡。另還有**丸龜製麵**，更是平價美食的好選擇。

黃金電車路線景點推薦 5 做一包屬於自己的拉麵吧！

日清拉麵博物館

■ 遊玩時間：3～4 小時
■ 鄰近景點：紅色倉庫、港未來 21、太空世界

合味道紀念館（Cupnoodles Museum）又稱為日清拉麵博物館、安藤百福發明紀念館，日清拉麵是安藤百福先生的得意作品，是世界上第一包泡麵。發明人安藤百福原名吳百福，1910 年出生在嘉義朴子，後歸化為日本籍改姓安藤，1958 年世界第一包雞味拉麵從他手中發明，迅速獲得市場的接受與大成功，而後百福先生成立日本拉麵協會，轉讓並公開雞味拉麵專利。

1971 年他針對美國市場發明了杯裝泡麵，方便快速好沖泡，打開了日本以外的市場。2011 年於橫濱成立的合味道紀念館，就是為了紀念百福先生而蓋，**孩子們在這裡可以自己彩繪泡麵杯，6 歲以上還能參加雞湯拉麵製作**，非常好玩喔！

橫濱市中區新港 2-3-4 號　045-345-0918
10：00～18：00（17：00 最後入場）
- **入館費用**：成人（大學生（含）以上）¥500、高中生以下免費
- **彩繪杯麵** ¥300／每杯
- **元祖雞湯拉麵 DIY（需預約）**：國中生（含）以上 ¥500，6～12 歲 ¥300

＊雞湯拉麵 DIY 需事先上網預約，現場僅能有空位時排候補。

休 每週二（若為國定假日則順延一天）

01

02

01 安藤百福歷史廳位於 2 樓，牆上標記著百福先生發明泡麵的歷程，以及每一杯日清杯麵所蘊藏的智慧設計。
02 百福先生當時在大阪的研究小屋，因為有他的發明，我們今天才有這麼多美味的泡麵可以吃。

交通方式

→ 往日清拉麵博物館 → 往紅色倉庫

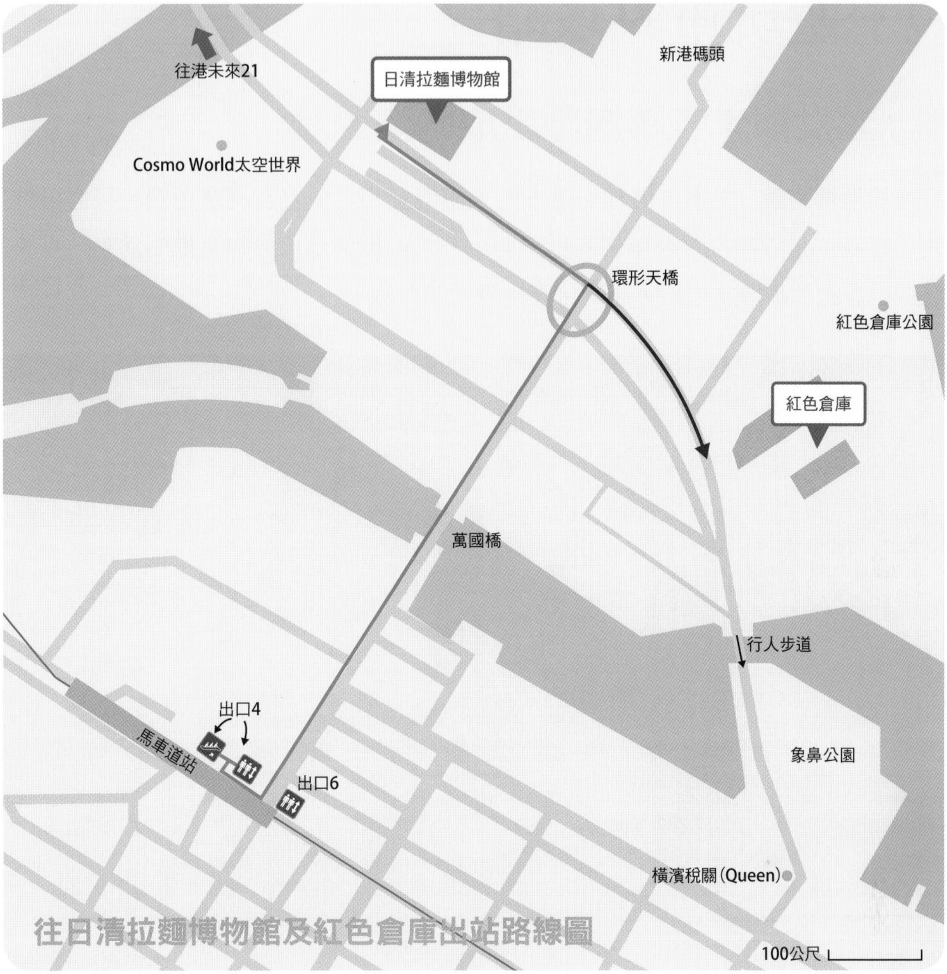

往港未來21
日清拉麵博物館
新港碼頭
Cosmo World太空世界
環形天橋
紅色倉庫公園
紅色倉庫
萬國橋
行人步道
出口4
馬車道站
出口6
象鼻公園
橫濱稅關(Queen)
往日清拉麵博物館及紅色倉庫出站路線圖
100公尺

搭乘港未來線，於「馬車道站」下車：

車站為單月台雙向行駛，抵達後上B2層出閘口，左轉由「4、5、6、7出口」上B中1F層，之後由出口4或6上地面層都可走到拉麵博物館。但由「出口4」在馬路左邊比較近，上樓請迴轉至路口，沿著馬車道往新港碼頭（有路牌）方向走將會經過萬國橋，後於圓形天橋處左轉（此處右轉可到紅色倉庫），直走到下一個路口。合味道紀念館就在右邊，步行距離約800公尺。

港未來線馬車道站電梯 INFO

月台有電梯往B2層車站，出站後基本上各出口都有設置電梯，出口4另設手扶梯，指標清楚。

Play key Raiders

親子遊玩重點攻略

2樓 超壯觀！各國泡麵組成的泡麵牆

日清拉麵博物館一共有5層樓，這裡的入館門票相當便宜且兒童免費，只需再針對要參與的彩繪杯麵或是雞湯拉麵製作個別付費即可。這兩項都是孩子很喜歡的活動，完畢後還可順便參觀紀念館和購買紀念品，建議可安排半天的行程。

各樓層說明

樓層	說明
1樓	售票處和商店。
2樓	展示日清拉麵歷史。
3樓	可彩繪杯麵、雞湯拉麵 DIY 課程。
4樓	有兒童遊樂區和泡麵美食街。
5樓	不對外開放。

▲ 2樓有整面超壯觀的泡麵牆，從第一包泡麵發明開始，紀錄了50多年來世界上所推出的各品牌泡麵，一定要來看看。

3樓 我的合味道工廠！製作獨一無二的彩繪杯麵

3 樓共分為 2 個區域，左半邊為「我的合味道工廠」，合味道為日清的杯麵品牌，所以這裡顧名思義就是創作屬於自己的杯麵。遊客可以自己投販賣機（¥300 ／每杯），然後拿著館內提供的彩色筆，彩繪自己的泡麵杯，之後可挑選四種料，總共有 5460 種不同變化，相當適合爸爸媽媽陪著年紀比較小的孩子一起創作。

01 每個人都聚精會神的彩繪杯麵。
02 彩繪杯麵後，工作人員統一封蓋，會將它裝在充氣的特製塑膠膜中，讓孩子當作掛飾掛著，超可愛的實在捨不得吃呀！

3樓 親子必體驗！ 90 分鐘元祖雞湯拉麵 DIY

日清拉麵博物館館內推薦一定要參加的，就是這個元祖雞湯拉麵 DIY 了，從麵粉、泡麵麵條都是自己來完成，除了可以帶回自己做的泡麵外，還有免費的小雞頭巾可以帶走喔！費用大人 ¥500、小孩（6 ～ 12 歲）¥300，場地非常大又乾淨，分成前後場時段交叉教學，每場 90 分鐘豐富紮實的教學內容，大孩子們一定要來玩！記得先在官網預約喔！

每日場次：10：15、11：00、11：45、13：15、14：00、14：45、15：30、16：15
人數／對象：每次 48 人，小學生以上
預約網址：http：//www.cupnoodles-museum.jp/attraction/06.html

★注意事項

1. 滿 6 歲才可報名參加，每組 2 人，單數人無法報名。
2. 每一場次開始前 15 分鐘，一定要報到並完成報名手續。
3. 沒有報名的人無法進入雞湯拉麵工廠（也不可在旁拍照，要拍照一定也要報名）。
4. 網路預約優先，現場參加只能憑運氣，有空席才可報名。
5. 欲參加日期的前 3 個月，開放網路預約。

雞湯拉麵 DIY 流程

▲ 指導老師先講解所用到的材料，當然是日語介紹，但大致看動作可了解意思。

▲ 每一大一小一組分的材料共可做出 2 人份，讓孩子從麵粉開始，揉捏、桿壓每一個動作不馬虎。

▲ 藉由機器的幫助來回的壓麵團，每一個孩子都可以做出這麼光滑細緻的麵團，超有成就感。

▲ 醒麵過程中，孩子們拿起彩色筆在包裝袋上塗鴉，畫上可愛的圖案。

▲ 最後把麵團壓到最薄，並切成長長細細的麵條，拿起剪刀剪成適當長度，剪完後平分成兩份，交給工作人員油炸裝袋就完成了。

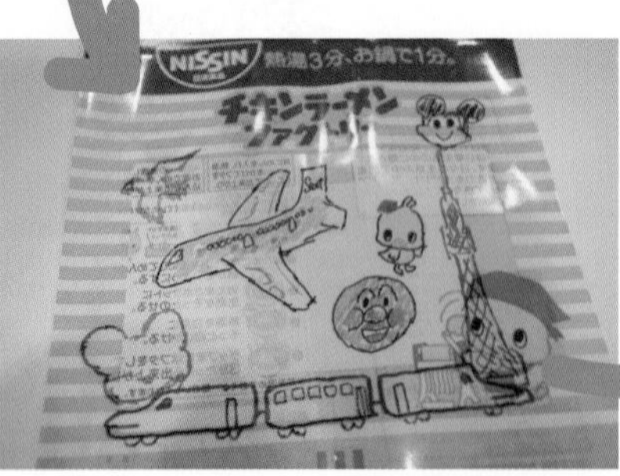

▲ 芊芊和我合力完成的作品，把我們去玩的地點和交通工具都畫出來了。

▲ 費用不高的活動，完整 90 分鐘的教學加製作，完成後孩子們得意的表情全寫在臉上，還能把頭上的小雞頭巾帶回家，收穫滿滿！

4樓 Noodles Bazaar 麵條街

肚子餓了的話，就上 4 樓吃東西吧！ Noodles Bazaar 麵條街點杯元祖雞湯麵才 ¥150，另有 8 種異國口味日清麵 ¥300，冰品、甜點、飲料也都均一價 ¥300，非常便宜喔！

4樓 合味道遊樂區

麵條街旁邊是合味道遊樂區，入場費 ¥300，有體能攀爬網、球池、油炸體驗區、逆轉杯麵區、螢幕互動遊戲和溜滑梯，讓孩子化身成小小的麵條，在遊戲中體驗每一杯日清杯麵的製作過程。

INFO
- 10：30～17：30（最終入場 17：00）
- ・**年齡**：3 ～12 歲，身高滿 90 公分
  ・**時間**：每場次 30 分鐘、遊玩時間 25 分鐘）

01 合味道遊樂區有體能攀爬網、球池等多種遊玩區域。
02 長長的溜滑梯是孩子們最愛的區域，從一箱箱的杯麵中溜下來，就好像自己也變成小杯麵一樣有趣。

鄰近景點順遊 —— 橫濱太空世界（Cosmo World）

日清拉麵博物館正對面的橫濱太空世界，是個有大摩天輪和無數刺激好玩設施的遊樂園，免入園費。這裡的遊樂設施採取單項計費，每單項約在¥200～¥700，摩天輪則是¥800（3 歲以下免費）。

時間：
營業時間與休園日請上官網查詢：
★ http://cosmoworld.jp/calendar/

▲ 橫濱太空世界，是個有大摩天輪和無數刺激好玩設施的遊樂園。

黃金電車路線景點推薦 6 世界第一名早餐分店在此！

紅色倉庫

■ 遊玩時間：2～3 小時
■ 鄰近景點：日清拉麵博物館、象鼻公園、橫濱三塔

具有百年歷史的紅色倉庫又稱紅磚倉庫，當初興建的目的是做為橫濱港入關貨物的保稅倉庫，共有一號館（較小）和二號館（較大）。保稅後的貨物可暫存不進入日本或是等待去第三國，這些貨物將不會被課稅，橫濱港因此成為日本商船貨船的門戶港口之一。

如今紅色倉庫已轉型為觀光美食為主的賣場，其中來自澳洲的 Bills 餐廳，其香蕉蜂蜜奶油 Ricotta 鬆餅，被選為世界第一名的早餐，分店就在紅色倉庫，一定要來朝聖！

▶ 紅色倉庫又稱紅磚倉庫，為日本最早使用升降設備和避雷、防火設施的建築，來到這邊不只看歷史還能嚐美食，吸引許多遊客前來。

神奈川縣橫濱市中區新港 1-1 號

045-227-2002

紅色倉庫 一號館 11：00～19：00
二號館 11：00～20：00
（各店家實際營業時間略有不同）

Bills 營業時間

- **週一～週五** 9：00～23：00（最後點餐 22：00，最後點飲料 22：30）
- **週六、週日及國定假日** 8：00～23：00（最後點餐 22：00，最後點飲料 22：30）

交通方式

交通方式與前一篇日清拉麵博物館相同，但在另一個方向，兩個景點相距不遠，請參考 P255 地圖。

Play key Raiders

親子遊玩重點攻略

紅色倉庫分為一號館、二號館，一號館比較小，建成於 1913 年，從其外觀看得出是一棟很有歷史的建築，館內多以文化設施為主；二號館建成於 1911 年，雖為二號館但其實比一號館早完工，有世界第一名早餐 Bills、巴黎第一名的可麗餅店 Breizh Café 等餐廳，館內並有多家商店，一定要去逛逛！

01

02

03

04

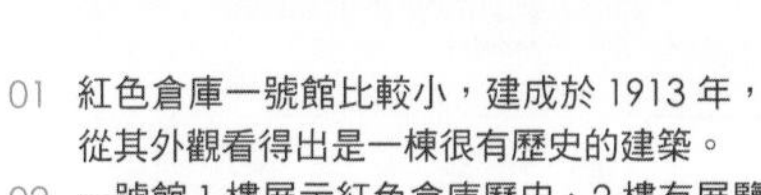

01 紅色倉庫一號館比較小，建成於 1913 年，從其外觀看得出是一棟很有歷史的建築。

02 一號館 1 樓展示紅色倉庫歷史、2 樓有展覽空間、3 樓則為可容納 400 人的會堂。

03 二號館已有超過 40 間商店，多為特色店家，值得一逛！

04 Bills 在紅色倉庫二號館，建議在中午前或是非假日來比較不需要排隊。

世界第一名早餐！ Bills 香蕉蜂蜜奶油 Ricotta 鬆餅

來紅色倉庫最大目的其實是來吃早餐的，世界第一名早餐 Bills 的分店就開在紅色倉庫二號館。香蕉蜂蜜奶油 Ricotta 鬆餅 ¥1512（稅後），不只在早餐時段才吃得到，而是整天全時段都可以點！鬆餅並非如同鬆餅機烤出來帶有酥脆感，而是直接將麵糊倒在煎台上，不使用器具定型，鬆餅麵糊內加入義大利 Ricotta 起司，口感鬆軟中帶有滿滿的起司香，搭配香蕉和奶油當作夾層，淋上蜂蜜後美妙的口感讓人無法忘懷。

01 香蕉蜂蜜奶油 Ricotta 鬆餅，美妙口感讓人無法忘懷！

02 餐廳內典雅溫馨，暖色調的燈光與暗色的裝潢，襯托出紅磚牆內用餐的經典氣息。

03 主角 Ricotta 鬆餅在煎台上吱吱作響，每一片都被煎出美麗的金黃色，光用看的就口水直流。

04 這裡是開放式的廚房，可以陪著孩子一起看每一份鬆餅的製作過程。

05

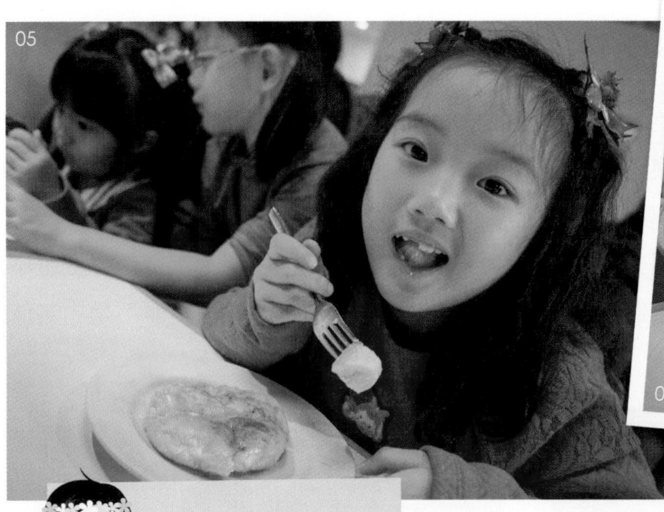

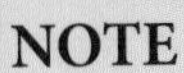

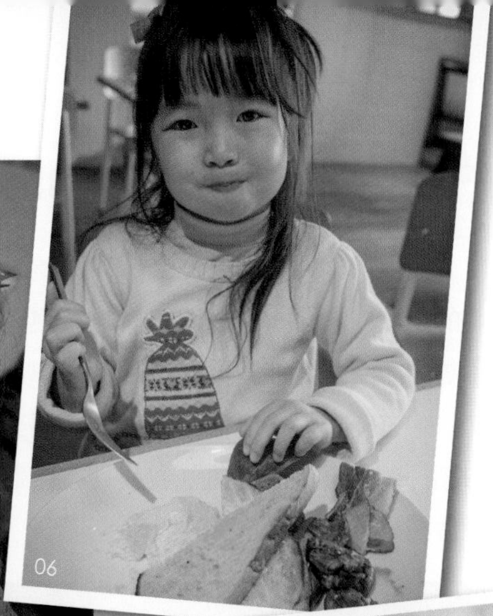
06

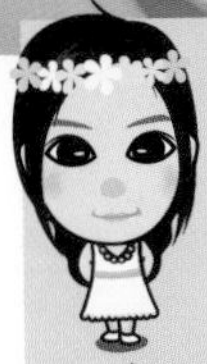

NOTE

二號館除了有 Bills 外，裡面還有不少特色店家，有時間不妨入內逛逛，兩棟橫濱最有特色的紅色建築，吸引許多遊客駐足拍照，中央廣場不定時會舉辦活動。

05 每一片鬆餅都軟嫩無比，口中化開的是甜蜜的滋味，孩子們超喜歡這鬆餅的，全部吃光光。
06 歐姆蛋佐蘑菇培根吐司也是店內人氣餐點，使用的是有雞蛋，濃濃的蛋香配上吐司一起吃非常美味。
07 倉庫前廣場常有許多活動，我們在冬天來此就碰到了草莓節，日本各地的草莓齊聚在此展出販售。另外，2016 年的「皮卡丘大量出現」其中一個活動舞台就在紅色倉庫。
08 非常有特色的紅色建築，吸引許多遊客駐足拍照。

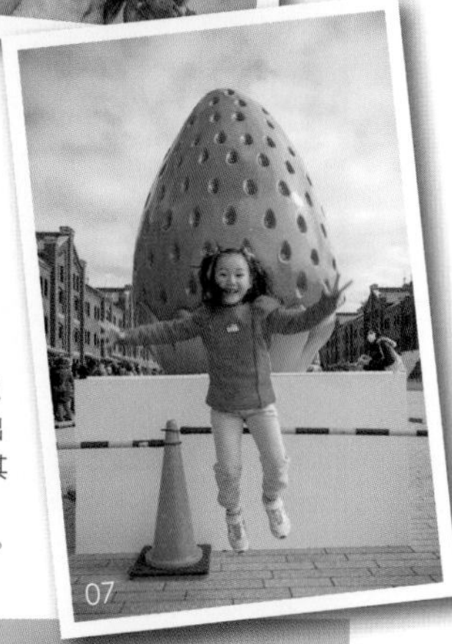
07

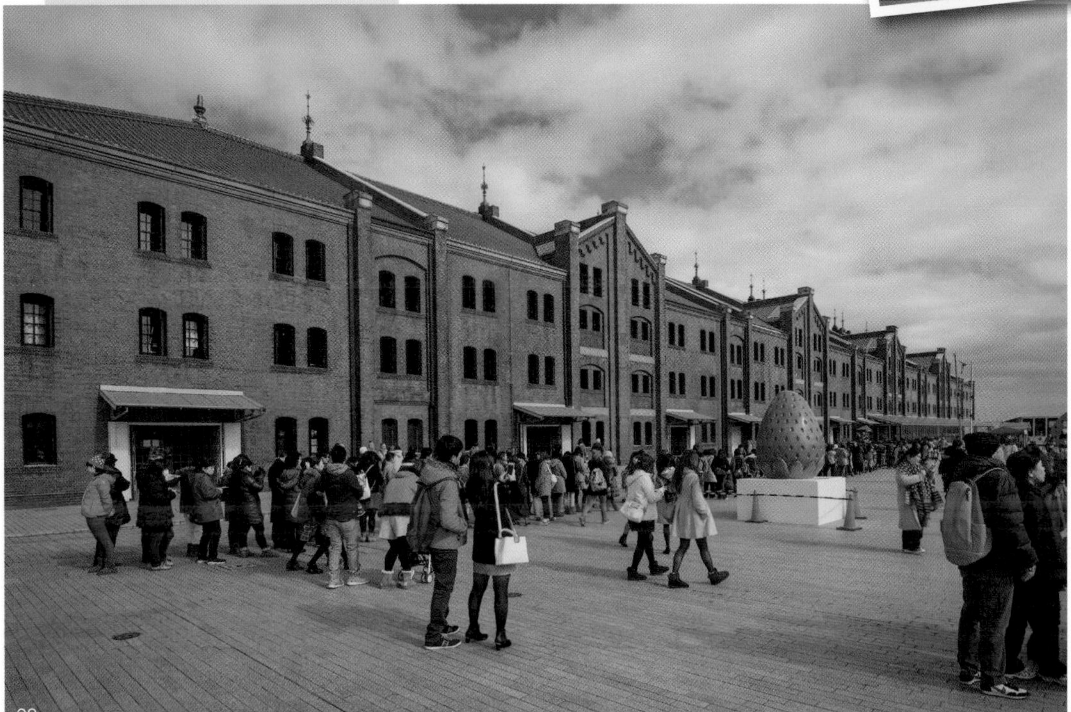
08

巴黎第一名可麗餅！ Breizh Café 法式薄餅（可麗餅）

雖然低調的隱藏在紅色倉庫二號館內，不過這一間可是來自法國的美味，號稱巴黎第一名的可麗餅店，一定要吃！口味有甜也有鹹，其中季節數量限定的草莓冰淇淋法式薄餅，不甜膩的冰淇淋搭上當季草莓和軟嫩有咬感的餅皮，超級好吃的，價錢 ¥880。

芊爸一直覺得旅行中能安排幾個美食景點，價錢只要在可接受的範圍，無疑是替旅遊添加額外的驚喜，至少這「我曾經在這邊吃過……唷！」會成為一輩子的驕傲，而不是「為什麼當初來了卻沒有吃」的遺憾。

01 來自法國巴黎的 Breizh Café，口味有甜的 Crêpe 和鹹的 Galette。
02 超美味的可麗餅，大口吃吧！

親子悠閒散步去！佔地廣大的紅磚公園

紅色倉庫與橫濱港灣間廣大的空間叫做紅磚公園（紅色倉庫公園），不管是白天或是夜晚來各有風情，晚上點上黃褐色路燈的公園更顯浪漫，親子一起在紅磚公園漫步玩樂，吹著迎面而來舒服的海風，看著橫濱港往來的船隻，還能搭上港灣遊船從海面上欣賞橫濱之美。

03 兩棟倉庫的後方有個好大的廣場，也有個小公園（紅磚公園）面對橫濱港，空間很大適合孩子在此跑跳。
04 面對港灣的紅磚公園，是許多日劇或電影的拍攝地。

05 紅色倉庫面對橫濱港灣，站在港灣前，眼前海天連成一色，讓人心曠神怡。
06 還能從紅色倉庫碼頭搭上橫濱水上巴士或觀光船，暢遊橫濱港灣。

冬季限定！藝術溜冰場（Art Rink）

從 2005 年開始，每年冬天 12 月初到 2 月底左右，在紅色倉庫前廣場搭起的藝術溜冰場（Art Rink），已成為冬天來橫濱可從事的休閒活動了，只要便宜的門票就可進入溜冰，比起東京其他地點，冬季開放的溜冰場每次至少千元日幣起跳的門票，這邊的價錢便宜一半以上，很適合大人小孩一起玩。

INFO

平日 13：00～22：00，週六、週日或國定假日 11：00～22：00
大人 ¥500，小學生 / 國中生 ¥400，3～6 歲 ¥300
租鞋：¥500
＊每年冬天開放，日期另有公告。
官網：http://www.yokohama-akarenga.jp/artrink2016/

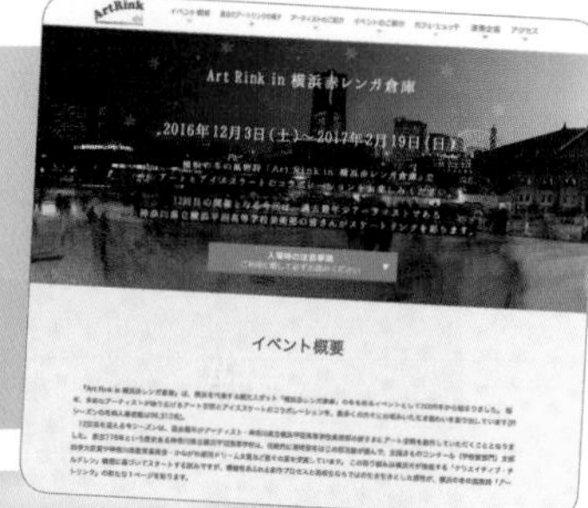

▲ 藝術溜冰場門票便宜，冬天來橫濱也可以來這裡溜冰。

黃金電車路線景點推薦 7 來場橫濱歷史文化之旅！

象鼻公園與橫濱三塔

■ 遊玩時間：1～2小時
■ 鄰近景點：紅色倉庫、橫濱海灣星棒球場、山下公園

紅色倉庫往南走，經過舊鐵道橋樑可到象鼻公園，這座公園的名稱其實是由碼頭邊長得很像大象鼻子的防波堤防而得名，這裡同時也是橫濱港的發源地，充滿歷史文化的公園，附近的地標「橫濱三塔」，橫濱稅關（King）、神奈川縣廳（Queen）和開港紀念館（Jack），見證橫濱港的發展史，可與孩子來一場橫濱的歷史文化之旅。

▲ 公園內到處可見的彩繪小象，一眼就知道已經到象鼻公園了。

往象鼻公園出站路線圖

路線1　往棒球場

交通方式

路線 1 → **港未來線，於「日本大通站」下車：**

車站為單月台列車雙向行駛，抵達後上B1層出閘口，左轉由「出口1」上地面層，上樓後右轉就是縣廳前的路口，可在對面看到開港紀念館。此路口往右步行 250 公尺可到象鼻公園，若往左過馬路再走 400 公尺，可到橫濱公園和海灣星棒球場。

港未來線日本大通站電梯INFO

月台有一部電梯上 B1 層車站，出閘口後出口 1 有電梯亦有手扶梯可上地面層。

路線 2 → **紅色倉庫往南輕鬆走到象鼻公園：**

除了可從港未來線日本大通站到此，亦可由紅色倉庫往南輕鬆的走到象鼻公園，連通到公園的鐵橋很特別，是由舊有的鐵道鋪平成人行步道（上面可騎腳踏車），原本是舊山下臨港線的鐵軌，這段步道由紅色倉庫經過象鼻公園一路延伸到山下公園，叫做山下臨港行人長廊，可以很便利的利用這條路快速的到達這兩個公園。

01 紅色倉庫往南，也可以走到象鼻公園。

02 過鐵橋後立刻見到地上的彩繪小象，象鼻公園到了！孩子好開心的數著發現幾隻小象了。

03 因為是舊有鐵道改建而成，所以行人步道非常寬敞，並且由於是高架路面，孩子可在上面玩耍不必擔心有車子的危險。

04 在行人長廊上就能清楚看到橫濱三塔之一的橫濱稅關，而後面三角型紅屋頂的是神奈川縣廳。

Play key Raiders

親子遊玩重點攻略

到象鼻公園後，可先在大廣場悠閒散步並欣賞橫濱三塔，晚上到橫濱海灣星球場看球。若將這邊的鄰近景點串連起來，也可以規劃出一日親子遊行程喔！

★★★★★建議一日親子遊行程

日清拉麵博物館 ⇨ 紅色倉庫 +Bills ⇨ 象鼻公園 ⇨ 橫濱三塔 ⇨ 橫濱海灣星球場看球

大廣場悠閒散步

象鼻公園內有個大大的廣場，芊爸在本書 PART1 行前準備中有提到，我會**根據每天安排的行程準備幾樣給孩子玩的東西，像是飛盤或是保麗龍飛機就很適合在這裡玩**。為了親子旅遊所做的準備，就是希望有派上用場的時候，孩子們將會更喜歡這樣的行程。此外，廣場也可以同時看到橫濱三塔的塔頂，仔細看，離公園最遠的開港紀念館，藏身在國王塔和皇后塔之間的遠方。

01

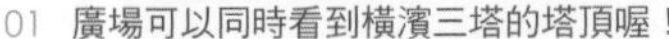

01 廣場可以同時看到橫濱三塔的塔頂喔！
02 公園內不算小的草皮，可看見紅色倉庫和港未來 21 包括地標塔的高樓群。
03 亭亭：爸爸，這一隻小象最美，我把她騎回台灣好不好？
04 象鼻公園乃是因為港邊的防波堤防像大象鼻子而得名，若有機會從更高處俯瞰就能更清楚的發現。
05 仔細找，將會在公園內發現更多的彩繪小象，亭亭很滿足的趴在其中一隻小象上面休息。
06 沿著人行步道可以直通到山下公園，也是一個不錯的公園，比象鼻公園更大。

欣賞橫濱三塔

橫濱三塔是指：橫濱稅關（Queen）、神奈川縣廳（King）、開港紀念館（Jack）。離象鼻公園最近的是橫濱稅關，綠色圓頂被稱作皇后塔（Queen），1934 年建成、高度 51 公尺，為三塔中最高的；而 1928 年完成的神奈川縣廳，高度居次為 49 公尺；1917 年最早落成的開港紀念館高度最矮，暱稱傑克塔，高度 36 公尺。

開港紀念館

- 橫濱市中區中區本町 1-6 號
- 045-201-0708
- 9：00～22：00
- 免費
- 休 ・每月第 4 個禮拜一（遇國定假日則延後一天）・12 月 29 日～1 月 3 日

01

鄰近景點順遊1 —— 橫濱公園

橫濱有好多公園，橫濱公園是另一處可帶孩子來放風的地點，春天鬱金香盛開期間，吸引許多遊客到此。

02

01 綠色圓頂被稱作皇后塔（Queen），1934 年建成、高度 51 公尺，是三塔中最高的。
02 日本大通車站後方的神奈川縣廳，三角形的塔頂被稱作國王塔（King），1928 年完成，高度 49 公尺。
03 從日本大通站出口 1 出來就可在馬路對面看到的開港紀念館，有點像我們總統府的建築風格，被稱為傑克塔（Jack），建成於 1917 年高度 36 公尺。

03

鄰近景點順遊2 —— 橫濱海灣星棒球場

球場就在橫濱公園內，喜歡看棒球的人，不妨利用日本職棒球季期間安排到此看球，有機會可以挑陽岱鋼的球隊和橫濱隊比賽的日子來看，棒球迷不可錯過！橫濱海灣星棒球場和橫濱中華街相鄰，從中華街過來也很方便。

黃金電車路線景點推薦 8 日本第一座臨海公園！

山下公園

■ 遊玩時間：1～3 小時
■ 鄰近景點：橫濱中華街、象鼻公園、橫濱海灣星棒球場

1930 年對外開放的山下公園，是日本第一個臨海公園，狹長型的公園樹木多有遮蔭適合孩子玩樂嬉戲，並且鄰近中華街用餐便利。停靠在公園碼頭的冰川丸，有著跟公園一樣大的年紀（1930 年建造），曾被稱為太平洋的女王，目前已退役並長駐山下公園，並將內部改裝成高級餐廳，提供宴會用餐使用，也可購票入內參觀。

◀ 山下公園是日本第一個臨海公園。

INFO

冰川丸

橫濱市中區山下町山下公園前
045-641-4362
冰川丸開放時間 10：00～17：00（最晚進場 16：30）
大人（18 歲以上）¥300、65 歲以上 ¥200、高中生／國中生／小學生 ¥100，6 歲以下及殘障與一名陪同親屬免費

休 每週一（遇國定假日順延一天）

▲ 停泊在此的冰川丸曾往來於日本到北美的航線，退役後長駐於此並公開展覽。

交通方式

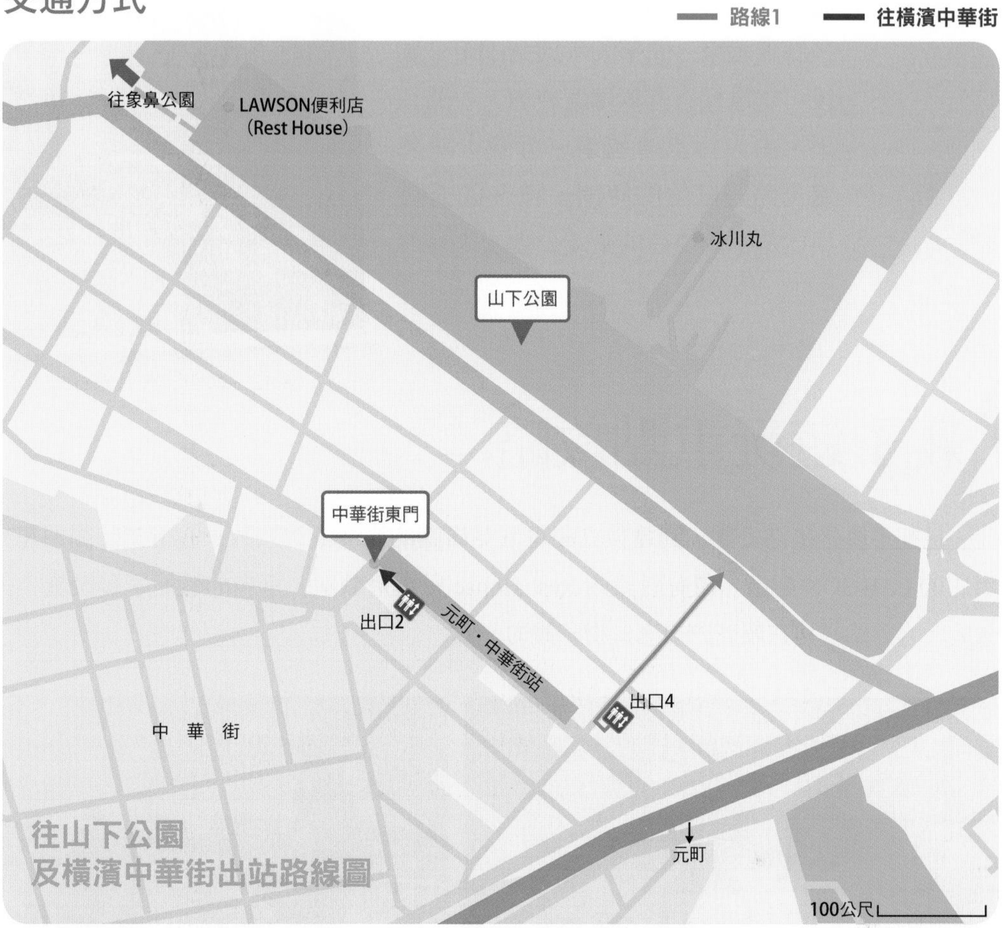

路線1　往橫濱中華街

往象鼻公園
LAWSON便利店
（Rest House）
冰川丸
山下公園
中華街東門
出口2
元町・中華街站
出口4
中　華　街
元町
100公尺

往山下公園
及橫濱中華街出站路線圖

路線 1 ➔ 搭乘港未來線，於「元町・中華街站」下車：

車站為單月台列車雙向行駛，請注意本車站分為元町和中華街兩個不同的出站閘口，請務必先找到「出口 1 ～ 4」方向再上樓，從 B2 層走「出口 4」出站上地面層，出來後右轉往右步行，約 200 公尺可到山下公園。若從「出口 2」出站上地面層，左轉直走立刻可看見中華街東門。

港未來線元町・中華街站電梯 INFO

月台有兩部電梯，一部往元町的站台，一部往中華街的站台，請使用中華街的電梯「出口 1 ～ 4」，上 B2 層出閘口後「出口 4」有電梯上地面層可往山下公園；而「出口 1 ～ 3」則有電梯搭往 B1 層，之後走「出口 2」有電梯往地面層，可到達中華街。

路線 2 → 從象鼻公園方向，利用山下臨港行人長廊走過來：

從象鼻公園方向，利用山下臨港行人長廊走過來，高架的步道到山下公園後，有電梯也有無障礙坡道。一路往下，由人行步道過來，可節省許多過馬路等紅燈的時間，瞧～孩子們早已迫不及待往前衝進公園了！

▲ 孩子們早已迫不及待往前衝進公園了！

Play key Raiders 親子遊玩重點攻略

這裡不愧是臨港公園，到達後立刻可看見廣闊的橫濱港灣景致，心情頓時開朗起來。公園內的 LAWSON 超市，還有附設的 Rest House 兒童遊戲區，室內的體能攀爬設施小孩玩超久的，大人剛好可在超商內補充食物和體力。

01 廣闊的橫濱港灣景致，讓心情頓時開朗起來。
02 LAWSON 超市，附設 Rest House 兒童遊戲區。
03 港岸邊好多鴿子也看得到海鷗。

04 由山下公園中央口就可看見橫濱中華街的東門，兩地相距 3 個路口約 200 公尺，非常近呀！

05 公園內圓形水池中的護水女神雕像，是橫濱的姊妹市－美國聖地牙哥市贈送的。

06 公園內樹木很多，有許多附近的幼兒園或是小學到此戶外教學，公園面積是象鼻公園的好幾倍，準備點小玩具和孩子在公園內玩樂吧！

NOTE

橫濱海洋塔目前使用 JCB 卡也能免費登頂，限持卡人本人。

鄰近景點順遊 —— 橫濱海洋塔（Yokohama Marine Tower）

在山下公園東口旁邊的橫濱海洋塔，是為了慶祝橫濱港開港 100 週年而蓋，塔高 106.2 公尺。相較於東京鐵塔和晴空塔用於發射電波訊號，海洋塔主要則是燈塔的功能，並曾經是金氏世界紀錄最高的燈塔，被日本人選為戀人的聖地。

- **電話**：045-664-1100
- **地址**：橫濱市中區山下町15號
- **營業**：10：00～22：30（最晚進場22：00）
- **門票**：大人（18歲以上）¥750、65歲以上¥650、高中生／國中生¥500、小學生¥250，3～6歲¥200、3歲以下免費

黃金電車路線景點推薦 9 日本最大唐人街！

橫濱中華街

■ 遊玩時間：2～4小時
■ 鄰近景點：山下公園、橫濱公園、橫濱海灣星棒球場

▶ 得力於「東急東橫線」的直通運轉，每年有高達 1800 萬人次到此唷！

橫濱開港 150 多年，中華街也有同樣的歷史，開港之後的橫濱外國人匯集在此通商，山下公園一帶由華人建立起學校、廟宇、飯館，就是目前橫濱中華街的雛形。發展至今已有超過 500 家店面在此，中華街更直接得力於「東急東橫線」的直通運轉，每年有高達 1800 萬人次到此，比迪士尼的 1600 萬人還要多，日本最大的中華街裡頭真的超大，吃的東西超多！

交通方式

如前一篇山下公園出站地圖（翻至本書 P273），由元町・中華街站「出口 2」出站，左邊 50 公尺路口即到橫濱中華街東門（朝陽門）。

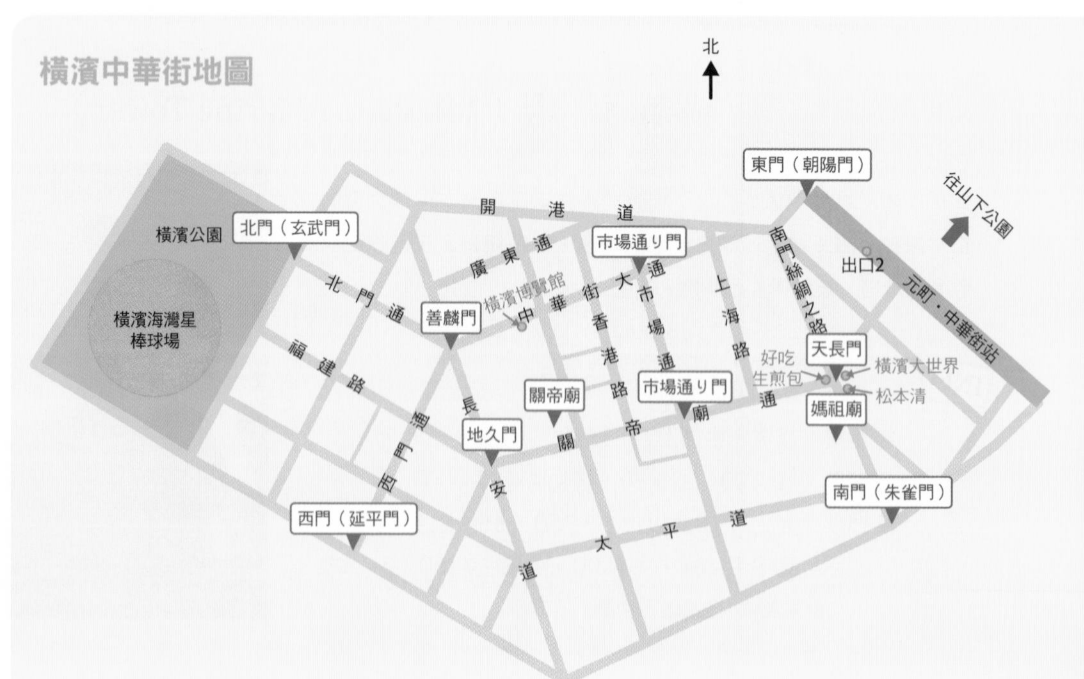

Play key Raiders

親子遊玩重點攻略

中華街是芊爸所推薦黃金電車路線的最終站，這裡是日本乃至於全亞洲最大的唐人街，與神戶、長崎的中華街並稱為日本三大中華街，光是中華料理的餐廳就超過 200 多家！

進入橫濱中華街，就好像走進美食大迷宮一樣，巷弄四通八達，無論大街或小巷全是賣吃的店家，招牌清一色都是用漢字，讓人有回到故鄉的感覺。每每到國外總是懷念自家的美食，來橫濱中華街吃東西準沒錯！拜黃金電車路線的幫忙，就算在遙遠的東京，肚子餓了也可以在 1 小時內跑到中華街大快朵頤，超讚的！

01

02

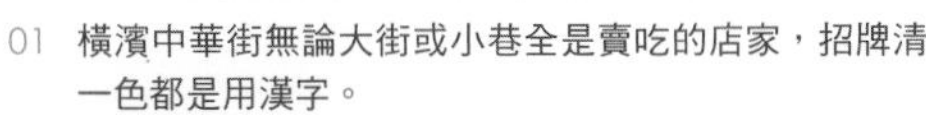

01 橫濱中華街無論大街或小巷全是賣吃的店家，招牌清一色都是用漢字。

02 由南邊的朱雀門進入，很快可以看到中華街裡面最大的媽祖廟天后宮，而天后宮和關帝廟，就是中華街兩大廟宇。

03 中華街內許多店家裝潢得很中國風，中式的屋瓦和屋頂，無不吸引遊客進入。除了吃的外，更有許多販賣紀念品和手信的商店，圖為橫濱大世界。

04 中華街內不只主要的大道，還有數條小巷，每一條都有很多店家，人潮不少。

05 算命看手相的店比比皆是，許多人特別選在好日子來占卜，希望求個好運氣。

06 我們在大年初一造訪中華街，裡頭年節氣氛超濃厚，摸摸舞獅添福氣。

03

04

05

06

中華街美食特搜

如果是為了吃而來中華街，那真的是來對地方了！這裡中式的食物最多，芊爸覺得很多食物都沒有日本飲食過鹹的「重口味」，尤其是生煎包、包子、小籠包等都是不錯的選擇。至於要怎麼分辨有不有名、好不好吃呢？我通常都是**選排隊人潮比較多的那一間店，至少不會買到地雷**，不過中華街的東西單價稍高，有點在遊樂區買東西吃的感覺。

01 選排隊人潮比較多的那一間店，至少不會買到地雷。
02 關帝廟通天長門牌樓下的生煎包，曾經得過中華街煎包的前三名，非常好吃！
03 來到中華街能帶著孩子開心吃，就像到了台灣的夜市或廟街一樣，食物選擇多，一家吃過一家很過癮。
04 許多商家由於店面不夠大，就直接擺幾張椅子在路上，這倒也成了中華街的一大特色，日本其他地方蠻少見的。

百道佳餚吃到飽

這是中華街最值回票價、最熱門的用餐方式了，這邊至少數十家起跳的吃到飽餐館彼此競爭，日本電視台更曾多次到此舉辦冠軍料理節目，許多中華街的店家都曾有得獎紀錄，更是肯定了這裡是日本中華美食的聖地。

此種用餐模式可以選擇店家提供的一百多樣菜單內的食物，在限時約 90 分鐘內吃到飽，價錢多半在大人 ¥2000、小孩 ¥1000 左右，算是橫濱中華街最經濟的用餐選擇了。

05 中華街這裡至少有數十家起跳的吃到飽餐館，彼此互相競爭。

06 大年初一到中華街還有一個好處，就是可以看到舞獅到每一家店家迎春報喜，將財運滾滾帶入店內。舞獅所經之處都是人潮滿滿，鞭炮聲不斷，若有小嬰兒或是推車得視狀況，或是待在離舞獅比較遠的地方看。

07 到橫濱中華街如果沒有特別計劃沒關係，因為這裡走走吃吃拍拍就可停留半天以上了，也可在日本棒球季期間到這邊買吃的進球場吃。

08 親子旅遊每一個地點、不同的文化，對孩子來說都是獨一無二的體驗，我很喜歡他們睜大眼睛觀賞的樣子。那時我們不只到了中華街，還參與了中華街一年一度最盛大的過年慶典，為旅程留下精彩無比的回憶呢！

RECARO

附錄

私藏行程大公開！芊爸獨家規劃行程

芊爸獨家規劃的行程，將依照短中長分為 3+1、5+1、7+1，為什麼會特別 +1 呢？因為帶小孩出遊，在習慣上我通常第一天和最後一天不安排行程，由於第一天或許搭早班機很早起來會比較累，而且台灣和日本都還要計算交通時間，就算有行程頂多也是飯店附近就近走走而已。

最後一天我則是喜歡選午班機，讓當天不排行程，因為不會玩一玩還要趕到機場，或是逛街完來不及打包就要去機場。當然，每個家庭或個人想法不同，動作迅速的人或許可玩個盡興搭晚班機回台灣，這也是不錯的，所以後面的 +1 就交由讀者，依照自己喜好的班機去做選擇。

NOTE

❶ 抵達東京，飛機到達至拿到行李出關，再到買好車票，至少要估 1 ～ 1.5 小時，到達市區車程時間再另外計算。

例如：12 點抵達東京，13 點 30 分左右買到票上車，車程 1.5 小時的話，「最快」約 15 點到達。

❷ 回程抵達機場的車，建議抓起飛前 3 小時到。

❸ 行程安排我會盡量有鬆有緊交互穿插，若前一天玩到比較晚，隔天就排得輕鬆一點，晚出發或是早點結束行程。

❹ 樂園我會安排平日去，因為人潮較少，逛街我則會搭配步行者天國安排在週末，以下的行程規劃讀者可依自己不同的出發時間來對調。

短（3+1 天）行程規劃

適合假期不長的朋友，採用精華重點的玩法，但帶著孩子跑，依然要注意不要安排太多景點，累壞了自己和家人。

推薦行程 1 就愛迪士尼

Day1：中午抵達東京 ⇨ 搭乘利木津巴士午後抵達飯店 ⇨ 迪士尼周邊飯店 Check In ⇨ 到伊克斯皮兒莉逛街用餐，或是進樂園或進海洋開始玩。

Day2：全天迪士尼樂園。

Day3：全天迪士尼海洋。

Day4：回台灣。（亦可 Day3 搭乘晚班機回台）

推薦行程 2 市區重點玩（住汐留）

Day1：中午抵達東京 ⇨ 搭乘機場電車進市區 ⇨ 飯店 Check In ⇨ 逛汐留地下街 +Caretta 汐留用餐。

Day2：百合海鷗號進台場 ⇨ Diver City 看鋼彈 ⇨ 逛富士電視台或樂高室內樂園 ⇨ 松本零士水上巴士到淺草 ⇨ 淺草雷門仲間世通 + 晚餐。

Day3：上野動物園 ⇨ 錦糸町阿卡將 ⇨ 晴空塔展望台 + 晴空塔城購物。

Day4：回台灣。（亦可 Day3 搭乘晚班機回台）

中（5+1 天）行程規劃

推薦行程 1 迪士尼 + 市區重點玩（住汐留）

Day1：中午抵達東京 ⇨ 搭乘機場電車進市區 ⇨ 飯店 Check In ⇨ 逛汐留地下街 +Caretta 汐留用餐。

Day2：百合海鷗號進台場 ⇨ Diver City 看鋼彈 ⇨ 富士電視台或樂高室內樂園 ⇨ 松本零士水上巴士到淺草 ⇨ 晴空塔展望台 + 晴空塔城購物。

Day3：全天迪士尼樂園。

Day4：全天迪士尼海洋。

Day5：銀座逛街 ⇨ 東京鐵塔海賊王樂園 + 夜景。

Day6：回台灣。（亦可 Day5 搭乘晚班機回台）

推薦行程 2 市區精彩玩 + 賞花（住汐留）

Day1：中午抵達東京 ⇨ 搭乘機場電車進市區 ⇨ 飯店 Check In ⇨ 逛汐留地下街 +Caretta 汐留用餐。

Day2：百合海鷗號進台場 ⇨ Diver City 看鋼彈 ⇨ 豐田汽車主題公園 ⇨ 松本零士水上巴士到淺草 ⇨ 晴空塔展望台 ⇨ 錦糸町阿卡將。

Day3：上野動物園 ⇨ 淺草雷門仲見世通 + 晚餐。

Day4：日清拉麵博物館 ⇨ 橫濱麵包超人博物館 ⇨ 西松屋。

Day5：新宿御苑（春季賞櫻、秋季看梧桐銀杏）⇨ 新宿三丁目逛街晚餐。

Day6：回台灣。（亦可 Day5 搭乘晚班機回台）

長（7+1 天）行程規劃

推薦行程 1 迪士尼 + 市區精彩玩（住橫濱）

Day1：中午抵達東京 ⇨ 搭乘機場電車進市區 ⇨ 飯店 Check In ⇨ 港未來周邊百貨逛街 + 晚餐。

Day2：港未來 21 一日散步路線 ⇨ 帆船日本丸 ⇨ 橫濱麵包超人博物館 ⇨ 西松屋 ⇨ 地標塔展望台。

Day3：全天迪士尼樂園。

Day4：全天迪士尼海洋。

Day5：日清拉麵博物館 ⇨ 紅色倉庫 + Bills ⇨ 象鼻公園 ⇨ 山下公園 ⇨ 橫濱中華街晚餐。

Day6：百合海鷗號進台場 ⇨ Diver City 看鋼彈 ⇨ 富士電視台或樂高室內樂園 ⇨ 松本零士水上巴士到淺草 ⇨ 晴空塔展望台 + 晴空塔城購物。

Day7：新宿或銀座步行者天國逛街／武藏小杉豪華的樹親子親善購物中心。

Day8：回台灣。（亦可 Day7 搭乘晚班機回台）

推薦行程 2 市區豐富玩 + 賞花（住汐留）

Day1：中午抵達東京 ⇨ 搭乘機場電車進市區 ⇨ 飯店 Check In ⇨ 逛汐留地下街 + Caretta 汐留用餐。

Day2：百合海鷗號進台場 ⇨ Diver City 看鋼彈 ⇨ 豐田汽車主題公園 ⇨ 松本零士水上巴士到淺草 ⇨ 晴空塔展望台 + 晴空塔城購物。

Day3：港未來21一日散步路線 ⇨ 帆船日本丸 ⇨ 橫濱麵包超人博物館 ⇨ 西松屋 ⇨ 地標塔展望台。

Day4：新宿御苑（春季賞櫻、秋季看梧桐銀杏）⇨ 新宿三丁目逛街晚餐。

Day5：日清拉麵博物館 ⇨ 紅色倉庫 +Bills ⇨ 象鼻公園或山下公園。

Day6：昭和記念公園騎腳踏車（春季賞櫻、秋季看銀杏楓葉）。

Day7：上野動物園 ⇨ 淺草雷門仲見世通 + 晚餐。

Day8：回台灣。（亦可 Day7 搭乘晚班機回台）

結語

東京是個四季分明的大城市，隨時帶著孩子去玩都能感受不同風情，其綿密的鐵路網更是親子自由行最佳選擇，利用芊爸建議的幾條鐵路路線，將能幫助您累積在東京搭電車的經驗值。日本在飲食上仍屬亞洲，因此除日式料理外，還有多元的中式食物可以吃，車站附近便利商店或超市很多，適應上沒有問題，帶著孩子的親子旅行以東京作為目的地，將是很棒的選擇！

唯有自由行能排出專屬親子的行程，想去哪邊就去哪邊，行程長短隨心所欲，假期長就來個 Long Stay，假期短也可以有精緻的玩法。旅程中時間更彈性，把握芊爸教您的原則，多以孩子的角度去思考行程、不要太貪心、善用芊爸推薦的電車路線與 APP 軟體輔助等……，就算是旅遊新手也能玩得很愉快，再沒把握的話，那就照著本書的景點玩就好了！

親子自由行，帶給家人與孩子的是許多無價的成長記憶，而身為規劃者的我們，帶來的當然就是那無比的成就感了。這樣的感覺會從出發前的規劃開始，一直到平安的結束旅程，甚至在旅行中的每個當下回憶起來，都還是充滿驕傲呢！

孩子的成長只有一次，

長大了就再也沒有這麼多留在我們身邊的時間了，

這正是芊爸積極帶著孩子旅行的原因，

能創造許多屬於家人、親子間寶貴的回憶。

相信有了這本書的幫助，

能讓您和孩子的東京之旅更愉快，

跟著芊爸這樣玩東京吧！

第一次東京親子自由行好好玩

作者：芊爸（芊芊親子聚會粉絲團）

出版發行
橙實文化有限公司 CHENG SHI Publishing Co., Ltd
客服專線／（02）8642-3288

作　者	芊爸（芊芊親子聚會粉絲團）
總編輯	于筱芬 CAROL YU, Editor-in-Chief
副總編輯	吳瓊寧 JOY WU, Deputy Editor-in-Chief

美術編輯	亞樂設計有限公司
封面設計	亞樂設計有限公司
製版／印刷／裝訂	皇甫彩藝印刷股份有限公司

編輯中心
新北市汐止區龍安路 28 巷 12 號 24 樓之 4
24F.-4, No.12, Ln. 28, Long' an Rd., Xizhi Dist., New Taipei City 221, Taiwan (R.O.C.)
TEL ／（886）2-8642-3288　FAX ／（886）2-8642-3298
Mail：Orangestylish@gmail.com
粉絲團 https://www.facebook.com/OrangeStylish/

全球總經銷
聯合發行股份有限公司
ADD ／新北市新店區寶橋路 235 巷弄 6 弄 6 號 2 樓
TEL ／（886）2-2917-8022　FAX ／（886）2-2915-8614
出版日期 2017 年 1 月